典型工伤保险案例
解析

向春华 张 军 编著

中国劳动社会保障出版社

图书在版编目(CIP)数据

典型工伤保险案例解析/向春华，张军编著. —北京：中国劳动社会保障出版社，2017

ISBN 978-7-5167-3001-0

Ⅰ.①典… Ⅱ.①向… ②张… Ⅲ.①工伤保险-条例-案例-中国 Ⅳ.①D922.555

中国版本图书馆CIP数据核字(2017)第079398号

中国劳动社会保障出版社出版发行

(北京市惠新东街1号 邮政编码：100029)

*

三河市华骏印务包装有限公司印刷装订 新华书店经销

787毫米×1092毫米 16开本 18印张 293千字
2017年4月第1版 2022年5月第6次印刷
定价：45.00元

读者服务部电话：(010)64929211/84209101/64921644
营销中心电话：(010)64962347
出版社网址：http://www.class.com.cn

版权专有 侵权必究

如有印装差错，请与本社联系调换：(010)81211666
我社将与版权执法机关配合，大力打击盗印、销售和使用盗版图书活动，敬请广大读者协助举报，经查实将给予举报者奖励。
举报电话：(010)64954652

内容提要

随着社会保险事业的发展，社会保险覆盖面逐步扩大，企业和职工的法律维权意识和要求日益提高，近年来工伤保险行政案件呈逐年上升趋势，数量位居各类行政案件前列。工伤保险行政案件涉及工伤保险法律法规的贯彻执行、职工群众的切身利益，工伤保险基金的使用安全，直接影响到社会和谐稳定。

本书精心甄选了43个已经法院审判的工伤保险典型案例，涉及劳动关系确认、参保缴费、工伤认定、劳动能力鉴定、工伤待遇申领等多方面环节，通过对案情和审判过程全面、真实的描述，运用明确的法律规范条文和政策依据对案例中的重点和难点问题进行专业性解读。力争使工伤保险相关行政、经办人员，企业劳资人员，相关法律从业人员通过对本书的阅读学习，能更准确地把握工伤保险政策、法律法规相关知识和精髓，指导工作实践，对工作中遇到的某些类似疑难和特殊情形起到一定的参照和示范作用。对工伤职工和广大公众也能起到宣传法制、解读法制的教育作用。

前　言

　　社会保险涉及不同学科，可以从不同的学科和视角对社会保险问题进行分析和探讨。伴随实践的发展，从法的视角认识和探讨社会保险问题越来越显示出其重要性。社会保险的最终目的是保障被保险人在发生年老、疾病等社会风险时获得社会保险给付，因此，对于个人来说，其可以不关心社会保险的宏观架构，而对于是否应当获得相应的社会保险给付，则可能"锱铢必较"，由此引发社会保险争议。随着社会保险覆盖面的扩大、公民法律意识的提高以及社会保险法律规则的完善，社保争议的发生呈现出诸多特点。一是争议种类的增多，从原先相对单一的工伤认定争议，扩展到工伤保险待遇、养老保险、医疗保险等各种争议。二是争议数量的显著攀升，这在东部沿海地区尤为明显。三是对抗性增加，复议、一审不能结案的很普遍，很多争议打到了省级高院，有的甚至打到了最高人民法院，争议调和的难度增加。四是处理的难度增加，需要运用多学科的知识，需要更为深入地理解和把握法条的内容和法律的整体架构。社会保险争议的这些特点，决定对社会保险案例展开深入的研究，具有多方面的实际价值和效益。

　　第一，有助于准确地理解并阐释法律规范。一般认为，在我国各项社会保险项目中，法制化即规范化程序最高的是工伤保险。除《社会保险法》外，《工伤保险条例》已经经历了一次大的修改，国务院法制办公室颁布了不少立法解释，人力资源和社会保障部先后颁布了三件较为系统的规范性法律文件，最高人民法院颁布了司法解释和若干具有实际效力的函件，凡此种种，架构了较为完整的工伤保险规范体系。然而，正如世界上没有一部法律可以永恒不变，没有一部法律不需要解释一样，无论工伤保险法律体系多么健全和完善，其具体的法律规则仍会存在歧义，或针对具体的案件缺乏可明确适用的法律规则亦即存在法律漏洞。而在具体案件中，需要对具体的诉求作出肯定或否定的回答，并给出详细的理由，通过对具体案例的研究，针对这些回答及其理由进行归纳总结，并在此基础上进一步探寻其背后的法理，有助于我们更准确地理解、阐释和适用法律规范。

第二，有助于保证法律的公正适用。准确地理解、阐释和适用法律规范，是为了公正地适用法律，既保护公民及其用人单位的社会保险权利，又维护法的尊严，不至于因人施法、因事施法。在社会保险特别是工伤保险法律法规的适用过程中，存在着一种不良的倾向，即适用法律，不是首先从法律规范视角考虑诉求应否得到法律支持，而是首先从诉求者的境地来考虑是否应该支持其诉求，即以工伤人员或其亲属为"弱势群体"而先入为主地认为应当尽可能支持其诉求。支撑这一观点的有两个因素，一是工伤保险基金属于公共基金，甚至是"国家的钱"，多花一点没有坏处，不会有"麻烦"；二是司法机关面对工伤人员及其亲属存在社会压力，而只要支持他们的诉求便可以"转嫁"这一压力。事实上，工伤保险基金并不是"摇钱树"，其资金池是有限的，其资金来源于用人单位的缴费，而用人单位的缴费是用于维护工伤者的权利，如果无限度扩大工伤的范围，需要将本不应由工伤保险基金支付的费用纳入基金支付范围，将导致该制度的不可持续，最终会形成"劣币驱逐良币"，真正的工伤者的正当权益将无法得到保障。通过梳理案例，针对同一种问题类型，选择更符合社会保险法律规范和立法目的的案例，并在此基础上进行深入研究，分析其合法性与正当性之所在，批评相反案例不合法性、非正当性之所在，可以促进社会保险法律法规的公正适用，促进社会保险的可持续发展，保障亿万人民的社会保险福祉。

第三，有助于统一实践标准，确立法的权威，推进社会保险制度的良性发展。实事求是地说，针对具体的社会保险争议，司法机关裁判尺度不一、差异较大，不同司法机关的判决结果甚至截然对立，这种状况不仅严重损害了法律的权威，而且导致相关行为主体无所适从，法指引和评价社会主体行为的功能大打折扣。无论是社会保险行政部门，还是社会保险经办机构，其针对用人单位、个人以及其他主体作出的具体行为或决定，都要受到行政复议机关、司法机关的审查，行政复议机关、司法机关的复议、裁审结果的差异甚至对立，也导致行政主体左右为难，不利于社会保险事业的良性发展。通过对具体案例的深入分析，把握社会保险法律概念、原则和规则的准确含义，分析其背后的法理基础，肯定和支持更具有合法性、合理性的裁判结果，批评和否定合法性和合理性不足甚至存在严重问题的裁判结果，从而为统一行政、司法实践奠定一定的基础，便于社会主体一致遵行，树立法的权威。

《最高人民法院关于案例指导工作的规定》（法发〔2010〕51号）颁布后，最高人民法院开始编辑出版指导案例，力图指导和统一全国类似案件的判决。其实，最高人民法院很早就已开展这一工作，并已对司法实践发挥了有益的作用。有一种传统观点认为，我国属于成文法国家，与判例法国家不同，案例不具有法律效力，即便是上级法院的判决，下级法院也没有必须遵行的法定义务，更不用说非上级法院判决。这种观点是错误的。事实上，不仅仅是判例法国家，世界主要大陆法系国家均非常重视案例的编纂整理工作，案例特别是上级法院的判决案例具有事实上的约束力。判例的约束力主要来自于"同样事实，同样处置"的法治原则。"翻手为云覆手为雨"式的裁判结果与法治原则背道而驰。除非有足够充分的法律依据和法理基础，否则不能推翻前案处置结果；基于充分的法律依据和法理基础推翻旧例后，就不应再回归旧例。法律不得朝令夕改，判例更不能朝例夕改，这是走向法治、生成法律权威的必由之路。

第四，有助于统一适用法律法规，统一裁判结果，可以有效节省行政、司法资源。在同一司法管辖区，法律适用结果的统一，可以为用人单位、个人提供明确的法律预期，对于明显不能得到支持的诉求，有相当部分就不会启动法律程序；对于行政主体、复议机关、司法机关来说，类似案件即便提起复议或诉讼，因为缺乏实质争议，案件的准备、处理、答辩等也会相对简单很多，可以节省大量的行政、司法资源。

根据人力资源社会保障部门的统计，我国社保机构工作人员数量与服务对象的服务人次比，在全球范围内处于高位，面对日常社保经办业务，很多社保机构已经捉襟见肘，大量行政复议、诉讼案件的发生，进一步恶化了社保机构的服务能力，影响了公民社会保险权利的实现。目前，很多行政复议、行政诉讼案件由于法律适用、裁判结果的不一致而导致社保机构大量的心血白白浪费，对于提升社保机构的公共服务能力造成了不利影响。

通过研究分析具体的案例，评判肯定与否定性意见，综合法学理论与社会保障理论，可以为统一适用法律法规、统一裁判结果提供理论与实务支撑。

第五，有助于促进社会保险事业的可持续发展。社会保险争议案件的处置，与传统民商事、行政、刑事案件的处置存在一个根本的区别，即这些制度一般不存在制度可持续的问题，而社会保险制度的可持续性则是其核心特征之一。

这一区别的原因在于，其他法律关系的存续，不以公共财政供给为前提，法律关系的运行不受公共财政的困扰，因此至少可以说，这些法律制度是伴随国家的产生而产生的。社会保险权利的实现，则由公共财政供给，因此在国家诞生的相当长时期内，并无社会保障制度的产生；而社会保险制度，则迟至19世纪末期才产生；即便在当今，社会保障制度已经深入人心的全球化时代，仍有相当部分国家没有社会保险及类似制度，甚至没有社会保障制度。

社会保险事业的持续运行，需协调需求与供给的关系。脱离供给的可能性，仅仅考虑需求，必然会导致社会保险制度的崩溃与破产或举步维艰，引发社会和国家的动荡乃至国家的破产，这并非没有先例。目前，在社会保险特别是工伤保险司法实践中，一味考虑个人诉求的最大化，而完全忽视了工伤保险基金的供给及由此所决定的保障范围的广度和保障水平的深度。当然，这不仅仅是司法适用的问题，在立法中也存在类似的问题。

无论是在立法还是司法中，应当给予社会保险持续性以充分的考虑。是否赋予用人单位和个人特定的社会保险权利，用人单位和个人的特定利益是否属于社会保险制度的保障范围，社会保险基金是否有能力提供充分的保障，应当细细思量。否则，看似保障了个案个人的权益，但却损害了更普遍的公民的社会保障权利。

第六，有助于完善立法，建立健全社会保险法律体系。通过对具体个案的剖析，一方面有助于填补法律漏洞，促进法律的公正适用；另一方面，也能针对现行法律法规的缺失、矛盾及其他不完善之处，提出相应的改革和完善之处，通过修改立法等方式，建立更为完善的社会保险法律体系，促进社会保险公共服务水平的提升和优化。法律规则来源于生活、提炼于生活，法律体系应当因应社会实践的需求与发展。社会保险争议案件，提供了社会各方主体对于具体问题的意见和看法，在进行总结、提炼的基础上概括为更具有针对性、合理性和可行性的立法修订意见，是社会保险法律体系健全的活的根源。

在目前的各项社会保险中，由于工伤事故具有保护形式上的急迫性，且社会对于工伤保险的可持续性认知较之基本养老保险、基本医疗保险相去甚远，因此，相关部门对于工伤保险争议倾向于"从宽"支持个人诉求，甚至将工伤保险基金作为"兜底性"保障。当个人诉求无法通过其他保障制度或法律制度获得高额给付或赔偿时，往往要求工伤保险基金承担给付责任。这一倾向表现之一就是，对于工伤保险规范性法律文件，往往否认其作为工伤保险行政行为的正当法律渊源，这不仅有违我国社会保险法律体系的基本状况，而且和基本养老保险、基本医疗保险争议中通常承认同级甚至更低级别的规范性法律文件的法律渊源属性相矛盾。故对工伤保险案例展开研究和分析，更有其现实的紧迫性和必要性。

由于本书的操作时间较短，无论是案例的筛选还是内容的撰写，都存在不尽如人意之处，敬请读者见谅，也恳请读者不吝批评指正。

编著者
2017 年 4 月于北京

目 录
Contents

1 工伤认定中涉及案件事实尚在审理时宜中止认定 /001

[核心提示]

《工伤保险条例》和《工伤认定办法》规定,劳动关系的存在系工伤认定申请与认定的前提。本案中,劳动者与用人单位是否存在劳动关系尚在二审审理之中,工伤认定决定所认定的劳动关系事实尚需法院在民事案件中进行确认,故工伤认定部门作出的工伤认定申请不予受理决定的理由不当,认定事实的主要证据不足,应予撤销。

2 超越职权作出的工伤认定决定的无效与撤销 /007

[核心提示]

依据《工伤保险条例》第十七条、《工伤认定办法》第四条规定,统筹地区社会保险行政部门具有认定工伤的职权。由于政策改变,某市工伤保险由区县统筹改为市级(设区市)统筹后,市人力资源和社会保障局作为统筹地区的社会保险行政部门具有对该市范围内的工伤认定的职权。法院认为,区人力资源和社会保障局不具备认定工伤的职权,无权作出工伤认定,其作出的工伤认定决定自始无效。

3　未参加工伤保险的村委会成员不能纳入工伤保险保障范围 /014

[核心提示]

　　工伤认定部门要求申请人提供其母与村民委员会存在劳动关系的相关证明，因申请人不能提供其母与村民委员会存在劳动关系的相关证明，且劳动人事争议仲裁委员会认为村民委员会并非适格的用人单位，故工伤认定部门对申请人的工伤认定申请不予受理，该认定事实清楚，程序合法。

4　受理工伤认定申请的材料与作出认定的材料要求不同 /023

[核心提示]

　　申请人按照《工伤保险条例》第十八条的规定向工伤认定部门提交了工伤认定申请表、受伤害职工与用人单位存在劳动关系（包括事实劳动关系）的证明材料、医疗诊断证明或者职业病诊断证明书等材料，工伤认定部门没有任何法定理由不受理工伤认定申请。证明劳动者在工作时间和工作岗位突发疾病死亡或者在48小时内经抢救无效死亡的证据，是认定工伤的必要证据材料，而不是受理工伤申请的申请材料。

5　生效民事判决确认劳动关系后用人单位应当承担用工主体责任 /030

[核心提示]

　　《工伤保险条例》第十八条第一款规定，提出工伤认定申请应当提交"与用人单位存在劳动关系（包括事实劳动关系）的证明材料"。生效的民事判决已确认用人单位与劳动者之间存在劳动关系，用人单位应当承担用工主体责任，负责工伤职工的工伤保险待遇给付。

| 6 | **被挂靠单位应对挂靠人员雇用的人员承担工伤保险责任** /035

[核心提示]

　　《最高人民法院关于审理工伤保险行政案件若干问题的规定》(法释〔2014〕9号)第三条第(五)项规定：个人挂靠其他单位对外经营，其聘用的人员因工伤亡的，被挂靠单位为承担工伤保险责任的单位。本案中用人单位诉称劳动者与其不存在劳动关系，因现有生效判决文书确认劳动者在受伤时与用人单位存在劳动关系，故法院对用人单位的主张不予采信。

| 7 | **工伤认定申请超过法定时限的不应受理** /040

[核心提示]

　　用人单位未按规定时限提出工伤认定申请的，工伤职工或者其近亲属、工会组织在事故伤害发生之日或者被诊断、鉴定为职业病之日起1年内，可以直接向用人单位所在地统筹地区社会保险行政部门提出工伤认定申请。本案中，许某提出的工伤认定申请已超过该时限规定，人社行政部门据此不予受理许某的工伤认定申请，所作决定并无不当。

| 8 | **伤害与疾病应当适用不同的工伤条款** /045

[核心提示]

　　劳动者死亡原因经鉴定为颅脑严重损伤，用人单位未提交证据证明劳动者系突发疾病死亡，故本案不适用《工伤保险条例》第十五条有关职工突发疾病死亡视同工伤的有关规定。劳动者在工作时间、工作场所，因颅脑损伤导致死亡，工伤认定部门根据鉴定部门的鉴定结论，认定劳动者为工亡，是正确的。

9 初始证据在工伤事实判断中具有较高证明力 /050

[核心提示]

对于劳动者的伤害是否在工作时间发生,用人单位的员工证人均表示"没听说""印象中没有""想不起来",与劳动者的出勤状况表述相互矛盾。在此情形下,根据劳动者就诊记录与其他证据可以推翻证人不利于劳动者的证言,并据此认定为工伤具有合理性。就诊记录作为初始证据,应赋予其较高的证明力。

10 用人单位未依法承担举证责任应承担不利后果 /057

[核心提示]

对劳动者所受伤害发生在工作场所内,并且是在生产机器上发生事故的事实,原、被告双方并无异议。劳动者和社会保险行政部门认为该伤害为工伤,有所受伤情、入院记录、病历资料、调查笔录等为证。用人单位认为其职工在公司内所受事故伤害不是工伤,在进行工伤认定及审理案件期间,均应由用人单位承担举证责任。原审法院虽然查明事实基本清楚,但未正确分配当事人的举证责任,适用法律有误。

11 用人单位与劳动者签订"工伤补偿协议"不影响劳动者申请工伤认定的权利 /066

[核心提示]

用人单位与劳动者就工伤补偿达成协议系民事法律行为,而工伤是社会保险行政部门依法认定,两者不能相互代替。用人单位不能以协议约定排除其应当承担的法定强制性义务,即用人单位与劳动者签订补偿协议不影响劳动者申请工伤认定的权利。

12 从事非单位安排工作受伤仍可构成工伤 /072

[核心提示]

　　法院认为，工伤认定部门提交的证据能够证明韩某是在工作时间和工作场所内从自动悬链上摘取零件往料箱内存放时被砸伤左手，用人单位派人将其送往医院治疗并支付医疗费，韩某所受伤害完全符合《工伤保险条例》第十四条第（一）项规定。法院未对用人单位关于韩某行为不是单位安排的这一抗辩主张予以评价，实即认为此主张是否成立并不影响工伤认定。工伤构成中的工作的判定，需要综合考虑用人单位的意思、劳动者的意思以及劳动者的客观行为。非用人单位安排的行为仍有可能属于工作；而用人单位安排的行为也并不一定都属于工作。

13 职业病工伤认定是否需要进行调查核实 /078

[核心提示]

　　《工伤保险条例》第十九条规定，对依法取得职业病诊断鉴定书的，社会保险行政部门不再进行调查核实。职工或者其近亲属认为是工伤，用人单位不认为是工伤的，由用人单位承担举证责任。用人单位未就工伤认定部门依据的职业病诊断证明书有异议提供出反驳的证据，其诉讼请求不予支持。

14 因工外出的事实不清不能认定为工伤 /085

[核心提示]

　　社会保险行政部门在没有调查核实清楚事故发生过程，就认定职工因工外出发生车祸导致死亡为因工死亡，存在事实不清、证据不足问题，该工伤认定决定应予撤销。

15　上班途中的确定应综合考量事故地点、事故时间、惯常上班时间等因素　/089

[核心提示]

　　本案中劳动者发生交通事故的地点位于其居住地与上班地点之间的合理路线上，且《道路交通事故认定书》认定的劳动者当时的行驶方向与上班方向一致。在上班时间方面，社会保险行政部门提供的证据可以证明劳动者作为保安上班时间具有一定的灵活性，在用人单位未能提供证据证明劳动者的惯常实际到岗时间的情况下，综合考虑劳动者上班在途时间及在约定上班时间前一定合理时间到岗等因素，可以认定劳动者发生事故时属于合理的上班在途时间。

16　未查明下班时间导致下班途中事实认定不清被撤销工伤认定　/095

[核心提示]

　　工伤认定结论未能查清事发当日职工下班的具体时间，以致无法确定职工发生交通事故的时间是否在其"合理"的上下班时间内，存在认定事实不清问题，应撤销工伤认定决定并责令社会保险行政部门重新作出具体行政行为。

17　早退是否构成"下班途中"　/099

[核心提示]

　　下班时间的合理性应指职工离开单位的时间是否符合用人单位的上下班规定以及是否在合理范围内。劳动者在距离公司规定的下班时间还有4小时的情况下，未向主管请假并得到主管的批准便擅自早退离开公司，故劳动者离开公司的时间显然不属合理的下班时间。

| 18 | 申请人诉称系因工作原因回家之事实不能成立时可能导致
工伤认定的不利后果 /106

[核心提示]

　　职工事发当日中午系因工作原因外出前往其他公司取配件，应视为仍在工作时间及工作岗位，但是其中途返家应根据具体情况判断是否属于工作时间及工作岗位。用人单位在申请工伤认定申请表中载明职工返回家中系拿取配件所需单据，且事发当日职工的同车人员在社会保险行政部门的调查中也表述职工返回家中系拿取配件所需单据，但社会保险行政部门的调查结果显示职工前往取配件并不需要单据。社会保险行政部门据此确定劳动者在家中突发疾病不属于在工作时间、工作岗位上突发疾病，不予认定为工伤，并无不当。

| 19 | 内退人员参加活动后回家途中突发疾病死亡不应认定为
工伤 /111

[核心提示]

　　杨某在实行"厂内退休"后，不受用人单位劳动纪律约束期间，受邀参加单位组织的庆祝"八一"建军节座谈会，在活动结束离开现场并乘车及步行30分钟后突发疾病死亡，故杨某突发疾病不是在工作时间和工作场所内，也不与工作原因有关，不属于《工伤保险条例》规定的工伤情形。

| 20 | 变更工作伤害后果需符合法定条件 /117

[核心提示]

　　地方文件规定，工伤职工认为因工伤或者职业病直接导致其他疾病，并提交了三级以上资质的工伤医疗机构出具的工伤或者职业病直接导致疾病的医疗诊断证明，区、县社会保险行政部门已经作出《工伤认定决定书》的，应当对《工伤认定决定书》进行变更。莽某申请社会保险行政部门变更已作出的涉案工伤认定结论，但未依照规定提交三级以上资质的工伤医疗机构出具的工伤直接导致疾病的医疗诊断证明，其变更申请不符合法定条件，社会保险行政部门予以拒绝并无不当。

21 突发疾病时不在工作岗位、非工作时间，不认定工伤 /122

[核心提示]

徐某是职工食堂的厨师，其工作时间相对比较固定，即为上午8时至12时30分，下午16时至18时。事发当天用人单位接待活动尚未全部结束，但由于会议接待期间每天分早、中、晚定时供餐，在每一个工作日当中职工仍然有明确固定的上下班时间，不存在下班后需要待岗的情形。用人单位亦未额外安排职工从事其他工作，当晚18时左右徐某工作已经全部结束。徐某于晚上21时许在非工作场所与他人一起打纸牌时突发疾病，不在工作时间和工作岗位上，其死亡不符合视同工伤的规定。

22 应以初次诊断时间而非确诊时间作为"48小时"起算时间 /128

[核心提示]

2014年11月13日6时40分左右刘某在发病后被送到A医院进行了头部CT检查后转送至B医院，B医院急诊科于8时接诊，初步诊断：高血压、脑出血。当日8时43分，刘某被收入神经外科住院治疗，入院初步诊断：右侧基底节脑出血破入脑室及蛛网膜下，高血压Ⅲ期极高危。同日进行手术。2014年11月14日，刘某被确诊为脑疝、右基底节区脑出血、继发脑室出血、蛛网膜下腔出血、高血压病Ⅲ期极高危。刘某于2014年11月15日19时23分死亡。卷宗病历证据足以证明刘某是在得到诊断后进行抢救的，初次诊断时间应当认定是2014年11月13日8时43分。上诉人认为初次诊断时间为B医院确诊时间即2014年11月14日没有证据支持。

23 在宿舍休息时突发疾病死亡不应视同工伤 /133

[核心提示]

夜间在宿舍睡觉时于凌晨1时左右突发疾病，后经抢救无效在48小时内死亡，不属于在工作时间和工作岗位，突发疾病死亡或者在48小时之内经抢救无效死亡的情形，不符合《工伤保险条例》突发疾病视同工伤条款规定的条件，不能视同工伤。

| 24 | 普通疾病不应按照事故伤害进行工伤认定 /139

[核心提示]

《工伤保险条例》第十四条使用了"事故伤害""意外伤害"和"伤害"等语词，皆强调一般工伤必须具备"伤害"这一基本条件。《工伤保险条例》规定了职业病工伤条款与一般疾病视同工伤条款，各自的适用条件完全不同。严格区分"伤害"和"疾病"的工伤构成条件，不仅是我国法律的规定，亦是各国通例。对于"伤害"工伤而言，无伤害即无工伤；将一般疾病作为"伤害"，不仅缺乏法律依据、违背《工伤保险条例》规定，而且背离了基本的社会常识。

| 25 | 非履行工作时突发疾病死亡不能视同工伤 /145

[核心提示]

劳动者的行为并非履行工作职责，劳动者在该行为中突发疾病死亡，不属于"在工作时间和工作岗位，突发疾病死亡"。是否履行工作职责直接决定着是否属于"工作时间和工作岗位"，对突发疾病能否视同工伤具有决定性意义。

| 26 | 24小时值班不等于24小时工作，认定在此期间突发疾病死亡均可视同工伤存在较大缺陷 /151

[核心提示]

门卫由于岗位职责的特殊性，通常需要24小时值班。但是将24小时值班认定为24小时工作，即每日工作24小时，违背基本常识，违背劳动法规定。认定门卫在24小时的任何时间突发疾病死亡均可视同为工伤，在工作时间和工作岗位要求上存在较大缺陷。

27 "脑死亡"不应成为工伤认定中死亡判断标准 /157

[核心提示]

原告主张以"脑死亡"作为劳动者死亡判断标准,并据此主张劳动者属于"在48小时内经抢救无效死亡"应视同工伤,没有法律依据,不应支持。

28 复议决定改变行政行为的,司法审查应限制于复议决定的合法性 /163

[核心提示]

行政复议决定书撤销了工伤认定决定,这属于复议改变原行政行为的情形,当事人起诉行政复议决定,司法机关要审查复议决定的作出程序是否符合法律规定。社会保险行政部门作出工伤认定的过程中未听取用人单位意见,不能提供送达举证通知书、听取陈述申辩意见的证据,复议机关据此以社会保险行政部门的工伤认定程序违法为由,依法作出的复议决定并无不当,行政复议决定的程序合法。

29 提起行政复议超过法定申请时限不予受理 /167

[核心提示]

按照法律规定,申请行政复议的时限为60天。涉案公司法定代表人在《认定工伤决定书》送达回证上签收时间为2013年3月5日,2013年11月19日提出行政复议申请,超过《行政复议法》规定的提出复议申请的期限,且没有正当理由,复议机关决定不予受理合法,用人单位的诉讼请求及理由均不能成立。

| 30 | 起诉具体行政行为的期限应以知悉而非送达作为起算点 /172

[核心提示]

行政相对人或利害关系人应在具体行政行为作出后的法定期限内提起行政诉讼，超过该期限，法院不予受理。《行政诉讼法》是以相对人是否知道或应当知道行政行为的内容作为确定起诉期限的标准，没有对应当送达而未送达的情况作出特殊规定，起诉期限的起算标准系"知道该行政行为"，因此不应将起算标准确定为行政行为的送达时间。

| 31 | "未依法送达行为"违法但后果轻微仍然有效 /179

[核心提示]

工伤认定部门应当告知第三人申请变更其用人单位，并向当事人送达《工伤认定申请受理决定书》。工伤认定部门在重新作出涉案的工伤认定时，未依此办理，程序违法。但工伤认定部门经过调查已查明相关事实，且原告对此也予以认可，故工伤认定部门未另行向原告送达《工伤认定申请受理决定书》而作出工伤认定，对原告权利不产生实际影响，属于程序轻微违法。根据《行政诉讼法》规定，工伤认定决定不予撤销。

| 32 | 复议机关、法院不受理对劳动能力鉴定结论的异议 /184

[核心提示]

劳动能力鉴定委员会不是具有法定行政职权的行政机关或行政机构，其作出的劳动能力鉴定结论，无论是作出主体，还是行为内容都不符合具体行政行为的标准，实质是技术鉴定结论。行政复议机关、法院不受理对劳动能力鉴定结论的异议。

33　退休时不能享受一次性工伤医疗补助金 /189

[核心提示]

实行一次性工伤医疗补助金和一次性伤残就业补助金，均是为提出解除劳动关系、未达到法定退休年龄的工伤职工在寻找到新的工作前的一种补偿，使他们基本生活开支有必要的保障，有能力医治疾病。因此将工伤保险基金支付的一次性工伤医疗补助金的支付对象限定为未达到退休年龄的工伤职工，更为合理。劳动者办理退休手续且依法享受基本养老保险待遇后，因基本生活已经有了保障，不能适用《工伤保险条例》第三十七条规定的情形享受一次性工伤医疗补助金。

34　未参保单位应按照法定标准支付工伤职工待遇 /195

[核心提示]

用人单位未给职工缴纳工伤保险费，职工发生工伤事故后，用人单位应依照《工伤保险条例》第六十二条第二款"依照本条例规定应当参加工伤保险而未参加工伤保险的用人单位职工发生工伤的，由该用人单位按照本条例规定的工伤保险待遇项目和标准支付费用"之规定，向职工支付工伤保险待遇。

35　未进行参保登记不能成立一般工伤保险关系，工伤保险基金不予支付相应待遇 /199

[核心提示]

为职工向社会保险经办机构申请办理社会保险登记，以及自行申报、按时足额缴纳社会保险费，是用人单位应履行的两项法定义务，此两项义务的完成，是建立社会保险法律关系的必要条件。《工伤保险经办规程》是人力资源和社会保障部为指导《社会保险法》《工伤保险条例》的执行而制定的规范性文件，其中第八条和第十条要求用人单位在为其职工办理社保登记时需填报申报名册、提供身份证、劳动合同等材料，是对《社会保险法》第五十八条第一款中规定的用人单位申办登记义务的操作性规定，并未限制用人单位的权利或增加用人单位的义务。

| 36 | **煤矿及项目参保未实名制是否影响工伤保险待遇** /206

[核心提示]

　　工伤保险有不同的缴费方式，缴费方式的不同影响着工伤保险关系的认定。煤矿企业以每月生产煤的吨数为基准缴纳工伤保险费，在这种方式中，与作为缴费依据的总产量的生产有关的职工都属于已参保人员，即在核算的总产量之内，实际参与了这些总产量生产劳动的职工都已经建立了工伤保险关系。未报送参保人员名单不能否认煤矿企业已为该企业职工参加工伤保险的这一事实，职工在此期间发生工伤的，应依法享受工伤保险待遇。

| 37 | **社保机构未尽到登记义务可推定用人单位申报参保名单中包含系争工伤人员** /214

[核心提示]

　　社保机构对用人单位提交的参保人员名单未尽到合理审慎登记签收的法定义务，故在各方当事人均不能举证证明参保人员名单真实内容时，应由社保机构承担因怠于履行审核签收法定职责所致举证不能的法律后果，推定用人单位提交的参保人员名单中含有系争工伤人员。系争工伤人员在参保的建筑工程项目中发生工伤，符合由工伤保险经办机构核定支付相应工伤保险待遇的法律法规规定。

| 38 | **伤残等级提高后确定伤残津贴应具有合理性** /224

[核心提示]

　　工伤人员伤残等级提高后需要支付伤残津贴的，应当依据新的伤残等级核定伤残津贴。完全以工伤发生前的本人工资确定该种伤残津贴标准缺乏合理性。

39 实际工资高于约定工资时应以实际工资作为工伤保险待遇计发基数 /228

[核心提示]

当实际工资高于劳动合同约定工资标准时，应以劳动者的实际工资作为伤残津贴的计发基数，以实际工资扣除加班工资作为停工留薪期工资。

40 第三人赔偿假肢费用后社保机构不应再予支付 /235

[核心提示]

劳动者与交通事故责任方达成一次性终结处理协议，依法获得包括安装假肢费用在内的各项赔偿。社保机构依据"工伤职工已获得责任方配置的辅助器具或者相关费用的，工伤保险基金不再支付配置费用"的规定，不予支付配置假肢费用，事实清楚，适用法律法规正确，应予支持。

41 第三人不支付工伤医疗费用，工伤保险基金先行支付 /242

[核心提示]

王某因侵权人造成工伤，但侵权人在法院强制执行期间下落不明，生效的民事判决被法院裁定中止执行，该情形属于社会保险法规定的"第三人不支付工伤医疗费用"的情形。依照该规定，社保机构应当审核并由工伤保险基金先行支付给王某工伤人员应由侵权人支付的工伤医疗费用。工伤保险基金先行支付后，社保机构有权向侵权人追偿。

42 规范性法律文件作为拒绝先行支付依据的合法性 /247

[核心提示]

行政审判实践中，经常涉及有关部门为指导法律执行或者实施行政措施而作出的具体应用解释和制定的其他规范性文件，人民法院经审查认为被诉行政行为依据的具体应用解释和其他规范性文件合法、有效并合理、适当的，在认定被诉行政行为合法性时应承认其效力。社保机构根据《社会保险法》《社会保险基金先行支付暂行办法》《工伤保险经办规程》等要求，经审查，认为原告提交的材料不齐全，在两次告知原告需补正材料并列举具体补正项目、原告未予补正的情况下，作出不予先行支付工伤保险待遇的决定并无不当。

43 用人单位未拒绝支付时不应主张先行支付 /255

[核心提示]

根据卷宗中社会保险经办机构提供的对用人单位的询问笔录，用人单位已对支付劳动者的工伤赔偿费用制定两种方案，并未对劳动者要求支付工伤保险待遇的请求予以拒绝，劳动者也未就生效判决向法院申请强制执行，其要求社会保险经办机构对其工伤保险待遇予以先行支付的条件不符合《社会保险基金先行支付暂行办法》第六条第二款规定的情形，法院认定事实清楚，适用法律正确。

1

工伤认定中涉及案件事实尚在审理时宜中止认定

[核心提示]

《工伤保险条例》和《工伤认定办法》规定，劳动关系的存在系工伤认定申请与认定的前提。本案中，劳动者与用人单位是否存在劳动关系尚在二审审理之中，工伤认定决定所认定的劳动关系事实尚需法院在民事案件中进行确认，故工伤认定部门作出的工伤认定申请不予受理决定的理由不当，认定事实的主要证据不足，应予撤销。

[案号]

一审：（2015）怀鹤行初字第68号；二审：（2016）湘12行终73号

[基本案情]

丁某的丈夫杨某系某市涉案信用联社（本案例中以下简称信用联社）工作人员，先后在乙、丙信用社工作。杨某在信用联社工作时，被人举报其经手发放的部分贷款有严重经济问题。2001年12月4日杨某出走。2002年12月31日，信用联社认定杨某在2000年9月至2001年11月担任乙信用社主任期间，利用职务之便，先后自批自借冒名贷款、收贷不入账，挪用资金共17.59万元，以2001年12月6日未经请假擅自离岗351天等原因作出《关于解除杨×劳动合同的处理决定》，决定给予杨某解除劳动合同的处理，并注明如杨某本人不服，可在收到该决定之日起15日内申请复议。2011年10月25日，信用联社以杨某利用职务之便，发放冒名假名、违规贷款、收贷不入账，涉及金额33.19万元为由，向县公安局报案，请求公安机关对杨某实施网上追逃。因杨某从2001年12月4日离家出走，下落不明满4年，2013年6月14日，丁某及其杨某近亲属向县人民法院申请宣告杨某死亡。2014年6月23日，县人民法院作出（2013）方民特字第3号民事判决，宣告杨某死亡。2014年7月29日，县公安局办理的杨某挪用资金一案，因犯罪嫌疑人杨某宣告死亡，决定撤销。2014年11月3日，丁某向县劳动人事争议仲裁委员会申请劳动仲裁，仲裁委以申请仲裁已超过法定时效为由，决定不予受理。2015年7月27日，丁某向人力资源和社会保障局（本案例中以下简称人社局）为杨某申请工伤认定，人社局于2015年9月29日作出不予受理决定书，决定对丁某提出的有关杨某事件的工伤认定申请不予受理。双方遂发生争议，丁某提起诉讼。

对于杨某失踪后经宣告死亡，其近亲属已向公安机关报案，其近亲属认为杨某与原工作单位存在工作关系，要求杨某原工作单位民事赔偿的纠纷尚在二审审理中。

[审判过程与结果]

一审法院认为，杨某离家出走前与其工作单位存在劳动关系，离家出走后宣告死亡前是否仍存在劳动关系，尚在审理中，因此，被告人社局作出的工伤认定申请不予受理决定所认定的事实存在争议，且处理争议的权力机关尚未作出具有法律效力的处理决定。因此，被告工伤认定申请不予受理决定理由不充分。据此判决撤销人社局作出的工伤认定申请不予受理决定。

被告人社局不服，提起上诉。

上诉人人社局上诉称：（1）一审法院无视客观证据，主观臆断，凭空捏造事实。一审法院审理认定杨某的近亲属要求杨某原工作单位民事赔偿的纠纷尚在二审审理中，以及杨某离家出走后宣告死亡前是否存在劳动关系尚在审理中，以此判定上诉人作出的不予受理决定所认定的事实存在争议而撤销该决定是没有任何证据证实的。从上诉人和被上诉人所提交的证据来看，没有任何证据能够证实一审法院所认定的事实。（2）一审法院适用法律法规错误。一审法院认为杨某离家出走后宣告死亡前仍与信用联社存在劳动关系。而根据《劳动法》第二十五条的规定，杨某违法发放贷款、挪用资金等行为严重违反了单位规章制度，给单位利益造成重大损失，信用联社可以解除与杨某的劳动关系，且已经在相关媒体上公告。因此，杨某已经与信用联社没有劳动关系。（3）一审程序违法，应当追加信用联社为第三人参加诉讼。本案中，杨某外逃前所在单位信用联社与是否受理工伤认定申请具有法律上的直接利害关系，应当追加为本案的第三人。综上所述，一审判决认定事实错误，程序违法，请求二审法院撤销一审判决，维持上诉人做出的具体行政行为。

二审法院除确认一审查明的事实外，另查明，被上诉人丁某在为其丈夫杨某申请工伤认定前，已向法院就杨某被宣告死亡前与信用联社是否存在劳动关系及民事赔偿提起民事诉讼，法院于2014年11月5日受理该案，并于2015年8月30日作出（2014）怀鹤民二初字第929号判决，被上诉人丁某不服，向二审法院提起上诉，二审法院作出（2016）湘12民终83号民事裁定书裁定该案中止诉讼。

二审法院认为，根据《工伤保险条例》和《工伤认定办法》相关规定，劳动关系的存在系工伤认定申请与认定的前提。本案中，被上诉人丁某在为其丈夫杨某申请工伤认定前，已向法院就杨某被宣告死亡前与信用联社是否存在劳动关系提起民事诉讼，一审法院在审理该行政案件期间，以本案所涉及争议劳动关系确认的民事诉讼尚在二审审理之中，上诉人人社局作出的工伤认定申请不予受理决定所认定的劳动关系事实尚需法院在民事案件中进行确认，故上诉人作出的工伤认定申请不予受理决定的理由不当，认定事实的主要证据不足，一审法院所作出的撤销决定的判决并无不当，上诉人对此的上诉理由不成立，不予支持。

关于上诉人认为一审法院一审程序违法问题。本案所诉的行政行为系上诉人对丁某为杨某工伤认定申请受理与否的决定，并非是对工伤认定与否的实质调查和认定结果的处理，该行政行为对信用联社实体上的合法权利不产生实际影响，同信用联社不具有利害关系，一审法院无须追加信用联社为第三人参加诉讼，故上诉人认为一审程序违法，应当追加信用联社为第三人参加诉讼的上诉理由，不予支持。判决驳回上诉，维持原判。

[案例解析]

一、工伤认定中涉及劳动关系等争议尚在审理时宜中止工伤认定程序

一般而言，劳动关系系工伤构成的基础要件[1]，劳动关系是前提，没有劳动关系就不能进行工伤认定。[2]在进行工伤认定时，如果涉及劳动关系的判断，

---

〔1〕 向春华. 工伤理论与案例研究［M］. 北京：中国劳动社会保障出版社，2008：41.
〔2〕 张素伦. 农民工工伤认定中的劳动关系研究［J］. 理论月刊，2011，1：180.

且该劳动关系争议尚在其他案件审理中，宜中止工伤认定程序。主要原因在于，不同案件对同一事实或法律关系各自进行认定，很可能会出现不同的结果。这违背了法治的基本原理，即"相同事实，相同处置"。这不仅会损害法律的权威，而且会导致适用上的冲突：究竟以哪一个法律文书认定的事实为准；或试图以一个法律文书认定的事实推翻另一个法律文书认定的事实。因此，发生在后的案件应中止案件审理，以发生法律效力的前案认定的事实作为本案处理的基本事实。《行政诉讼法》第六十一条第二款规定："在行政诉讼中，人民法院认为行政案件的审理需以民事诉讼的裁判为依据的，可以裁定中止行政诉讼。"《行政诉讼法》的这一规定并不是绝对地特指，事实上，前案并不一定是民事诉讼，如果前案是行政诉讼，也应秉持同样的处断原则。如果有刑事案件涉及本案的基本事实，基于刑事诉讼的优先性，本案即便是先发生，也宜中止案件审理，待刑事案件结案后再据其认定的事实继续进行处置。

《行政诉讼法》第六十一条第二款规定的"可以裁定中止行政诉讼"，亦即在实践中，即便本案事实与前案或刑事案件认定的事实为同一事实，也有相当多的法院并不中止案件的审理。最为合理的理由在于，认定事实的证据足够充分，相信其他案件也可以作出相同的结论。虽然这一理论原则上也适用于社会保险行政部门，但鉴于法院有最终的决定权，即法院不中止，很难"不中止"，而工伤认定决定要接受司法审查，"不中止"被推翻的风险很高，故建议中止为宜。

二、劳动关系等存在争议不一定必须中止工伤认定程序

是否只要劳动关系等法律事实处于其他案件审理过程中，就必须中止工伤认定程序？回答是否定的。准确地说，只有工伤认定中涉及劳动关系等争议且该争议尚在审理中时才宜中止工伤认定程序。如果工伤认定中并不涉及其他案件中的争议问题，则即便该争议仍在处理中，也并不影响工伤认定程序的进行。这一问题和上述适宜中止但不中止的情形是不同的。此种情况发生在不予认定为工伤或不予受理工伤认定申请中。

工伤的成立涉及很多事实，如劳动关系、工作、伤害以及排除工伤事由。在认定为工伤的行政行为中，只有在确定伤害符合所有的工伤构成要件且不具备排除工伤事由时，结论才能成立。因此在认定为工伤的行政行为中，如果涉及前案或刑事案件认定的事实，宜中止。而在不予认定为工伤或不予受理工伤认定申请的行政行为中，只要有工伤构成要件中的一个要件不具备即可作出，因此只要该要件事实确定而不涉及其他案件认定事实，即便其他事实如劳动关

系在其他案件审理中，也无须理会。例如，《工伤保险条例》第十八条规定，提出工伤认定申请应当提交"工伤认定申请表""医疗诊断证明或者职业病诊断证明书（或者职业病诊断鉴定书）"，且"工伤认定申请表应当包括事故发生的时间、地点、原因以及职工伤害程度等基本情况"，如果申请人以并不存在的伤害申请工伤认定，即便劳动关系争议尚在其他法院审理中，社会保险行政部门也可以伤害不存在为由不予受理申请。《社会保险法》第三十七条规定，职工因"故意犯罪""醉酒或者吸毒""自残或者自杀"情形之一导致本人在工作中伤亡的，不认定为工伤。例如，劳动者系在醉酒状态下操作机床而导致伤害，即便其与用人单位劳动关系争议尚在其他法院审理中，社会保险行政部门也可以排除工伤事由为由不予认定其伤害为工伤，无须理会其劳动关系问题。

在本案中，由于未能发现社会保险行政部门不予受理工伤认定申请的理由，无法对其是否应当中止工伤认定程序以及法院的判定是否正确进行评价。但可以分析的是，如果系以失踪人员与用人单位无劳动关系为由不予受理申请，则是不恰当的，应中止为妥，法院意见正确；如果系以其他理由不予受理申请，则无须中止，法院意见不当。

三、劳动关系存在争议但是并未进行仲裁/诉讼时应如何处理工伤认定程序

目前，对于社会保险行政部门在工伤认定中对劳动关系是否享有确认权限，虽然仍存在一定的争议，但总体是持肯定意见的。在肯定社会保险行政部门在工伤认定中对劳动关系享有确认权限的基础上，应明确社会保险行政部门在工伤认定中对劳动关系确认权属于其附属职权，要充分尊重劳动仲裁、民事诉讼对劳动关系确认的一般管辖权及其专业性。肯定社会保险行政部门享有在工伤认定中对劳动关系确认的附属职权，并不意味着社会保险行政部门对每一起工伤认定案件中的劳动关系都可以或应当给予明确的肯定或否定。有观点认为，对于工伤认定中劳动关系存在与否，劳动行政部门有权直接确认，无须经过劳动仲裁程序。[1]这种"一刀切"的方法是不妥的。社会保险行政部门工作人员由于其工作内容、工作职责、学科背景、专业能力与劳动争议处理裁审机构工作相比均有很大的不同，要求其对工伤认定案件中所涉及的所有劳动关系都作

---

[1] 潘美全. 论工伤认定行政案件中事实劳动关系的确认[J]. 山东行政学院学报, 2012, 10: 125; 张爱军. 工伤认定中劳动关系争议是否须仲裁前置[J]. 中国劳动, 2011, 12: 54.

出准确确认，既不符合现实，也有违行政职权的设置与划分目的，与依法行政不尽相符。对此，人力资源社会保障部《关于执行〈工伤保险条例〉若干问题的意见》（人社部发〔2013〕34号）规定，社会保险行政部门"发现劳动关系存在争议且无法确认的"才可要求先行确认劳动关系，是比较恰当的。对于工伤认定中的劳动关系，究竟由社会保险行政部门直接确认还是要求申请人通过劳动争议处理程序先行确认，应承认并尊重社会保险行政部门的裁量权。立法和司法应注重管控和限制社会保险行政部门的裁量权，注重对实体问题的分析，以确定行政行为的合法性与合理性。（向春华）

超越职权作出的工伤认定决定的无效与撤销

[核心提示]

依据《工伤保险条例》第十七条、《工伤认定办法》第四条规定，统筹地区社会保险行政部门具有认定工伤的职权。由于政策改变，某市工伤保险由区县统筹改为市级（设区市）统筹后，市人力资源和社会保障局作为统筹地区的社会保险行政部门具有对该市范围内的工伤认定的职权。法院认为，区人力资源和社会保障局不具备认定工伤的职权，无权作出工伤认定，其作出的工伤认定决定自始无效。

[案号]

一审：（2015）双行初字第00012号；二审：（2016）辽11行终59号

[基本案情]

2011年3月17日，赵某在第三人工程公司承建的某客运专线站施工时不慎从高处坠落，经医院诊断为颅骨骨折、硬膜外血肿、多发性软组织损伤。经过劳动人事争议仲裁委员会裁决，认定双方存在劳动关系。区人力资源和社会保障局（本案例中以下简称区人社局）于2012年3月26日作出工伤认定决定书（本案例中以下简称工伤认定决定），认定赵某所受伤害为工伤，同年11月23日经劳动能力鉴定赵某伤残等级为七级。2015年5月27日，区人社局认为原工伤认定决定存在程序瑕疵问题，作出撤销原工伤认定决定的决定（以下简称撤销决定）。赵某认为，在工伤认定的过程中其已依法提交了符合工伤认定条件的各种材料，区人社局撤销其作出的工伤认定的具体行为侵犯了自己的合法权益，遂诉至法院。要求：撤销区人社局所作撤销决定书；判令区人社局重新作出工伤认定决定。

另，赵某于 2015 年 6 月 15 日，再次向区人社局申请工伤认定。区人社局告知赵某需补齐材料，未予受理。

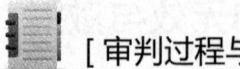

[审判过程与结果]

一审法院认为，被告区人社局作出的撤销决定，理由是没有给第三人送达，存在程序上的瑕疵。依照《工伤保险条例》第二十条的规定，社会保险行政部门应当自受理工伤认定申请之日起 60 日内作出工伤认定的决定，并书面通知申请工伤认定的职工或其近亲属和该职工所在单位。而被告并没有作出书面通知，致使第三人丧失申辩的权利，因此，被告发现后作出撤销决定，该撤销决定是行政机关在履行工作中的一种纠错行为，并不违反法律、行政法规强制性规定。对原告赵某要求撤销该决定的请求，不予支持。最高人民法院行政审判庭《关于劳动行政部门在工伤认定程序中是否具有劳动关系确认权请示的答复》（〔2009〕行他字第 12 号）中规定："根据《劳动法》第九条和《工伤保险条例》第五条、第十八条的规定，劳动行政部门在工伤认定程序中，具有认定受到伤害的职工与企业之间是否存在劳动关系的职权。"这说明劳动法律法规为劳动保障部门设立了在工伤认定程序中确认劳动关系的职权。因此，被告以没有确认双方是否具有劳动关系为由未予受理，显系不当。2012 年 2 月 13 日，被告所属市人社局为贯彻《工伤保险条例》《辽宁省工伤保险实施办法》及《××市工伤保险实施办法》，根据工伤保险市级统筹的要求作出关于规范县区工伤认定工作的通知，该通知规定工伤认定申请由市人社行政部门认定。该通知符合法律规定，予以认可，因此被告区人社局至此已不具备作出工伤认定的主体资格，原告申请工伤认定应向具有工伤认定资格的市人社局申请。因此，原告要求被告区人社局重新作出工伤认定的主张，不予支持。判决驳回原告的诉讼请求。

原告赵某不服提出上诉，理由是：原判认定事实不清，证据不足。被上诉人无权以程序上瑕疵为由撤销工伤认定决定，根据法律规定被上诉人承担书面通知义务，被上诉人未履行上述义务，是其玩忽职守行为所致，法律也未规定未通知必然导致工伤认定决定无效。被上诉人应继续履行对第三人的书面通知义务，让其享有继续申辩的权利，因此，被上诉人无权作出撤销决定，被上诉人的行为是对权利的滥用，根本不是工作过程中的纠错行为，原判决对此不应予以认可。判决作出后，上诉人找到市人社局，该局称被上诉人具有工伤认定资格，该区域发生的工伤事故仍由其认定。

被上诉人区人社局答辩称，坚持撤销决定，认为其程序合法，适用法律正确。

原审第三人述称，被上诉人撤销正确，其与上诉人不存在劳动合同，不具有雇佣关系。

二审期间，被上诉人区人社局向二审法院提交工伤认定申请表一份。经庭审调查，此份申请表是上诉人赵某在被上诉人的要求下提交的，可以证明被上诉人赋予了上诉人重新申请的权利，且上诉人也再次提出了申请，对该份证据，予以采信。

二审法院认为，依据《工伤认定办法》第四条、《工伤保险条例》第十七条规定，统筹地区社会保险行政部门具有认定工伤的职权，××市人社局作为统筹地区的社会保险行政部门具有对该市范围内的工伤认定的职权，区人社局不具备认定工伤的职权无权作出工伤认定，其作出的工伤认定决定自始无效，不存在撤销的问题。一审法院认定被上诉人撤销原工伤认定行为是自行纠错行为不当。上诉人赵某应当依法向有权作出工伤认定的职能部门申请工伤认定。按照《工伤保险条例》规定，工伤职工在事故发生之日起 1 年内提出工伤认定申请。上诉人向有权作出工伤认定的部门申请工伤认定之前提起诉讼耽误的时间不应计算在工伤认定申请期限内。综上，一审认定上诉人应当向市人社局申请工伤认定的结论正确。上诉人的上诉理由不应支持。判决驳回上诉，维持原判。

[案例解析]

本案的基本事实是，根据《工伤保险条例》第十七条规定，应由统筹地区社会保险行政部门进行工伤认定。涉案区人社局无工伤认定职权，其作出的工伤认定结论为逾越职权的行政行为。针对这一逾越职权的行政行为，本案涉及如下问题：作出该逾越职权的行政主体能否撤销该逾越职权行为[1]；该行政主体能否重新作出该行政行为。具体到工伤认定行为，其权力主体如何设定以及工伤认定主体发现工伤认定行为不当时如何处置。

由于被告区人社局并无工伤认定的职权，因此，原告要求被告重新作出该

---

〔1〕 虽然在本案中，被告的撤销决定并非以行政行为逾越职权为理由，但是一、二审法院均对此予以阐述，且这本是实践和理论中的重要问题，故本文以此阐述要点。

逾越职权的行政行为自然与依法行政、行政行为的合法性原则相悖，该问题比较简单，不再作详细阐述。

一、超过职权的工伤认定行为的无效及其效力

在本案中，区人社局无工伤认定职权，这是基本的法律事实。对于该事实的处理行为的法律认识，一、二审法院意见并不相同。一审法院认为，被告的撤销决定是行政机关在履行工作中的一种纠错行为，并不违反法律、行政法规强制性规定。二审法院则认为，被告作出的工伤认定决定自始无效，不存在撤销的问题。现代法治国家，无不实行权力法定主义，因此，行使行政权的主体对其法定职权的逾越与否自然成了监控其是否"依法行政"的重要标准。[1]行政越权是指行政主体超越职务权限而进行的行政行为。[2]逾越职权之行政行为违背"依法行政"及行政行为合法性原则，毫无疑义。就理论上来说，一般认为，逾越职权行为属于无效的行政行为。行政行为无效的原因包括权限瑕疵，指行政主体超越职权所实施的行为。行政行为的无效是自始无效，即从行政行为正式作出时即无法律上的约束力。[3]从这一观点出发，逾越职权的工伤认定行为自始无效，并不存在该行为后续效力的问题。亦即二审法院所认为的"被上诉人作出的工伤认定决定自始无效，不存在撤销的问题"。但实际上这是从应然角度来说，实际情况并非如此。以工伤认定来说，即便某认定为工伤的工伤认定行为属于无效行为，但在确认该行为无效或撤销该行为之前，工伤保险经办机构或用人单位声称工伤认定行为无效而不予给付待遇，不可能得到法律的支持。

在本质上，这涉及逾越职权的行政行为究竟是否属于行政行为的问题，与此密切相关的另一个问题是，无效行政行为是否具有法律拘束力的问题。一种观点认为，无效行政行为不是行政行为，也不属于行政行为的一种，而是一个与行政行为存在密切关系的独立的法律概念。[4]这一认知显然与现实相悖。除了上述工伤认定行为的效力问题，以更为世人明了的公安机关的行政拘留来说，如果该行政拘留从理论上来说属于无效行为，如决定程序、主体违法，那么，第一，公安机关可以据此实施拘留行为吗？实践中是肯定的。第二，相对人可

---

[1] 应松年. 当代中国行政法 [M]. 北京：中国方正出版社，2005：1525.
[2] 胡建淼. 行政法学（第4版）[M]. 北京：法律出版社，2015：652.
[3] 杨海坤，章志远. 中国行政法基本理论研究 [M]. 北京：北京大学出版社，2004：249-251.
[4] 熊文钊. 现代行政法原理 [M]. 北京：法律出版社，2000：277.

以对该"无效"拘留决定实施暴力抗拒吗？如果因此打伤警察是否应认定为正当防卫？在我国答案基本上是否定的。认为无效行政行为不属于行政行为，在实然角度即自始无效，这一观点的实质是合法行为说。这一学说是受到了民事法律行为合法行为说的影响，同时也误解了行政行为的从属法律性这一特征，不能适应行政复议和行政诉讼实践的需要。[1]行政行为一经作出，就具有法律效力，将对社会、组织和个人发生作用。[2]具体行政行为的效力包括公定力、确定力、拘束力和执行力。公定力是指具体行政行为一经行政主体作出，不论是否合法或存在瑕疵，即具有暂时被推定为有效，并要求所有国家机关、社会组织或个人尊重的一种法律效力。[3]若对是否为无效行政处分发生争议，可在一定条件之间提出确认之诉，于此之前，该处分仍有存续力，唯经确认后，效力溯及始点。[4]因此在我国现行法律框架下，无效的行政行为仍属于行政行为，"无效行政行为"这一语词的使用即表明了这一点；无效行政行为在被确认无效或撤销之前，通常仍具有法律效力。

《行政诉讼法》第七十五条规定："行政行为有实施主体不具有行政主体资格或者没有依据等重大且明显违法情形，原告申请确认行政行为无效的，人民法院判决确认无效。"确认行政行为无效需要满足实体和程序两个条件，即行政行为重大且明显违法，原告申请确认无效。[5]那么按照这一规定，在原告申请确认无效或法院确认无效之前，尚不能直接认为该行为无效。

对于无效的判断，学说上有"严重说"和"显著说"两种主要见解。所谓"严重说"，以违法行政处分的违法程度，已经极为严重，以至于不能承认其为合法有效之处分；"显著说"又分为内在违法显著说及外观违法显著说，前者乃探求违法的实质面、整体面显著违法，后者只要在外观上有显著瑕疵，任何人皆可发现。在个案实际的判断时，可以兼采这两种见解，即"外观显著重大瑕疵"理论。[6]这种判断，对于普通人未必能够胜任，因此虽然从理论上来说，相对人及其他利害关系人可对无效行政行为自行判断，可以直接根据法律的规定或者自己的理解作出行政行为无效的认定[7]，但是当事人的这种认定具有很

---

[1] 马生安. 行政行为研究 [M]. 济南：山东人民出版社，2008：83.
[2] 闫国智. 行政法与行政诉讼法 [M]. 济南：山东大学出版社，2002：50.
[3] 叶必丰. 行政法与行政诉讼法（第3版）[M]. 北京：高等教育出版社，2015：123.
[4] 李震山. 行政法导论 [M]. 台北：三民书局，2012：358.
[5] 何海波. 行政诉讼法（第2版）[M]. 北京：法律出版社，2016：461.
[6] 陈新民. 行政法学总论 [M]. 台北：三民书局，2005：355.
[7] 杨海坤，章志远. 中国行政法基本理论研究 [M]. 北京：北京大学出版社，2004：253.

大的风险，因为他"无法保证以后所有的行政机关和行政法院也会这样认为"。[1]在大陆法立法并未对无效行政行为以及其效力作出明确规定的情形下，不宜采纳这一判断方法。对于工伤认定行为来说，鉴于其所具有的专业性，更不宜采纳这一判断方法，即在工伤认定行为被有权机关宣布无效或撤销之前，基于行政行为的公定力，应推定其具有法定效力。被有权机关宣布无效或撤销之后，除非符合法定条件，否则可溯及作出之时无效。

二、超过职权的工伤认定行为的处置

本案中对于被告逾越职权作出的工伤认定行为的处置，从理论上来说，二审法院的意见更为准确。亦即，在理论上是区分无效行政行为与可撤销行政行为的。可撤销的行政处分在外观上并无明显且重大之瑕疵，但是此行政处分却是实质上违反法令，其属于形式合法，实质不法。[2]但从实务角度而言，一审法院的意见更符合大陆立法规定。就本案工伤认定职权来看，区人社局无工伤认定职权，恐不宜认定为"重大且明显违法"。考虑到《行政诉讼法》第七十条也规定，行政行为"超越职权的"，"人民法院判决撤销或者部分撤销，并可以判决被告重新作出行政行为"，一审法院处断未尝不可。

就行政程序而言，社会保险行政部门发现工伤认定逾越职权时，宜采用撤销认定这一纠误方式，不适宜采用确认或宣告无效之处断方式。行政越权事件发生后，行政违法主体有义务自我纠正。[3]在本案中，虽然最终判决结果均相同，但是不同判决理由所产生的法律效果还是有差别的，其逻辑上的周延性也不同。对不当行政行为予以撤销，一方面，符合现行立法规定；另一方面，也肯定了行政主体撤销行为的合法性。以本案来说，如果认为社会保险行政部门对工伤认定决定应认定无效而不应撤销，那么社会保险行政部门的撤销决定也存在不当，对该撤销决定不作处置也存在问题。

三、工伤认定错误的自主撤销

基于各种因素的影响，工伤认定决定存在错误在所难免。社会保险行政部门发现自己作出的工伤认定决定存在错误时，应当积极主动地予以纠正。行政

---

[1] [德] 平特纳. 德国普通行政法 [M]. 朱林译. 北京：中国政法大学出版社，1999：137.
[2] 陈新民. 行政法学总论 [M]. 台北：三民书局，2005：357.
[3] 胡建淼. 行政法学（第4版）[M]. 北京：法律出版社，2015：657.

主体对因其认定事实、适用法律错误或其他原因而导致的违法行政行为都有主动撤销的义务，违法行政行为的撤销和某些合法行政行为的废止都是符合依法行政原则的。[1]

　　工伤认定的错误，从理论上来说，不仅包括无效的情形，还应包括可撤销、可补正等情形，但是如果要求社会保险行政部门明确区分各种情形并分别采取不同的纠正措施，不仅缺乏法律依据，也增加了行政主体的负担，且此种增加并无实际益处，徒增行政主体及复议机关、司法机关的讼累。基于目前的法律规定和实践，不管何种原因导致的工伤认定错误，社会保险行政部门都应当采用撤销的方式使原工伤认定决定归于消灭，并根据真实的、新的情况重新作出包括新的工伤认定在内的处理决定。复议机关、司法机关不应拘泥于处理形式，而应当着重从处理程序和处理的实体依据进行审查。（向春华）

---

[1] 杨海坤，章志远. 中国行政法基本理论研究［M］. 北京：北京大学出版社，2004：224-225.

未参加工伤保险的村委会成员不能纳入工伤保险保障范围

[核心提示]

工伤认定部门要求申请人提供其母与村民委员会存在劳动关系的相关证明,因申请人不能提供其母与村民委员会存在劳动关系的相关证明,且劳动人事争议仲裁委员会认为村民委员会并非适格的用人单位,故工伤认定部门对申请人的工伤认定申请不予受理,该认定事实清楚,程序合法。

[案号]

一审:(2015)临潼行初字第00001号;二审:(2016)陕01行终37号;再审:(2016)陕行申342号

[基本案情]

余某的母亲余某某生前担任某村党总支副书记。2013年11月4日下午19时20分为丰富村民的文化体育生活,余某某在给村民委员会舞蹈队指导训练的过程中,突发脑溢血送医院抢救无效,于2013年11月5日12时不幸逝世。2014年10月31日,余某向人力资源和社会保障局(本案例中以下简称人社局)提出工伤认定申请,人社局告知余某应到劳动人事争议仲裁委员会确定劳动关系。2014年12月18日仲裁委作出不予受理案件通知书。裁定余某某所在村民委员会用人单位主体不适格,因此不予受理。据此,2015年1月7日,人社局作出工伤认定不予受理的行政决定。2015年1月13日余某诉至法院,请求撤销人社局工伤认定不予受理的行政决定。

[审判过程与结果]

一审法院认为,《工伤保险条例》第二条规定:"中华人民共和国境内的企业、事业单位、社会团体、民办非企业单位、基金会、律师事务所、会计师事务所等组织和有雇工的个体工商户,(以下称用人单位)应当依照本条例规定参加工伤保险,为本单位全部职工或者雇工缴纳工伤保险。中华人民共和国境内的企业、事业单位、社会团体、民办非企业单位、基金会、律师事务所、会计师事务所等组织的职工和个体工商户的雇工,均有依照本条例的规定享受工伤保险待遇的权利。"本案中,原告余某的母亲生前担任村党总支副书记,原告将村民委员会作为用人单位向被告人社局提出工伤认定请求,第一,根据《村民委员会组织法》第二条规定,村民委员会"是村民自我管理、自我教育、自我服务的基层群众性自治组织",不属于《工伤保险条例》规定的用人单位范围,原告所诉主体不适格。第二,根据《工伤保险条例》第十八条第一款规定,提出工伤认定申请应当提交下列材料:"(一)工伤认定申请表;(二)与用人单位存在劳动关系(包括事实劳动关系)的证明材料;(三)医疗诊断证明或者职业病诊断证明书(或者职业病诊断鉴定书)"。而原告未向被告提交有效的劳动关系证明,故被告不予受理其工伤认定申请的具体行政行为并无不当,应予支持。而原告向法庭提交的法律依据均为理论观点及其他省市的地方性法规,不属于本地区法规,法院无法采信。判决驳回原告的诉讼请求。

余某不服提起上诉,称:

第一,一审法院的行政判决是错误的判决。(1)一审法院判决依据的法律法规是片面和错误的。《村民委员会组织法》的各项规定中并无一条明确指出村民委员会不属于合法的用人单位,最高人民法院有关法官在专著中也对村民委员会的用人单位性质作出了明确解释,认为根据现行的法律法规和立法精神,认定村民委员会属于在 2010 年 12 月 20 日修订的《工伤保险条例》规定的"等"用人单位范围内。被法律明确排除出工伤职工的范围有以下几种:非法使用的童工;公务员和参照公务员法管理的事业单位、社会团体的工作人员;农村劳动者;现役军人和家庭保姆;为家庭或者个人工作的没有家政公司派遣的家政服务人员;为个体工匠工作的帮工;学徒;为农村承包经营户工作的受雇人。其中也不包含村民委员会。因此,从正反两个方面来看,判断一个"组织"是否属于《劳动合同法》规定的用人单位关键在于认定其是否为依法成立的组织。村民委员会是根据《村民委员会组织法》成立的基层群众性自治组织，属于依法成立的组织，也属于《劳动合同法》第二条规定的"等组织"，村民委员会属于《劳动合同法》规定的用人单位。因此，一审法院裁定依据的法律法规是片面和错误的。（2）一审法院裁定的根据与事实不符。一审法院认为根据《工伤保险条例》第十八条第一款规定，上诉人并未向被上诉人提供有效的劳动关系证明。这种认定与事实不符。根据法律规定证明事实劳动关系应提供的证据有"工资支付凭证或记录（职工工资发放花名册）""缴纳各项社会保险费的记录""用人单位向劳动者发放的'工作证''服务证'等能够证明身份的证件""劳动者填写的用人单位招工招聘'登记表''报名表'等招用记录""考勤记录""其他劳动者的证言等"。上诉人已向法院和被上诉人提供了职工工资发放花名册和其他劳动者的证言。一审法院对以上证据并未在裁定中提及，因此，一审法院的裁定根据与事实不符。

第二，一审法院的行政裁定是不公平和不公正的。上诉人向一审法院提交了江苏省高级人民法院《依法加强工伤职工权益保障——工伤行政案件司法审查经验》、云南省楚雄市人力资源和社会保障局工伤认定公示、《喀什地区机关公务员、参照公务员法管理的事业单位工作人员、村民委员会两委会班子成员及村协警参加工伤保险的实施意见》等证据，都可以充分说明村民委员会作为适格的用人单位并没有违反我国现行法律法规。村支书作为工伤认定主体也是完全符合《劳动法》《工伤保险条例》的。而一审法院无视这些省、市的已有法规和判例，作出了错误的行政裁定，使同一个工伤事实在我国同一部法律下作出了侵害劳动者合法权益的判决，严重损害了我国法律的公平和公正性。

第三，一审法院的行政裁定有违我国的立法精神。上诉人母亲余某某早年加入中国共产党，从1974年担任大队部广播员开始，分别在村民委员会下属集团公司旅社宾馆、集团公司办公室以及村民委员会工作，在担任村党总支副书记履行工作职责时突发脑溢血送医院抢救无效，于2013年11月5日12时20分不幸逝世。该事实完全符合工伤认定的规定。我国《宪法》《劳动法》《工伤保险条例》都将"保护劳动者的合法权益"作为立法宗旨，我国工伤保险毕竟不同于商业保险，其本质上是一种社会保障。工伤认定的原则总是以倾斜保护职工合法权益为本位。我国工伤认定的立法精神就是最大可能地保障主观上无恶意的劳动者因工作或与工作相关活动中遭受事故伤害或者患职业病后能获得医疗救治、经济补偿和职业康复的权利。因此，在工伤认定的有关法律条文规定不明确的情况下，应尽可能地朝着有利于劳动者利益的角度作出裁定。不能因为自身对现行法律法规理解的偏差，而让劳动者的合法权益得不到法律的保护，有违我国依法治国的精神。

综上事实和理由，上诉人余某认为一审法院作出的行政裁定既违背我国的立法精神，适用法律又存在严重错误和缺失，也不符合我国法律公平公正的原则，请求撤销一审判决并撤销被上诉人人社局作出的工伤认定不予受理的行政决定。

被上诉人人社局辩称：一审判决认定事实清楚，判处正确，请求驳回上诉维持原判。

二审法院认为，由于上诉人母亲余某某生前系基层党组织成员身份，且《村民委员会组织法》第二条明确规定"村民委员会是村民自我管理、自我教育、自我服务的基层群众性自治组织"，余某某与村民委员会之间没有充分法律依据证明系《劳动法》及《劳动合同法》调整范畴的劳动关系。故人社局不予受理上诉人余某工伤认定申请的具体行政行为并无不当。上诉人余某的上诉理由依据不足，一审判决认定事实清楚，判决正确，应予维持。判决驳回上诉，维持原判。

余某不服二审判决，申请再审称，一、二审法院认定村民委员会并非法律规定的用人单位，认定事实不清；判决适用《村民委员会组织法》并片面理解该法条，适用法律错误；二审违反法定程序未公开开庭审理并对其提供的证据作出认定，审判程序违法；一、二审违反国家《宪法》《劳动法》和《工伤保险条例》的立法宗旨，驳回其诉讼请求，判处不当。请求依法撤销一、二审判决及人社局作出的《工伤认定不予受理通知书》。

再审法院认为，申请人余某以其母亲生前担任村党总支副书记，在给舞蹈队指导训练的过程中突发脑溢血不幸逝世，申请人社局对其母在工作期间意外死亡进行工伤认定，人社局根据《工伤保险条例》的相关规定，要求再审申请人提供其母与村民委员会存在劳动关系的相关证明，因余某不能提供其母与村民委员会存在劳动关系的相关证明，且劳动人事争议仲裁委员会认为村民委员会并非适格的用人单位，故人社局对余某的工伤认定申请不予受理，认定事实清楚，程序合法。一、二审驳回余某的诉讼请求，认定事实清楚，适用法律正确，判处并无不当。裁定驳回余某的再审申请。

[案例解析]

一、村民委员会不属于劳动法中的用人单位

第一,从我国劳动争议处理实践看,均认为村民委员会不属于劳动保障法中的用人单位,不适用《劳动法》《劳动合同法》。作为劳动争议案件的主审机关,各级法院的民事审判庭对此毫无疑义。无论是社会保险行政部门还是复议机关、法院行政审判机关,均应当尊重这一司法实践和理论认知,另搞一套是违背法治要求的。

第二,从立法来看,《劳动法》第二条规定"在中华人民共和国境内的企业、个体经济组织(以下统称用人单位)和与之形成劳动关系的劳动者,适用本法。国家机关、事业组织、社会团体和与之建立劳动合同关系的劳动者,依照本法执行"明确排斥村民委员会。即村民委员会既不属于该条款所列举的组织,其成员也不属于建立劳动合同关系者。应当注意的是,虽然《村民委员会组织法》的颁行晚于《劳动法》,但是村民委员会的出现则是远在《劳动法》的颁行之前,我国村民委员会早在20世纪70年代末期、80年代初期即已诞生。因此村民委员会不属于《劳动法》适用范围,完全没有争议。

《劳动合同法》第二条虽然采用了"中华人民共和国境内的企业、个体经济组织、民办非企业单位等组织(以下称用人单位)"这一表述,但从专业的法律解释分析,并不能得出"等"即包括其他合法成立的组织如村民委员会,这种理解既不专业,也必然会得出错误的结论。例如,最高人民法院属于依法成立的组织,那么最高人民法院与其法官能适用《劳动合同法》吗?再例如,国务院与总理的关系适用《劳动合同法》吗?当然不能!

《劳动法》是作为部门法的基本法,《劳动合同法》是专门的劳动立法,在更为一般的劳动法律问题的规范上,《劳动合同法》应当服从《劳动法》。在用人单位的范围上,除非有特别规定,否则不宜与《劳动法》对立。

第三,从村民委员会的性质来说,其也不能作为一般意义上的用人单位。在一般的意义上,用人单位即雇主,或者是实际存在的如个体工商户,或者是法律拟制的独立存在,必须能够独立作出雇佣的意思表示、承担雇佣的法律责任,如支付经济补偿金的法律责任。

就村民委员会的存在而言,其完全不同于其他组织。它是一个"村民自我管理、自我教育、自我服务"的组织,而非独立存在的实体组织。村民委员会成员的职务行为后果并不归属于村民委员会,也不归属于成员本身,而是归属于全体村民本身,在某种程度上具有非独立的代表机构如董事会的属性。村民委员会的意思表示受到严格限制,更为关键的是,它既没有自己的财产,也没有独立的责任能力履行法律责任,最后只能由全体村民承担法律责任,就此而言,它也不能成为独立的法律实体并独立承担法律责任,不能成为适格的雇主。

二、村民委员会成员系由选举产生,其与村民委员会之间不属于雇佣关系,更不属于劳动关系

村民委员会由主任、副主任和委员组成,但是村民委员会成员是由全体村民选举产生,先有村民选举产生村民委员会成员,才能形成村民委员会;没有村民的选举就没有村民委员会成员,也就没有村民委员会。村民委员会成员身份的形成过程注定其不属于雇佣过程,如同全国人大代表、国会议员的产生不是雇佣活动亦非雇佣过程;村民委员会不是雇主,村民委员会成员不是雇员,两者之间不是雇佣与被雇佣的关系,如同全国人大与全国人大代表之间、国会与国会议员之间不是雇主与雇员的关系。而我国法律所指称的劳动关系,仅属于雇佣关系的一种,在不属于雇佣关系时当然更不可能属于劳动关系。

三、村民委员会及其成员不属于工伤保险一般保障范围

根据以上分析并结合《社会保险法》《工伤保险条例》的规定来看,工伤保险的覆盖对象是以劳动关系为一般条件的。进行工伤认定通常需要以劳动关系的存在为前提。劳动关系系工伤构成的基础要件[1],劳动关系是前提,没有劳动关系就不能进行工伤认定。[2]在特殊情况下,基于立法或者政策的特别规定,可不以劳动关系为前提(后文再述)。

江苏省高级人民法院《依法加强工伤职工权益保障——工伤行政案件司法审查经验》认为,村民委员会、居民委员会工作人员发生工作伤害时,应认定工伤。该观点未分析"两委会"是否属于适格的用人单位主体,也未分析"两委会"与其成员是否构成劳动关系,这一倾向性意见不符合现行法律规定,也缺乏法理支持,本身的合法性即存在问题。

---

[1] 向春华. 工伤理论与案例研究 [M]. 北京:中国劳动社会保障出版社,2008:41.
[2] 张素伦. 农民工工伤认定中的劳动关系研究 [J]. 理论月刊,2011,1:180.

需要说明的是，本案病逝人员为村党总支副书记，并不一定属于村民委员会成员，案件材料也未显示其是否属于村民委员会。如果其不属于村民委员会成员，而属于党总支成员，以村民委员会作为用人单位诉请工伤认定，程序上也存在重大瑕疵。而如果涉及党总支作为用人单位的工伤认定，笔者认为效果与村民委员会基本相同。

四、组织管理事实的存在与劳动关系的确立不是必然联系

本案中，申请人表示已向法院和人社部门提供了职工工资发放花名册和其他劳动者的证言，以此证明劳动关系成立。首先，无论从立法规定还是常识来看，村民委员会成员皆不属于村民委员会的职工。其次，"工资支付凭证或记录（职工工资发放花名册）""缴纳各项社会保险费的记录""'工作证''服务证'等能够证明身份的证件""'登记表''报名表'等招用记录""考勤记录""其他劳动者的证言等"只能证明是否存在劳动或组织管理，仅仅是劳动关系成立的条件之一，既非必要条件，更非充分条件。道理很简单，如军队的后勤部会给军人发放工资、实施最为严格的管理，党委及其组织部门等会对党员进行严格的管理、发放工资，一个农民也可能请一个雇工并向其支付劳动报酬、进行管理，但毫无疑问，他们之间都不是劳动关系，不适用劳动法。判断是否存在或成立劳动关系，首先要确定主体适格。主体不适格，再多的证据也不能证明劳动关系的存在。

五、不能以"保护劳动者的合法权益"这一极其宽泛的目的背离法律概念、法律规则、法律原则的适用以及法律解释方法

一方面，我国立法通常会以类似"保护劳动者的合法权益"等极为抽象、概括而宽泛的价值作为立法目的；另一方面，在进行法律解释时，实践中存在以此等极为抽象、概括而宽泛的价值作为立法目的进行立法目的解释。这种立法结构是不恰当的，这种方法论是不科学的。

人类所有的法律都是保护人民合法权益的。将此确定为一部法律的立法目的并无实际意义，更多的只是宣示意义。以世界上最伟大的法典之一——已有200多年历史的《法国民法典》来说，并没有这样宽泛的目的条款；另一部伟大的法典——《德国民法典》同样如此。需要法律解释的通常困境是，某一事物或者利益究竟是不是法律所规范的，对此发生争议的时候，还根本谈不上它是否属于权利。例如就本案而言，村民委员会及其成员是否属于《工伤保险条例》

适用范围存在争议,即"村民委员会成员是否有合法的工伤权益"需要分析村民委员会及其成员是否属于《工伤保险条例》适用范围才能得出;当以"应当保护村民委员会成员合法的工伤权益"来证明村民委员会及其成员属于《工伤保险条例》适用范围时,就犯了循环论证的逻辑错误。

而从法律适用角度来说,虽然目的解释论是极其重要的法律解释方法,但是,作为法律解释方法的立法目的通常并非此等极度抽象而宽泛的目的,更不会指所谓的合法权益或法律权利,而更多是指具体的法律规范的制定目的。目的解释是法律解释的重要方法,任何人在解释法律时,须想到的基本问题是:为何设此规定,立法目的何在?[1] 适用立法目的或立法宗旨进行解释,应考虑下列原则:

第一,应当先进行文义解释和体系解释,如果仍不能解决漏洞或冲突,再寻求目的解释。先由一般的语言用法获得的字义,其构成解释的出发点,同时为解释的界限;在探求某用语或某语句于某文字脉络中的意义为何时,法律的意义脉络是不可或缺的;假使法律的字义及其意义脉络仍然有作不同解释的空间,则应优先采用最能符合立法者的规定意向及规范目的之解释(历史的目的论的解释)。[2]

第二,目的解释中的目的,首先是指法律规范的目的,而非仅指一部法律的整体目的。"目的解释,是指通过探求制定法律文本的目的以及特定法律条文的立法目的,来阐释法律的含义。"[3] "目的解释,系指以法律规范目的,阐释法律疑义之方法而言。"[4] 应当探求具体的法律规范的目的为何。

第三,法规规范的目的有不同的界定,其一般分类为主观目的论(历史的目的论)和客观目的论。按照拉伦茨的观点,应当先适用历史的目的论,如果仍不能解决问题,则不能不求助于客观的目的论。[5]

第四,目的解释不能背离法律概念和法律原则。如果对法律概念本身没有争议,或者根据法律原则即可界定争议,应无须再探求法规目的或立法者目的。

---

[1] 梁慧星民法总论(第四版)[M]. 北京:法律出版社,2011:292.
[2] [德]卡尔·拉伦茨. 法学方法论 [M] 陈爱娥译. 北京:商务印书馆,2003:219-220.
[3] 王利明. 法学方法论 [M]. 北京:中国人民大学出版社,2012:414.
[4] 杨仁寿. 法学方法论 [M]. 北京:中国政法大学出版社,1999:168.
[5] [德]卡尔·拉伦茨. 法学方法论 [M] 陈爱娥译. 北京:商务印书馆,2003:220.

六、参加工伤保险的村民委员会成员应当获得工伤保险的保障，原则上可适用《工伤保险条例》

此种情形之所以可适用《工伤保险条例》，并非基于我国工伤保险制度的一般适用规则，即并非基于《工伤保险条例》自身的规定，而是基于行政行为的实施而产生的法律效果。此种情形完全不能表明村民委员会与其成员之间成立劳动关系。亦即，其因为参加工伤保险而获得工伤保险的保障与劳动法领域仍拒绝承认其劳动关系并行不悖。在保障性质上，与建筑施工项目参保中并不要求劳动者与用人单位之间存在劳动关系相同。

将参加工伤保险的村民委员会成员纳入工伤保险的保障，系基于两个方面的理论。一是工伤保险关系理论。即此时村民委员会成员虽然不能因为职工身份而获得工伤保险保障，但其已经属于被保险人，与工伤保险经办机构之间已经形成工伤保险关系，在其伤害属于工伤保险保障范围时，应当获得工伤保险基金的待遇给付。二是信赖保护理论。即便村民委员会成员根据立法规定不能纳入工伤保险统筹，但是在工伤保险经办机构已经实际将其纳入统筹之后，基于对行政行为的信赖，应当对纳入工伤保险统筹的利益予以保护。因此，当其遭受工伤伤害时，工伤保险基金应当给付待遇。

但是应当指出的是，将参加工伤保险的村民委员会成员纳入工伤保险的保障，是工伤保险经办机构的行政行为所致，并无村民委员会或全体村民授权，因此该行为不能设定村民委员会和全体村民的义务。在缺乏立法规定的情况下，由谁承担雇主责任将会遭遇法律难题。（向春华）

4

受理工伤认定申请的材料
与作出认定的材料要求不同

[核心提示]

申请人按照《工伤保险条例》第十八条的规定向工伤认定部门提交了工伤认定申请表、受伤害职工与用人单位存在劳动关系（包括事实劳动关系）的证明材料、医疗诊断证明或者职业病诊断证明书等材料，工伤认定部门没有任何法定理由不受理工伤认定申请。证明劳动者在工作时间和工作岗位突发疾病死亡或者在48小时内经抢救无效死亡的证据，是认定工伤的必要证据材料，而不是受理工伤申请的申请材料。

[案号]

一审：（2015）双行初字第20号；二审：（2016）黑行终24号

[基本案情]

严某的丈夫郑某是涉案煤业公司（本案例中以下简称公司）的职工。2014年11月17日，郑某经某医院抢救无效死亡，该医院出具的居民死亡医学证明（推断）书推断死亡原因是心源性猝死。2015年5月11日，严某向人力资源和社会保障局（本案例中以下简称人社局）申请工伤认定，并提交了工伤认定申请表、结婚证、郑某考勤卡、工资卡、银行流水证明、医保卡及医院出具的医疗门诊费票据、抢救记录、居民死亡医学证明（推断）书等申请材料。人社局以严某提交的申请材料不具备受理条件为由作出工伤认定申请不予受理决定（本案例中以下简称不予受理决定）。严某不服，向市政府申请行政复议。市政府于2015年9月14日作出《行政复议决定书》认为，证明郑某在工作时间和工作岗位突发疾病死亡或者在48小时内经抢救无效死亡的证据，是认定工伤的必要证据材料，而不是受理工伤申请的申请材料，依据《工伤保险条例》第十八条的规定，严某提交工伤申请材料后，人社局应受理其工伤申请。依据《行政复议法》第二十八条第一款第（三）项的规定，决定撤销人社局作出的不予受理决定。郑某原用人单位煤业公司不服，起诉要求撤销市政府的行政复议决定，并认定人社局作出的不予受理决定符合法律规定。

[审判过程与结果]

一审法院认为，根据本案事实，严某按照《工伤保险条例》第十八条的规定向人社局提交了工伤认定申请表、受伤害职工与用人单位存在劳动关系（包括事实劳动关系）的证明材料、医疗诊断证明或者职业病诊断证明书等材料，人社局没有任何法定理由不受理申请人严某的工伤认定申请。市政府行政复议决定以没有法定依据为由，决定撤销该不予受理决定事实清楚，证据确凿，适用法律、法规正确，符合法定程序。判决驳回原告煤业公司的诉讼请求。

原告煤业公司不服，提出上诉。

上诉人煤业公司上诉称，严某提交的申请工伤认定的相关材料不能证明其丈夫郑某是在工作时间、工作地点，因工作原因死亡，人社局不予受理其申请正确，市政府行政复议决定应予撤销。

被上诉人市政府辩称，严某提交的工伤认定申请符合《工伤保险条例》和《工伤认定办法》规定的受理条件，人社局应当受理其申请。

严某辩称，人社局应当受理其申请并认定工伤。

二审法院经审查查明的事实与一审一致。

二审法院认为，严某按照《工伤保险条例》第十八条的规定向人社局提交了工伤认定申请表、受伤害职工与用人单位存在劳动关系（包括事实劳动关系）的证明材料、医疗诊断证明等材料，人社局不予受理严某的工伤认定申请不当。市政府经复议认为人社局作出的不予受理决定没有法定依据，决定撤销该不予受理决定事实清楚，适用法律、法规正确，符合法定程序。上诉人煤业公司主张严某的工伤认定申请不符合受理条件缺乏事实根据，其要求撤销市政府行政复议决定并认定不予受理决定符合法律规定的上诉请求没有法律依据，不予支持。一审判决认定事实清楚，适用法律、法规正确。判决驳回上诉，维持原判。

[案例解析]

一、行政程序及其意义

行政程序是指行政主体实施行政活动所应当遵循的步骤、顺序、方式和时限等。[1]行政程序有广义与狭义两种概念。广义的行政程序兼指"事前程序"和"事后程序"。"事前程序"是对外发生效力的行政决定作成之前的程序,包括不直接发生法律效果的"事实行为"(如调查事实、资讯公开)程序,与直接发生法律效果的"法律系行为"(如作成行政处分、订定法规命令)程序。"事后程序"包括行政强制执行程序和提起行政争讼的程序。狭义的行政程序仅指"事后程序"。[2]

对于行政程序的重视和立法,主要是和两种历史发展有关。一是对行政权力的控制。就控权的方式而言,传统法治注重的是组织控权,现代法治则更注重程序法控权。[3]二是程序正义观念的影响。对于正当行政程序的内涵,各国法律的规定各不相同,各国学者们的意见也各有差异,不过,在各不相同的背后,存在着一种所谓正当程序的理念,正当程序的理念已经成为现代行政法的一种价值追求。[4]

行政程序的主要意义在于:第一,通过吸引行政相对人的直接参与,促进民主政治的实现;第二,通过限制行政权的恣意行使,维护行政相对人的合法权益;第三,通过权利与权力之间的对话、沟通与合作,减少摩擦、增进互信,提高行政效率。[5]"行政程序法"原即寓有"经由程序履行,促成行政决策正当,减轻球员兼裁判"疑虑的用意。[6]

二、工伤认定申请受理程序与工伤调查认定程序的界分与功能设定

工伤认定行为一般认为属于行政确认行为[7],是行政决定或行政处分的

---

[1] 章志远. 行政法学总论[M]. 北京:北京大学出版社,2014:328.
[2] 翁岳生. 行政法(第2版)[M]. 北京:中国法制出版社,2009:917.
[3] 姜明安. 行政程序研究[M]. 北京:北京大学出版社,2006:1.
[4] 杨建顺. 行政法学总论[M]. 北京:中国人民大学出版社,2012:251-252.
[5] 章志远. 行政法学总论[M]. 北京:北京大学出版社,2014:329-330.
[6] 翁岳生. 行政法(第2版)[M]. 北京:中国法制出版社,2009:920.
[7] 向春华. 工伤理论与案例研究[M]. 北京:中国劳动社会保障出版社,2008:132.

一种，需依照工伤认定程序进行。根据前述分析，工伤认定程序属于狭义的行政程序，不包括工伤认定结论生效后的救济——行政复议和行政诉讼。设定工伤认定程序主要是为了实现相对人的参与权，限制工伤认定行为的恣意保障工伤认定的正当进行，保护相对人工伤保险待遇给付请求权以及财产权不受侵害。[1]

工伤认定程序有广、狭二义。广义的工伤认定程序是指从工伤认定申请受理到工伤认定结论生效之间的全部程序，包括工伤认定申请受理程序、工伤认定调查程序、工伤认定结论作成程序。狭义的工伤认定程序不包括工伤认定申请受理程序，仅包括工伤认定调查程序、工伤认定结论作成程序。

工伤认定程序[2]可细分为先后次序不同的具体程序，主要意义在于：第一，各个程序中行政主体与行政相对人的权力/权利与义务是不同的，有助于合理设定各方的权力/权利与义务。例如，在工伤认定申请受理程序中，行政主体通常没有调查的义务，作为申请人的相对人无须提供因果关系等充足的证据；在工伤认定调查程序中，行政主体有调查的义务，在工伤事实不清且未履行调查义务时可能承担不利后果，用人单位有举证的权利和义务；在作成工伤认定结论程序中，行政主体有告知的义务，相对人有了解工伤认定内容和救济程序的权利。第二，有助于对行政权力的控制与对相对人权利的保障。由于各个具体程序权力/权利与义务内容的不同，那么是否履行相应的义务、能否享受相应的权利，就会产生不同的法律后果，对行政主体和行政相对人会产生不同的甚至截然相反的影响。例如，如果要求行政主体在工伤认定申请受理程序进行实质性审查、确定事实真相，不仅会延长受理审查时间，也会加重行政主体的负担，反过来也会导致影响行政相对人及时获得保障与待遇给付。第三，有助于节约社会资源。在未满足具体程序要求时终止该程序不再继续下一程序，可以节省大量的行政资源，从而可以为其他案件的推进提供资源支持，这对于复议机构和司法机关来说同样如此。因此，将工伤认定程序进一步予以区分，明确各程序的具体要求，合理设定各程序中参与人的权力/权利与义务是非常必要的。

---

[1] 工伤保险待遇给付请求权的权利主体包括用人单位，如本应由工伤保险基金支付的待遇要求由用人单位支付，即可发生用人单位要求工伤保险经办机构支付待遇的问题。参见向春华. 社会保险请求权与规则体系 [M]. 北京：中国检察出版社. 2016：48-49. 当不应当认定工伤的伤病被认定为工伤时，则实质上侵害了用人单位的财产权。

[2] 未作特别说明时，本书指广义的工伤认定程序。

1. 工伤认定申请受理程序

工伤认定申请受理程序是工伤认定程序的启动程序，没有该程序，工伤认定程序便无以发生。

该程序由申请人的申请与社会保险行政部门对申请的审查与受理决定（包括同意受理和驳回受理）两方面组成。基于工伤认定行为的行政确认与授益性行政行为属性，该行政行为属于依申请的行政行为，没有申请人的申请，自然不发生申请审核的介入；但是社会保险行政部门对申请的审查与受理决定则是下一阶段程序启动的决定性因素。

该程序有两种结果：一是同意受理工伤认定申请，二是驳回工伤认定申请。

该项程序具有相对独立存在的意义。第一，避免对行政主体和其他行政相对人的不当负担，保护相对人的正当权益，避免资源浪费。对于确实因不符合申请条件而被驳回的工伤认定申请，通常可以节省行政主体的成本和其他行政相对人的不合理负担。工伤认定调查等程序的实施，不仅会增加行政主体的成本和运行压力，也是导致其他行政相对人特别是用人单位的成本和负担。如果申请符合规定，那么行政主体与其他行政相对人的负担是其义务和应为的；如果申请存在严重的瑕疵，那么导致的行政主体特别是行政相对人的负担，则是不当的。第二，防止滥用申请权、过度主张自己的利益，维护社会秩序的稳定。虽然多数申请人的诉求具有合理性，但不可否认的是，存在一些完全没有法律和事实依据的诉求，如果申请的受理没有门槛，将进一步鼓励这些完全没有法律和事实依据的诉求，不仅会妨碍正当诉求的实现，也会纵容和滋长这些不合法、不合理诉求，这是不公平的，妨碍了社会秩序的稳定和正常运行。给申请设置一定的门槛和条件，提高了个人主张利益的成本，对于不符合条件的申请直接终结工伤认定程序，可以在一定程度上遏制这些不公平现象。第三，对于决定受理的工伤认定申请，受理程序可以为申请人提供阶段性的保护，促使用人单位等履行相应的义务，为进一步查清事实真相奠定基础条件。

2. 工伤调查认定程序

行政主体决定受理工伤认定申请即进入下一阶段的工伤认定程序，即工伤调查和工伤认定结论作成程序。

工伤认定是工伤保险待遇享受/支付的基础和前提，对工伤人员及其家庭、用人单位、工伤保险基金及其他相关机构均具有重要意义。一方面，根据目前法律规定，需要社会保险行政机关作出确认性的法律文书作为享受/支付的依据，社会保险行政机关的认定行为具有重要的法律后果，需要承担相应的法律责任。另一方面，在相当多的案件中，需要社会保险行政机关的进一步调查和核实，这是确认工伤事实是否存在的关键性因素。因此，在符合受理的基本条件后，需要设定调查认定程序以便从实体上确定申请人的诉求是否具有法律和事实根据。

故此，在工伤认定程序中设置受理程序是必要且正当的。

三、工伤认定申请受理材料与工伤调查认定材料的不同要求

在工伤认定申请受理程序应相对独立存在，应为申请设定必要的门槛和条件的基础上，应当确定，这一门槛和条件必须远远低于认定结论作成的条件，这既是不同具体程序使然，也是保护申请人权益的必然要求。如果以最终的工伤认定结论作成所要求的条件作为受理申请的条件，第一，实际免除了社会保险行政部门的调查等职责。第二，实际免除了用人单位等的配合调查及相应的举证责任。第三，不恰当地使申请人背负极为苛刻的调查和举证义务。凡此弊端，均违背社会保险行政部门作为行政主体所应当承担的职责，违背用人单位对员工的保护和照顾职责，对因工作受伤的劳动者的权利保护产生极其不利的影响。因此，两个具体工伤认定程序的条件设置和要求存在很大差别。

对此问题，可参照行政诉讼的起诉条件予以考虑。《行政诉讼法》第二十五条规定："行政行为的相对人以及其他与行政行为有利害关系的公民、法人或者其他组织，有权提起诉讼。"第四十九条规定："提起诉讼应当符合下列条件：（一）原告是符合本法第二十五条规定的公民、法人或者其他组织；（二）有明确的被告；（三）有具体的诉讼请求和事实根据；（四）属于人民法院受案范围和受诉人民法院管辖。"对于"事实根据"并未提出具体的要求，更不要求该"事实根据"是真实存在、确定无疑的，这些并不在起诉受理阶段审查，而是在受理之后，在庭审阶段对其真实性予以审查。起诉条件实际上有两种情况：一是纯粹的文字问题，包括原告的身份、住址等，被告的名称、法定代表人等情况，诉讼请求是否明确，是否属于受诉法院管辖等四个方面的问题，这些可以通过受理程序审查解决。二是非文字性的重要法律问题的处理，法院应当通过正式审理程序，听取各方当事人意见作出裁决。[1]亦即，在工伤认定申请受理程序中，主要是对《工伤保险条例》《工伤认定办法》所规定的申请材料的文字

---

[1] 马怀德. 行政诉讼原理（第2版）[M]. 北京：法律出版社，2009：350-351.

性内容进行审查。

除了具体条件上的区别,对工伤认定申请的审查主要是形式审查,主要尽到行政主体一般所应尽到的义务,并不对申请材料的真实性承担责任;而在工伤认定结论作成中,行政主体必须进行实质审查,在充分进行调查核实的基础上确定证据材料的真实性才能免除法律责任。(向春华)

生效民事判决确认劳动关系后用人单位应当承担用工主体责任

[核心提示]

《工伤保险条例》第十八条第一款规定，提出工伤认定申请应当提交"与用人单位存在劳动关系（包括事实劳动关系）的证明材料"。生效的民事判决已确认用人单位与劳动者之间存在劳动关系，用人单位应当承担用工主体责任，负责工伤职工的工伤保险待遇给付。

[案号]

一审：（2015）嘉行初字第16号；二审：（2015）甘行终字第180号

[基本案情]

2012年，涉案公司（本案例以下简称公司）承接了优质杂交玉米种子标准化繁育及加工基地工程项目的设备制作安装工程。2013年，该公司将其中多成玉米果穗烘干安装工作分包给无资质的个人贺某，贺某雇用郭某为其干活。2013年8月24日9时左右，郭某在工地作业时，从9米高的料口摔下，经市人民医院诊断为：腰4椎体滑脱并骨折、胸12椎骨折、脊髓损伤、左髂前上棘皮肤挫伤。2013年11月1日郭某向张掖市人力资源和社会保障局（本案例中以下简称张掖市人社局）申请工伤认定，张掖市人社局于11月22日受理后，12月4日向公司送达《甘肃省职工工伤认定调查举证通知书》，公司于12月24日向张掖市人社局提交了《工伤认定异议书》，否认与郭某存在劳动关系。张掖市人社局于12月30日中止工伤认定并告知郭某通过仲裁或诉讼程序确认双方的劳动关系。郭某向甘州区劳动人事争议仲裁委员会申请仲裁，仲裁委员会以不属于仲裁的受案范围为由，驳回郭某的仲裁申请。郭某起诉至法院。

甘州区人民法院于 2014 年 6 月 20 日作出（2014）甘民初字第 2194 号民事判决书，确认郭某与公司之间存在劳动关系，公司不服提出上诉。张掖市中级人民法院于 2014 年 9 月 12 日作出（2014）张中民终字第 471 号民事判决书，驳回上诉，维持原判。2013 年 9 月 13 日，张掖市甘州区安全生产监督管理局作出《张掖市××农业有限公司"8·24"高处坠落事故调查报告》，认定事故的原因是公司将安装工程承包给未经注册登记、无设备安装相应资质的贺某。2014 年 10 月 9 日，郭某申请恢复工伤认定，张掖市人社局于 2014 年 12 月 2 日再次向公司送达《甘肃省职工工伤认定调查举证通知书》。公司于 2014 年 12 月 14 日向张掖市人社局提交《工伤认定异议书》，张掖市人社局于 2014 年 12 月 30 日作出了张人社工伤认字（2014）3-227 号《认定工伤决定书》，认定郭某为因工受伤。公司不服，提起诉讼。

[审判过程与结果]

一审法院审理认为：首先，依据《最高人民法院关于审理工伤保险行政案件若干问题的规定》第三条第一款第（四）项的规定："用工单位违反法律、法规规定将承包业务转包给不具备用工主体资格的组织或者自然人，该组织或者自然人聘用的职工从事承包业务时因工伤亡的，用工单位为承担工伤保险责任的单位。"本案中原告公司将设备安装工程分包给不具备用工主体资格的个人，且双方的劳动关系已经法院的生效判决所确认，原告应承担用工主体责任。其次，被告张掖市人社局根据第三人郭某提供的材料受理工伤认定申请，公司在举证期内就其与第三人之间是否存在劳动关系提出异议，被告依法中止工伤认定程序，告知第三人通过仲裁或者诉讼程序确认双方的劳动关系，程序并无不当，原告的抗辩法院不予采信。最后，职工或者其近亲属认为是工伤，用人单位不认为是工伤的，由用人单位承担举证责任。在工伤认定和庭审过程中，原告抗辩第三人受伤不属于工伤，但未提交相应的证据证实，故该抗辩法院不予采信。综上，一审法院根据《行政诉讼法》第六十九条之规定，判决：驳回公司的诉讼请求。

公司不服一审判决，上诉称：工伤认定程序违法，中止通知书未送达上诉人公司，被上诉人张掖市人社局在未进行劳动关系确认的情况下，启动工伤认定程序，工伤认定决定在起诉期限未届满时，被上诉人张掖市人社局进行了劳动能力鉴定程序明显违法；一审适用法律不当，人社部门要求必须具备资质的行业是建筑施工、矿山企业和法律强制性规定必须具备相应资质的组织和自然人，而种子机械的制作、安装并不受此限，本案是加工、承揽的法律关系，不受劳动法的调整，上诉人不应承担用工主体资格。请求二审法院撤销一审判决，撤销工伤认定决定。

张掖市人社局答辩称：该局作出的工伤认定程序合法，第三人郭某提交工伤认定申请后，该局受理了工伤认定申请，向上诉人公司送达了《甘肃省职工工伤认定调查举证通知书》，上诉人就与一审第三人之间是否存在劳动关系提出异议后，该局依法中止了工伤认定程序，并向一审第三人郭某进行了送达，根据《工伤保险条例》第二十一条的规定，一审第三人郭某依法进行劳动能力鉴定，不存在程序违法的情况；本案上诉人将设备工程分包给不具备用工主体资格的个人，且双方的劳动关系已经法院的生效判决所确认，上诉人应承担用工主体资格。请求二审法院驳回上诉，维持原判。

一审第三人郭某述称：工伤认定事实清楚，适用法律正确，一审判决认定事实清楚，适用法律正确。请求二审驳回上诉，维持原判。

二审法院经审理查明的事实与一审判决认定的事实一致，予以确认。

二审法院认为，《工伤保险条例》第十四条第（一）项规定，职工在工作时间和工作场所内，因工作原因受到事故伤害的，应当认定为工伤。本案中，2013年8月24日9时左右，一审第三人郭某在上诉人公司承包的玉米果穗烘干设备安装工程工地作业时，从9米高的料口摔下，经张掖市人民医院诊断为：腰4椎体滑脱并骨折、胸12椎骨折、脊髓损伤、左髂前上棘皮肤挫伤，故一审第三人郭某所受伤害符合上述法律规定应当认定为工伤的法定要件。被上诉人张掖市人社局依据工伤认定申请、相关证人证言、生效民事判决等证据材料，在调查核实的基础上作出工伤认定决定，符合上述法律规定。关于上诉人公司提出工伤认定程序违法及不应承担用工主体资格的问题，《工伤保险条例》第十八条第一款规定："提出工伤认定申请应当提交下列材料：（一）工伤认定申请表；（二）与用人单位存在劳动关系（包括事实劳动关系）的证明材料；（三）医疗诊断证明或者职业病诊断证明书（或者职业病诊断鉴定书）。"《工伤认定办法》第九条规定："社会保险行政部门受理工伤认定申请后，可以根据需要对申请人提供的证据进行调查核实。"本案一审第三人郭某于2013年11月1日向被上诉人张掖市人社局提出工伤认定申请，应提交与用人单位存在劳动关系的证明材料。被上诉人张掖市人社局在要求郭某进行补正的情况下，根据郭某的申请对相关证人进行调查核实后受理了郭某的申请，程序并无不当，且生效的民事判决已确认上诉人公司与一审第三人郭某存在劳动关系，公司应当承担用工主体责任。综上，一审判决认定事实清楚，适用法律正确。上诉人公司的上诉理由不能成立。据此，依据《行政诉讼法》第八十九条第一款第（一）项之规定，判决如下：驳回上诉，维持原判。

[案例解析]

这是用人单位将工程项目转包给不具备用工主体资格的个人，导致工伤，从而引发劳动关系争议的案例。按照《工伤保险条例》规定申请工伤认定的职工必须与用人单位具有劳动关系或事实劳动关系，所以郭某在解决工伤认定及工伤待遇之前必须要确认自己和谁存在劳动关系。为此，郭某做了两项工作。一是申请仲裁。郭某向甘州区劳动人事争议仲裁委员会申请仲裁，仲裁委员会以不属于仲裁的受案范围为由，驳回郭某的仲裁申请。二是提起法律诉讼。法院民事判决确认第三人与公司之间存在劳动关系。人社部门根据法院确认劳动关系的判决，依法认定郭某为工伤。为此，公司不服，与人社部门打起官司，先后两次诉讼，就工伤认定程序不合规等进行起诉。到2015年，本案终结，法院支持了人社部门的工伤认定决定。

这类案件具有一定的代表性，我国现时期工程项目层层转包的现象非常普遍。虽然国家有规定，重大或重要的建设项目必须采取招投标，并要求招投标企业必须具有一定资质，且是合法合规的企业。但是一些企业在中标后会对项目进行分包或部分转包，而获得转包工程的有一部分是没有资质的包工头，即自然人。以往中标企业与包工头只发生经济往来，不承担任何其他责任，包括工伤待遇给付责任。这样的运行模式带来了大量的劳动关系纠纷和工伤纠纷，一些工伤人员因为无法确认劳动关系，而无法获得法定的工伤保障权益，一些人被迫选择与包工头私了，结果只能拿到很少的经济补偿。

面对这一问题，2014年4月，最高人民法院下发了《关于审理工伤保险行政案件若干问题的规定》，在第三条第一款第（四）项规定，"用工单位违反法律、法规规定将承包业务转包给不具备用工主体资格的组织或者自然人，该组织或者自然人聘用的职工从事承包业务时因工伤亡的，用工单位为承担工伤保险责任的单位"。同年，人力资源社会保障部、住房城乡建设部、安全监管总局和全国总工会下发了《关于进一步做好建筑业工伤保险工作的意见》（人社部发

〔2014〕103号），明确要健全工伤认定所涉及劳动关系确认机制，规定建筑施工企业应依法与其职工签订劳动合同，加强施工现场劳务用工管理。施工总承包单位应当在工程项目施工期内督促专业承包单位、劳务分包单位建立职工花名册、考勤记录、工资发放表等台账，对项目施工期内全部施工人员实行动态实名制管理。施工人员发生工伤后，以劳动合同为基础确认劳动关系。对未签订劳动合同的，由人力资源社会保障部门参照工资支付凭证或记录、工作证、招工登记表、考勤记录及其他劳动者证言等证据，确认事实劳动关系。相关方面应积极提供有关证据；按规定应由用人单位负举证责任而用人单位不提供的，应当承担不利后果。并规定建设单位、施工总承包单位或具有用工主体资格的分包单位将工程（业务）发包给不具备用工主体资格的组织或个人，该组织或个人招用的劳动者发生工伤的，发包单位与不具备用工主体资格的组织或个人承担连带赔偿责任。再次明确了把工作或工程项目转包、分包给不具备主体资格的组织和个人，其工伤保险责任由具有主体资格的用人单位承担。

上述规定，对转包情形下转包单位要承担用工主体责任给予了明确，从而使劳动关系纠纷减少，保护了职工的工伤权益。从另一个方面讲，也促使用人单位要合法用工，规范用工。

另外，值得注意的是，在最高人民法院印发的《关于审理工伤保险行政案件若干问题的规定》第三条中，还规定针对第三条（四）情形"社会保险经办机构从工伤保险基金支付工伤保险待遇后，有权向相关组织、单位和个人追偿"。这一规定意味着上述情形中的工伤职工如用工单位没有参加工伤保险且不支付工伤保险待遇，可按照《社会保险法》第四十一条规定，申请先行支付。

（张军）

6

被挂靠单位应对挂靠人员雇用的人员承担工伤保险责任

[核心提示]

《最高人民法院关于审理工伤保险行政案件若干问题的规定》（法释〔2014〕9号）第三条第（五）项规定：个人挂靠其他单位对外经营，其聘用的人员因工伤亡的，被挂靠单位为承担工伤保险责任的单位。本案中用人单位诉称劳动者与其不存在劳动关系，因现有生效判决文书确认劳动者在受伤时与用人单位存在劳动关系，故法院对用人单位的主张不予采信。

[案号]

一审：（2015）大行初字第75号；二审：（2015）二中行终字第1616号

[基本案情]

2009年3月24日，王某与涉案公司（本案中以下简称公司）订立车辆挂靠合同。其中约定：王某将其自筹资金购置的车辆挂靠在公司，车辆所有权、使用权归属王某；王某须遵守公司的各项规章制度，接受统一管理，依法经营、照章纳税，定期上缴税费；王某每年向公司缴纳服务费1 000元，公司负责协助其办理车辆行驶证等车辆手续方面的事项，由其本人安排车辆的具体运营和招用司机等，运营方面不受公司的任何管理。2009年，高某担任王某的货车司机，由王某的亲属对高某等人进行管理、支付报酬。2011年2月，高某休息一年多。2012年4月29日，高某被王某再次招聘，工作内容、用工形式、管理人员等未发生变化。2013年1月12日，高某在工作中因平炉渣，不慎从车上摔下受伤，经北京电力医院和北京天坛医院诊断为左股骨粗隆间骨折、左跟骨骨折。高某申请劳动仲裁，要求确认公司与其自2009年3月至2013年9月16日存在劳动关系。2013年12月11日，北京市大兴区劳动人事争议仲裁委员会作出裁决书，驳回高某全部仲裁请求。高某起诉至一审法院，一审法院以"（2013）大民初字第14714号"民事判决书判决驳回了高某的诉讼请求，高某提起上诉。经北京市第二中级人民法院"（2014）二中民终字第09887号"民事判决书认定，确认高某在2009年3月至2011年1月、2012年4月29日至2013年9月16日期间与公司存在劳动关系。2014年12月24日，高某向北京市大兴区人力资源和社会保障局（本案例中以下简称大兴区人社局）提出工伤认定申请。大兴区人社局受理后，先后调查了证人，录取了证言，于2015年2月2日作出《认定工伤决定书》，并将《认定工伤决定书》分别送达给公司和高某。

大兴区人社局认定，2013年1月12日，涉案公司职工高某在拉炉渣时，因为要平炉渣，从车上摔下，导致高某受伤。高某受到的事故伤害，符合《工伤保险条例》第十四条第（一）项的规定，属于工伤认定范围，认定为工伤。

公司认为，高某是挂靠在公司名下的员工，高某受伤并非在为公司工作时所造成，且高某从未到公司上班，也不受公司管理，与公司不存在事实劳动关系。故起诉至法院，要求撤销《认定工伤决定书》。

[审判过程与结果]

一审法院认为：大兴区人社局作为社会保险行政部门，负有管理本行政区域内工伤保险工作的法定职责，有权对辖区内企业或个人的工伤认定申请进行审查并依法进行认定。《工伤保险条例》第十九条第二款规定，"职工或者其近亲属认为是工伤，用人单位不认为是工伤的，由用人单位承担举证责任"。《北京市实施〈工伤保险条例〉若干规定》第十五条规定："职工或者其近亲属认为是工伤，用人单位不认为是工伤的，由用人单位承担举证责任。该用人单位不承担举证责任的，区、县社会保险行政部门可以根据职工或者其近亲属提供的证据，或者自行调查取得的证据，依法作出决定。"公司、大兴区人社局对高某受伤一事没有争议，唯对高某是否与公司存在劳动关系有争议，劳动关系一事已经（2014）二中民终字第09887号民事判决书认定，确认高某在

2009年3月至2011年1月、2012年4月29日至2013年9月16日期间与公司存在劳动关系。大兴区人社局在确定公司与高某存在劳动关系的前提下，经过对高某受伤过程进行详细调查，询问证人，结合以上事实、证据及行政法规，认定高某属于工伤，并无不当。公司认为与高某不存在劳动关系的辩解意见，没有事实依据，其要求撤销《认定工伤决定书》的诉讼请求，缺乏事实和法律依据。综上，一审法院依据《行政诉讼法》第六十九条之规定，判决驳回公司的诉讼请求。

公司不服上述判决，上诉至二审法院，请求撤销该判决和《认定工伤决定书》，并依法改判。公司认为：一审法院判决认定事实不清，证据不足，适用法律错误；高某与公司不存在事实劳动关系，认定高某所受伤害属于工伤与事实不符。

大兴区人社局、高某均同意一审法院判决，请求予以维持。

二审法院经审理查明的事实与一审判决认定的事实一致，予以确认。

二审法院认为：依照《工伤保险条例》第五条第二款关于"县级以上地方各级人民政府社会保险行政部门负责本行政区域内的工伤保险工作"的规定，大兴区人社局作为北京市大兴区人民政府社会保险行政部门，主管本行政区域内企业职工工伤保险工作，受理高某所提工伤认定申请，并根据具体情况作出是否认定工伤的结论，是大兴区人社局的法定职责。高某与公司具有劳动关系，高某于2013年1月12日在工作时摔伤，该事实有出院诊断证明书、调查笔录以及相关民事判决书等在案为证，可以认定。此外，根据《工伤保险条例》关于"职工或者其近亲属认为是工伤，用人单位不认为是工伤的，由用人单位承担举证责任"的规定，上诉人公司在大兴区人社局作出《认定工伤决定书》前，未能提供证明高某不是在工作时摔伤的证据。故依照《工伤保险条例》第十四条第（一）项的规定，高某所受伤害符合被认定为工伤的情形，且大兴区人社局作出《认定工伤决定书》程序也无不当。上诉人公司上诉所称高某与其不存在事实劳动关系，认定高某所受伤害属于工伤与事实不符的主张，因现有生效判决文书确认高某在受伤时与公司存在劳动关系，故法院对公司的上述主张不予采信。据此，公司要求撤销《认定工伤决定书》的请求，理由不能成立，法院对其上诉请求不予支持。综上，判定一审法院判决认定事实清楚，适用法律正确，审判程序合法，应予维持。依照《行政诉讼法》第八十九条第一款第（一）项之规定，二审法院判决如下：驳回上诉，维持一审判决。本判决为终审判决。

[案例解析]

本案的争议是个人挂靠公司，其聘用的人员与公司之间是否存在劳动关系。这个案例的复杂点在于存在三方关系，即单位、挂靠人王某、其雇用人员高某，及三者间的劳动关系确认问题。

高某是王某的聘用人员，与公司没有签订劳动合同，王某直接管理高某，并支付劳动报酬，而王某与公司订立了车辆挂靠合同，约定王某将其自筹资金购置的车辆挂靠在公司，车辆所有权、使用权归属王某；王某须遵守公司的各项规章制度，接受统一管理、依法经营、照章纳税，定期上缴税费；王某每年向公司缴纳服务费1 000元，公司负责协助其办理车辆行驶证等车辆手续方面的事项，由其本人安排车辆的具体运营和招用司机等，运营方面不受公司的任何管理。

这个案例具有一定的代表性，在实际操作中，由于存在多种形式的挂靠情形，使得劳动关系的确认变得非常复杂。而工伤保险制度规定工伤认定的前置条件是劳动关系（事实劳动关系）的确认，所以对于申请工伤的职工来说，劳动关系的确认是第一步，也是重要的一步。针对这个案例在对劳动关系确认时，一般会产生另一种判断，就是高某与王某之间是雇佣关系，是个人之间的劳务用工，与单位之间不存在劳动关系（事实劳动关系），涉案公司也是抱着这种想法提起法律诉讼的。但是，法院并没有按照这种思维路径进行审判，主要是依据《最高人民法院关于审理工伤保险行政案件若干问题的规定》（法释〔2014〕9号）。该规定第三条第（五）项明确规定：个人挂靠其他单位对外经营，其聘用的人员因工伤亡的，被挂靠单位为承担工伤保险责任的单位。法院之所以制定这项规定，首先是基于对劳动者的保护，一般情况下，在个人与单位之间，法院会将个人视为弱势的一方，更倾向于保护弱势群体的权益；其次是在公司与王某订立的车辆挂靠合同中有"王某须遵守公司的各项规章制度，接受统一管理，依法经营、照章纳税，定期上缴税费"的约定，从此可以判断王某实际上已成为公司的职工，其招用工行为不再是个人行为，而属于单位行为，高某也就被视为公司的职工，与公司之间存在劳动关系，而非与王某之间是雇佣关系。

另外，《最高人民法院关于审理工伤保险行政案件若干问题的规定》第三条针对类似本案的情形，还规定，"社会保险经办机构从工伤保险基金支付工伤保险待遇后，有权向相关组织、单位和个人追偿"。这一规定意味着上述情形中的工伤职工如用工单位没有参加工伤保险且不支付工伤保险待遇，可按照《社会保险法》第四十一条规定，申请先行支付。（张军）

7

工伤认定申请超过法定时限的不应受理

[核心提示]

用人单位未按规定时限提出工伤认定申请的，工伤职工或者其近亲属、工会组织在事故伤害发生之日或者被诊断、鉴定为职业病之日起1年内，可以直接向用人单位所在地统筹地区社会保险行政部门提出工伤认定申请。本案中，许某提出的工伤认定申请已超过该时限规定，人社行政部门据此不予受理许某的工伤认定申请，所作决定并无不当。

[案号]

一审：（2014）门行初字第27号；二审：（2014）一中行终字第8826号

[基本案情]

1976年11月27日，长沟峪煤矿违规派该矿五七连（大集体）厂地面家属工许某下矿井，进行采运煤作业。在劳动中，许某被煤块砸到右手，造成右手中指截除。当年，长沟峪煤矿虽承认许某为工伤，但从未与许某协商解决其工伤问题。2014年2月10日，许某向北京市门头沟区人力资源和社会保障局（本案例中以下简称门头沟区人社局）提出工伤认定申请，门头沟区人社局以超过工伤申请时限为由，作为工伤认定申请不予受理决定。许某不服，提起诉讼。

[审判过程与结果]

一审法院判决认为，《工伤保险条例》第十七条规定，职工发生事故伤害或者按照职业病防治法规定被诊断、鉴定为职业病，所在单位应当自事故伤害发生之日或者被诊断、鉴定为职业病之日起30日内，向统筹地区社会保险行政部门提出工伤认定申请。遇有特殊情况，经报社会保险行政部门同意，申请时限可以适当延长。用人单位未按前款规定提出工伤认定申请的，工伤职工或者其近亲属、工会组织在事故伤害发生之日或者被诊断、鉴定为职业病之日起1年内，可以直接向用人单位所在地统筹地区社会保险行政部门提出工伤认定申请。

许某述称1976年11月27日受到事故伤害，而其申请工伤认定时间为2014年2月10日，显然超过一年时间。《北京市劳动和社会保障局关于企业职工工伤认定工作若干问题的通知》（京劳社工发〔1999〕42号，本案例中以下简称第42号文）第四条规定，1999年9月底结束1997年10月1日以前陈旧性工伤认定工作。1997年10月1日以前工伤及职业病的申请认定最后时限为1999年9月底。企业或职工（家属）逾期未提出认定申请的视同为放弃权利。各企业及主管部门要将此规定告知职工。由于企业原因造成职工未能申请陈旧性工伤认定所引发的问题，由企业承担相关责任。许某认为其伤属于陈旧性工伤，而1997年10月1日以前陈旧性工伤认定工作在1999年9月底已经结束。《工伤保险条例》第六十七条规定："本条例自2004年1月1日起施行。本条例施行前已受到事故伤害或者患职业病的职工尚未完成工伤认定的，按本条例的规定执行。"因此，门头沟区人社局依据《工伤保险条例》第十七条第二款规定作出的京门人社工不受字（2014）第0013291号《工伤认定申请不予受理决定书》（本案例中以下简称被诉决定）事实清楚，程序符合法律规定，适用法律正确。据此，一审法院依照《行政诉讼法》第五十四条第（一）项[1]、《最高人民法院关于执行〈中华人民共和国行政诉讼法〉若干问题的解释》第五十六条第（四）项的规定，判决维持了被诉决定，驳回了许某的其他诉讼请求。

许某不服一审判决，上诉称，上诉人未在1999年以前申请工伤认定的原因系所在单位未将第42号文的内容通知上诉人。对工伤职工的保护是门头沟区人社局的行政职责，门头沟区人社局应当本着保护劳动者的原则受理上诉人提出的工伤认定申请。根据《工伤保险条例》第十七条第四款及《北京市劳动和社会保障局关于京煤集团对陈旧性工伤职工给予工伤认定请示的复函》（京劳社工

---

〔1〕《行政诉讼法》于1989年4月4日第七届全国人民代表大会第二次会议通过，1989年4月4日中华人民共和国主席令第16号公布，1990年10月1日起施行。根据2014年11月1日《全国人民代表大会常务委员会关于修改〈中华人民共和国行政诉讼法〉的决定》修订，自2015年5月1日起施行。本书中所举案例若在2015年5月1日前经法院裁判的，案情描述中所提《行政诉讼法》及对应条款均为修订前版本。

函〔2004〕91号，以下简称第91号复函）的规定，上诉人所在单位应当承担上诉人未认定工伤前的工伤待遇等费用，门头沟区人社局应当协助上诉人所在单位支付相应费用。故一审法院判决错误，请求二审法院：（1）依据第91号复函依法重新审理；（2）撤销一审判决，撤销被诉决定；（3）判令门头沟区人社局赔偿上诉人工伤伤残金。

门头沟区人社局同意一审判决，请求二审法院维持一审判决。

二审法院经审查，同意一审法院的认证意见。

根据经确认的有效证据及双方当事人无争议的陈述，二审法院认定本案事实如下：2014年2月10日，许某向门头沟区人社局提交《工伤认定申请表》，申请门头沟区人社局将其1976年11月27日所受右手中指截除伤害认定为工伤。门头沟区人社局收到许某的申请后，于2014年2月13日作出被诉决定，认为依据《工伤保险条例》第十七条第二款的规定，许某的工伤认定申请已经超过申请时效，故决定不予受理。许某不服被诉决定，向一审法院提起本案诉讼，请求一审法院撤销被诉决定，判令门头沟区人社局受理许某的工伤认定申请。

二审法院认为，行政相对人的行为发生在新法施行以前，具体行政行为作出在新法施行以后，人民法院审查具体行政行为的合法性时，实体问题适用旧法规定，程序问题适用新法规定。本案中，许某所称事故伤害发生于1976年，其时《工伤保险条例》尚未颁布；许某提出本案工伤认定申请及门头沟区人社局作出被诉决定的时间均在《工伤保险条例》颁布实施之后。故法院应当适用《工伤保险条例》的相关规定对被诉决定所涉程序问题进行审查。根据《工伤保险条例》第十七条第一款、第二款之规定，职工发生事故伤害或者按照职业病防治法规定被诊断、鉴定为职业病，所在单位应当自事故伤害发生之日或者被诊断、鉴定为职业病之日起30日内，向统筹地区社会保险行政部门提出工伤认定申请。遇有特殊情况，经报社会保险行政部门同意，申请时限可以适当延长。用人单位未按前款规定提出工伤认定申请的，工伤职工或者其近亲属、工会组织在事故伤害发生之日或者被诊断、鉴定为职业病之日起1年内，可以直接向用人单位所在地统筹地区社会保险行政部门提出工伤认定申请。本案中，许某提出的工伤认定申请已超过前述时限规定，门头沟区人社局据此不予受理许某的工伤认定申请，所作被诉决定并无不当。一审法院判决维持被诉决定，驳回许某的其他诉讼请求正确，二审法院依法应予维持。许某的上诉理由缺乏事实及法律依据，其上诉请求二审法院不予支持。

综上，二审法院依照《行政诉讼法》第六十一条第（一）项之规定，判决如下：驳回上诉，维持一审判决。本判决为终审判决。

 [案例解析]

这是一个老工伤问题的案例，涉及两个问题：一是工伤申请时限问题；二是对历史遗留的老工伤如何解决的问题。

关于申请工伤时限的问题，《工伤保险条例》第十七条第二款规定，用人单位未按前款规定提出工伤认定申请的，工伤职工或者其近亲属、工会组织在事故伤害发生之日或者被诊断、鉴定为职业病之日起1年内，可以直接向用人单位所在地统筹地区社会保险行政部门提出工伤认定申请。为什么要对工伤认定规定一个时限，主要是因为工伤认定需要相关证据的支持，需要现场调查取证，如果时间过长，对证据的收集会造成一定的难度，证人对事发情形也会有所遗忘，证人证言的可信度也会有所降低。为了保证工伤认定的准确性，在《工伤保险条例》中规定了申请时限，最长不超过1年，这也是国际上通行的做法。但是，由于许某属于老工伤，受伤时《工伤保险条例》还没有出台，他应按照老工伤的政策予以解决。1999年，北京市劳动和社会保障局印发的《关于企业职工工伤认定工作若干问题的通知》（京劳社工发〔1999〕42号）第四条规定，1999年9月底结束1997年10月1日以前陈旧性工伤认定工作。1997年10月1日以前工伤及职业病的申请认定最后时限为1999年9月底。企业或职工（家属）逾期未提出认定申请的视同为放弃权利。各企业及主管部门要将此规定告知职工。许某1976年11月27日发生事故受到伤害，在1999年9底前没有按规定申请工伤，已经超过了北京市规定的老工伤纳入工伤保险统筹管理的关门时限，所以法律对其申请工伤的诉求不予支持。

关于老工伤问题如何解决？有证据显示，企业对于许某因工受伤的事实予以认可，依据北京市规定，由于企业原因造成职工未能申请陈旧性工伤认定所引发的问题，应由企业承担相关责任。许某因工伤发生的医疗费等相关费用应由企业负担。但需要注意的是，许某是1976年发生的工伤，属于政策界定的"老工伤"范畴。我国在1996年《企业职工工伤保险试行办法》实施以后，才首次对"劳动鉴定和工伤评残"进行专门的规定，规定受伤职工在伤情相对稳定后存在残疾、影响劳动能力的，由劳动能力鉴定委员会依据有关劳动能力鉴定国家标准（现行标准为GB/T 16180—2014《劳动能力鉴定　职工工伤与职业病致残等级》）对工伤职工进行劳动能力鉴定和生活自理障碍程度的等级鉴定。对于"老工伤"人员，应当根据当时的法律规定，主要是依据1951年实施、1953年修订的《劳动保险条例》里有关工伤保险待遇的规定，而不应以没有进行工伤认定和伤残等级鉴定为由，按照《工伤保险条例》的待遇标准要求用人单位进行补偿。（张军）

8
伤害与疾病应当适用不同的工伤条款

[核心提示]

劳动者死亡原因经鉴定为颅脑严重损伤,用人单位未提交证据证明劳动者系突发疾病死亡,故本案不适用《工伤保险条例》第十五条有关职工突发疾病死亡视同工伤的有关规定。劳动者在工作时间、工作场所,因颅脑损伤导致死亡,工伤认定部门根据鉴定部门的鉴定结论,认定劳动者为工亡,是正确的。

[案号]

一审:(2015)延中行初字第19号;二审:(2016)吉行终442号

[基本案情]

解某生前系涉案养熊厂聘用的工人,工作时间为每天上午8时至下午17时,工作岗位是饲养员。工作期间,解某可以在值班室休息,下班后也可在值班室住宿。解某每晚在其他公司从事保安工作。

2013年5月5日上午8时许,解某进入饲养场值班室。下午17时许,解某被他人发现倒在值班室内不省人事,随即被送往医院抢救。当晚18时许,公安机关对事发现场进行了调查,后以不属于刑事案件为由未予立案。2013年5月9日,解某经医治无效死亡。医院的死亡诊断为右侧硬膜下血肿,小脑幕切迹疝,两侧额叶脑挫裂伤,外伤性蛛网膜下腔出血,额骨骨折,额顶部头皮挫伤,双腰部擦皮伤,肺内感染。2014年4月20日,解某亲属向工伤认定部门提出工伤认定申请。2014年12月22日,经用人单位和解某亲属共同委托,司法鉴定所作出鉴定意见为:解某的死亡原因为颅脑严重损伤。2015年2月12日,工伤认定部门作出《认定工伤决定书》，认定解某的死亡符合《工伤保险条例》第十四条第（一）项的规定，认定解某为工亡。用人单位不服，申请行政复议，复议机关维持了《认定工伤决定书》。用人单位不服，提起行政诉讼。

[审判过程与结果]

一审法院认为，解某发生事故的时间系工作时间，其发生事故的地点虽不是主要工作场所，但是实际用于其工作之余的临时休息室及宿舍，故应视为工作场所的延伸地点。解某死亡原因经鉴定为颅脑严重损伤，原告用人单位未提交证据证明解某系突发疾病死亡，故本案不适用《工伤保险条例》第十五条有关职工突发疾病死亡视同工伤的有关规定。解某在工作时间、工作场所，因颅脑损伤导致死亡，工伤认定部门根据鉴定部门的鉴定结论，认定解某为工亡，符合行政法规的规定。判决驳回用人单位的诉讼请求。

用人单位不服一审判决，提出上诉。上诉的主要理由为：（1）解某发生事故的时间不是工作时间，发生事故的地点不是工作场所的延伸地点；（2）解某非因工伤事故或遭受暴力等意外伤害死亡，而系因自身突发疾病死亡，不符合可以认定工伤的情况。请求发回重审或依法改判。

被上诉人工伤认定部门的主要答辩意见为：上诉人用人单位在一审中对解某系上班时间发生事故未提出异议，且有上诉人在一审庭审中的陈述、证人证言等证据证明解某发生事故的时间是工作时间；解某发生事故的地点为"饲养场值班室"或"饲养员室"，应当视为工作场所。上诉人主张解某突发疾病死亡，但未举证证明，应依法承担举证不能的法律后果。请求判决驳回上诉，维持原判。

二审法院认为，解某生前与用人单位建立了劳动关系，在工作时间发生事故，且发生事故的地点系本单位值班室，应视为工作场所的延伸。经司法鉴定，解某的死亡原因为颅脑严重损伤。上诉人用人单位提出解某系因突发疾病死亡的主张没有证据支持。解某在工作时间和工作场所，因颅脑损伤导致死亡，工伤认定部门根据司法鉴定意见，认定解某为工亡，符合《工伤保险条例》的相关规定。判决驳回上诉，维持原判。

[案例解析]

一、伤、病的界分与法律适用依据

从损害后果来看，《工伤保险条例》分为：（1）伤害，包括第十四条第一、二、六项的事故伤害，第三项的意外伤害，第五项和第十五条第一款第二项的伤害，第十五条第一款第三项的"旧伤"；（2）第十四条第四项规定的职业病；（3）第十五条第一款第一项的疾病；（4）第十四条第五项的失踪（下落不明）。失踪的情况比较特殊，也不存在伤、病界分的问题，其界定比较清晰。职业病虽然也是"病"，但是其和普通疾病存在本质的差异：普通疾病与职业活动没有因果关联，而职业病则是由于职业活动所形成，两者之间有因果关联。《工伤保险条例》对于伤害有三种表述即"伤害""事故伤害""意外伤害"，这种区分是没有必要的，对于工伤判定有意义的仅仅是伤害，即劳动者的肌体受到损害；伤害究竟是因事故而发生，或因意外而发生，在所不问，而且，除了自杀和自残，任何伤害皆为意外伤害。

从《工伤保险条例》第十四条、第十五条规定来看，损害后果不同，适用的法律条款即不同，工伤构成的要件也不相同。在各种损害后果中，存在交叉性且容易发生争议的是伤、病的区分。如果是普通疾病，就只能适用《工伤保险条例》第十五条第一款第一项规定，不能适用第十四条第一、二、六项等针对伤害的条款；反之，如果属于伤害，则只能适用针对伤害的条款，不能适用突发疾病视同工伤条款。

在多数情况下，伤、病的区分比较容易识别。疾病是由于身体自身因素所致，即便有环境的作用，也是通过对肌体的刺激而使肌体逐步发生病变的；伤害则是通过外因、外力作用使人的肌体直接发生改变。在本案中，解某的死亡诊断中，挫裂伤、挫伤、擦伤、骨折，均系外力作用形成，均属于伤害。而常见的病毒、细菌感染，则均为疾病，非伤害。

但是在有些情况下，身体的异常症状，既可能由于疾病所致（由疾病引发的症状仍然属于疾病），也可能是由于伤害所致（由伤害引发的症状则从属于伤害），究竟属于疾病还是伤害，就存在一定的争议。如在本案中，解某的诊断记录中有右侧硬膜下血肿、小脑幕切迹疝、蛛网膜下腔出血、肺内感染的表述，既可能是由于身体的自身因素所致，也可能是由于其他伤害所致，其定性存在一定争议。这恐怕也是本案中用人单位主张解某为突发疾病死亡的原因之一。对于此类情形，需要考虑两方面因素：一是，是否存在伤害或外力的直接作用。如果没有伤害或者外力的直接作用，则完全是由于自身因素造成，应界定为疾病。该判断主要是通过伤害或外力作用的客观表现来确定的，可以进行法律上的评价。二是，在有伤害或外力作用的前提下，是否是由于该作用形成，则需要医学专业知识的判断，法律不宜直接进行评判。本案中，解某的死亡究竟属于伤害（外力作用形成）还是疾病（自身因素所致），从外在的客观表现显然无法判断，因此通过司法鉴定确定原因，是明智而合理的。

在工伤认定中还存在一种情形，即损害后果是由于外力和肢体自身因素共同作用形成，例如，在肢体陈旧性损伤的基础上，新的外力作用（如摔跤）导致该旧伤复发，如何确定旧伤复发的性质，对此，恐怕也由医学给出意见更为恰当。以本案为例，即便解某的死亡可能是混杂了疾病因素（从常识推断，如果身体完全正常，在房间摔一跤即死亡，可能性极低），但是法律并不能给出死亡的确切原因，仍然只能依赖医学（司法鉴定）的结论。

二、单位值班室是否属于工作场所

需要注意的是，本案中一、二审法院均认为死亡发生地点——值班室应视为工作场所的延伸，进而认为符合工伤的工作时间和工作场所的要求。虽然从结论来说并无问题，但是从推理分析来说，并不完全妥当。比较而言，工伤认定部门主张"解某发生事故的地点为'饲养场值班室'或'饲养员室'，应当视为工作场所"更为准确。即该场所本身就属于工作场所，无须"延伸"。

本案中，解某的工作为饲养员，从上午8时至下午17时工作期间，自然不可能都在喂熊。在喂熊之余，需要有驻留的地方，根据单位规定，值班室即为其驻留之地。根据用人单位规定，解某在工作期间可以在值班室休息，该休息不同下班之后的休息，而属于工作的必要间隙，仍属于工作的组成部分。用人单位设置该值班室的目的，是为了饲养员履行工作的需要（不可能让饲养员从上午8时至下午17时均与熊待在一起）。饲养员在值班室休息时，不可能完全置工作于不顾，仍需要观察所饲养的动物状况等，并未完全脱离工作。因此，饲养员的值班室与喂熊的场所均为工作场所。

就一般意义而言，用人单位的值班室，包括兼作休息和宿舍之用的值班室，和纯粹的宿舍是不同的，是为了工作且实际用于工作，应属于工作场所。简言之，工作行为所涉及的场所都应当作为工作场所。

三、关于举证责任的划分

本案裁判的另一积极意义在于，对于死者家属、用人单位和工伤认定部门举证责任的合理划分。一、二审法院在根据司法鉴定结论指出解某的死亡原因为颅脑严重损伤后，明确用人单位提出解某系因突发疾病死亡的主张没有证据支持。实际是在劳动者一方和工伤认定部门均有比较充分的证据支持工伤认定结论的基础上，对于用人单位反对工伤认定结论的意见，要求用人单位举证并承担不利后果。鉴于本案劳动者死亡情形的复杂性，如果劳动者一方、工伤认定部门没有司法鉴定结论的支持，用人单位对于突发疾病死亡的主张虽然同样没有证据支持，司法机关恐怕很难断然支持工伤认定结论。根据这样的处断原则，我们应当明确：在认定为工伤的行政行为中，劳动者一方、工伤认定部门应当有比较充分或能够合理支持认定结论的证据，工伤认定结论才可能成立；如果没有这些比较充分或合理的证据，即便用人单位没有举出反证，工伤认定结论也难以成立。（向春华）

初始证据在工伤事实判断中具有较高证明力

[核心提示]

对于劳动者的伤害是否在工作时间发生,用人单位的员工证人均表示"没听说""印象中没有""想不起来",与劳动者的出勤状况表述相互矛盾。在此情形下,根据劳动者就诊记录与其他证据可以推翻证人不利于劳动者的证言,并据此认定为工伤具有合理性。就诊记录作为初始证据,应赋予其较高的证明力。

 [案号]

一审:(2016)辽 0204 行初 15 号;二审:(2016)辽 02 行终 232 号

 [基本案情]

张某自 2013 年 11 月 2 日起到涉案公司(本案例中以下简称公司)从事操作工工作。2014 年 1 月 14 日至 23 日,张某到某骨伤医院就诊,初诊为左手环指末节挫裂伤、左手环指甲床挫裂伤、左手环指末节开放骨折。在此期间,张某还到该市某社区医院就诊,诊断为左手无名指外伤。

2014 年 11 月 3 日,张某向劳动人事争议仲裁委员会申请仲裁,要求确认其与公司自 2013 年 11 月 2 日至 2014 年 7 月 8 日间存在劳动关系。仲裁委员会于 2014 年 12 月 4 日作出仲裁裁决书,支持张某的申请。公司不服,诉至法院。2015 年 3 月 16 日,一审法院民事判决:驳回公司的诉讼请求;确认公司自 2013 年 11 月 2 日至 2014 年 7 月 8 日间与张某存在劳动关系。公司不服提起上诉,二审法院于 2015 年 7 月 1 日作出民事判决,驳回上诉,维持原判。

2015 年 7 月 14 日,张某向人力资源和社会保障局(本案例中以下简称人社局）申请工伤认定，并提供了 2014 年 1 月 14 日到 1 月 23 日的诊疗记录。人社局于 2015 年 7 月 27 日向公司送达了《伤亡事故举证通知书》，并于 2015 年 9 月 1 日分别向公司车间主任宋某、司机李某、厂长于某进行调查并制作了调查笔录。彼时，上述三人均在公司工作。被调查人宋某称张某在 2014 年 1 月 23 日前两三天回家过春节，不清楚其受伤的事情，不认识公司"杨总"，也没有安排过张某为公司"杨总"搬东西。被调查人于某称张某于 2013 年 12 月底请假回家后没来公司上班直到 2014 年 4 月，没有看见过张某手受伤，张某也没有和其说过手受伤一事。被调查人李某称"印象中没有""想不起来"和张某一起为公司的人搬办公用品，曾见过张某手被纱布包裹，但不知道其是如何受伤的。人社局依据上述证据及民事判决书于 2015 年 9 月 10 日作出工伤认定决定，主要内容为：职工张某 2014 年 1 月 14 日上午在公司工作期间，给杨总搬办公用品，往车上抬保险柜时，左手环指受伤，诊断结论为左手环指末节挫裂伤、左手环指甲床挫裂伤、左手环指末节开放骨折。张某所受到的事故伤害符合《工伤保险条例》第十四条第（一）项之规定，属于认定工伤范围，予以认定为工伤。公司不服，遂发生行政争议。

[审判过程与结果]

一审法院认为，各方当事人对于张某于 2014 年 1 月 14 日左手受到伤害的事实无异议，争议焦点为张某是否是在工作时间、工作场所内，因工作原因受到的事故伤害。宋某称张某是在 2014 年 1 月 23 日前两三天请假回家过春节，张某的诊疗记录显示其于 2014 年 1 月 14 日至 1 月 23 日在大连就诊，法庭审理中张某陈述 2014 年 1 月 22 日老板让他回家并给予 200 元年底奖，上述证据显示的与张某离开原告公司的时间基本吻合，且与已经生效的民事判决书中认定原告向张某支付 2014 年 1 月份的工资以及在该案审理中原告提供的张某 2014 年 1 月份考勤表事假 10 天的内容，相互印证，形成完整的证据链，故被告人社局认定 2014 年 1 月 14 日张某受到伤害是在原告公司工作时间，证据充分，予以支持。原告根据宋某、于某、李某的调查笔录，主张从 2013 年 12 月 31 日起张某离开公司回家，直到 2014 年 4 月回到公司上班，原告公司对张某受伤一事不知情。一审法院认为，于某对于张某离开公司时间的陈述与宋某在调查笔录中的陈述以及张某在 2014 年 1 月 14 日至 1 月 23 日期间在本地就诊的事实相矛盾，与民事判决书中认定原告向张某支付 2014 年 1 月份的工资以及在该案审理中原告提供的张某2014年1月份考勤表事假10天也矛盾，且该矛盾之处在该判决书中也被指出。此外，李某称见到第三人手部受伤，与宋某和于某不知道张某受伤的陈述也有矛盾，故对原告的上述主张不予支持。《工伤保险条例》第十九条第二款规定，职工或者其近亲属认为是工伤，用人单位不认为是工伤的，由用人单位承担举证责任。《最高人民法院关于审理工伤保险行政案件若干问题的规定》第四条第（一）项、第（四）项规定"社会保险行政部门认定下列情形为工伤的，人民法院应予支持：（一）职工在工作时间和工作场所内受到伤害，用人单位或者社会保险行政部门没有证据证明是非工作原因导致的……（四）其他与履行工作职责相关，在工作时间及合理区域内受到伤害的"。根据现有证据可以认定张某于2014年1月14日受伤是在原告公司工作时间内，张某自述是在按照领导安排搬运办公用品中受伤，受伤地点虽不在原告公司，但是在其履行工作职责相关的区域，关于该节事实，张某在被告的调查笔录中及庭审中的陈述基本一致，与其提供的医疗病志材料也吻合，被告予以采信并无不当，予以支持。张某虽在原告公司做操作工，但是在根据公司领导安排做公司其他工作中受伤，不影响工伤认定。原告主张张某在工作时间受到的伤害不是工伤，应提供相应证据，即证明张某事发当天未实际到岗或张某受伤系因非工作原因等情况。现原告仅依据宋某、于某、李某在调查笔录中的陈述，主张张某非在工作场所因工作原因受伤，不予支持。理由如下：张某受伤时，原告未为其缴纳工伤保险，认定张某工伤的结果将影响原告经济利益，在被告对上述被调查人进行调查时，三位被调查人均仍于原告处工作，与原告存在利害关系，故对三位被调查人陈述的于原告不利的内容予以采信，于原告有利的内容不作为认定事实的直接证据，并无不当。此外，如前所述，三位被调查人对张某工作时间、手部是否受伤事实的陈述相互矛盾，与其他证据也矛盾，故原告依据上述三份调查笔录主张的该节事实，被告不予采信，予以支持。综上，被告人社局依据现有证据作出工伤认定证据充分，适用法规正确，程序合法，依据《工伤保险条例》第十九条第二款，《最高人民法院关于审理工伤保险行政案件若干问题的规定》第四条第（一）项、第（四）项，《行政诉讼法》第六十九条的规定，判决：驳回原告的诉讼请求。

公司不服，提请二审。

公司上诉称，一审判决认定事实不清，证据不足，适用法律错误。根据举证责任分配原则，上诉人公司只需证明张某受伤非工作时间、非工作场所、非工作原因即可，至于张某何时何地因何原因受伤，不应该由上诉人举证。上诉人在工伤认定程序中已经提供证据证明张某受伤非工作时间、非工作场所、非工作原因所致，而一审判决不尊重客观事实，仍认定被诉行政行为合法是错误的。请求撤销一审判决，撤销工伤认定决定。

被上诉人人社局答辩称，其作出的工伤认定决定，认定事实清楚、适用法律正确，程序合法，请求驳回上诉，维持工伤认定决定。

张某述称，同意被上诉人的答辩意见。

二审法院确认的事实与一审判决认定的事实一致。

二审法院认为，根据证人宋某的陈述，张某是在2014年1月23日前两三天请假回家过春节，张某的诊疗记录显示其于2014年1月14日至1月23日在大连就诊，上述证据可以证实张某受伤时仍处于在公司工作时间。按照《工伤保险条例》第十九条的规定，职工或者其近亲属认为是工伤，用人单位不认为是工伤的，由用人单位承担举证责任。对此，上诉人提供宋某、于某、李某三位证人作证，拟证明张某非因工作时间、工作地点、工作原因受伤。但是三位证人对张某受伤时是否仍在公司工作、手部是否受伤等事实的陈述相互矛盾，且三位证人均是上诉人公司的在职职工，与公司有利害关系，故对三位证人陈述的于上诉人有利的内容不予采信，其陈述的于上诉人不利的证据予以采信。张某从事领导临时安排的工作受伤，其所受伤害符合《工伤保险条例》第十四条第（一）项规定的情形，应当认定为工伤。被上诉人人社局作出的工伤认定决定认定事实清楚、适用法律正确，程序合法，一审判决依法应予维持。判决如下：驳回上诉，维持原判。

[案例解析]

本案主要涉及工作及工作时间的举证责任以及各种证据的比较与采信问题。

一、关于劳动者工作及工作时间的举证责任

工伤即因从事工作所遭受的事故伤害，工作的存在和实施是判断工伤是否成立的前提性条件。因此，确定是否构成工伤要证实工作的存在。在多数情形下，工作的存在及其实施是没有争议的，也就谈不上举证责任的分配及其证明问题。但是在类似本案这种情形，是否存在工作，有较大争议，需要对工作及工作时间的举证责任分配及其证明予以分析。

劳动者承担在雇主领导和指挥下给付约定劳动的义务。[1]离开了指挥与管理，劳动给付就难以实现，因此，用人单位的指挥权、管理权甚为重要。[2]由于用人单位与劳动者之间存在管理与被管理的关系，因此在劳动关系中，用人单位有义务和职责对用人单位与劳动者各自的权利义务履行予以记录并保存。《劳动争议调解仲裁法》第三十九条第二款规定："劳动者无法提供由用人单位掌握管理的与仲裁请求有关的证据，仲裁庭可以要求用人单位在指定期限内提供。用人单位在指定期限内不提供的，应当承担不利后果。"最高人民法院《关于民事诉讼证据的若干规定》第六条规定："在劳动争议纠纷案件中，因用人单位作出开除、除名、辞退、解除劳动合同、减少劳动报酬、计算劳动者工作年限等决定而发生劳动争议的，由用人单位负举证责任。"因此在劳动关系中，劳动者是否按照用人单位的要求提供了劳动以及在什么时间内提供了劳动，应由用人单位承担主要举证责任。[3]在实践中比较常见的争议是，用人单位主张劳动者旷工等未到单位，应提供劳动者未在规定时间到单位的证据，如考勤记录等。

在本案中，用人单位主张2013年12月31日起张某即离开公司回家，直到2014年4月回到公司上班，期间内未向公司提供劳动，用人单位为证明此主张提供的考勤表与其工资表相矛盾，社会保险行政部门调查笔录中用人单位其他员工关于受伤职工出勤情况的表述也存在矛盾，因此用人单位主张张某受伤时已经离开公司的主张不能成立，这反过来又影响了公司其他主张的可信度。即用人单位提供的证据实际上有两个证明目的：一是张某受伤时间段没有提供劳动（从事工作），不可能是因为工作原因受伤；二是张某受伤时并不在单位，不是在工作时间和工作场所发生的伤害。由于证据的矛盾和不充分，导致社会保险行政部门和司法机关认定张某受伤期间仍在向用人单位提供劳动，这又进一步导致用人单位主张"张某受伤时并不在单位，不是在工作时间和工作场所发生的伤害"的不可信，而这种确信对于事实的认定具有重要影响。

---

[1] [德] 雷蒙德·瓦尔特曼. 德国劳动法 [M]. 沈建峰译. 北京：法律出版社，2014：44.

[2] 郑尚元. 劳动合同法的制度与理念 [M]. 北京：中国政法大学出版社，2008：138.

[3] 在劳动关系中对劳动者劳动义务履行的举证责任与值班中劳动者特定劳动行为存在的举证责任，基于用人单位的职责和要求的差别，而有根本的不同。具体参见本书《24小时值班不等于24小时工作》一文的注释。

二、工伤事实及因果关系争议中诊疗记录等初始证据具有较高证明力

劳动者在受伤时段内仍从事工作与劳动者从事工作时受伤是有差别的两个问题。前者是确定工作是否存在，后者更多的是确定伤害与工作之间的因果关系。以本案来说，根据前述的举证责任分析，可以确定张某 2014 年 1 月 14 日仍然向用人单位提供了劳动。但要将其伤害认定为工伤，这是不够的。需要进一步证明其受伤的具体时间发生于工作时间内，以及伤害与工作之间具有因果关系。

对于张某在实际从事工作时受伤这一问题，一审法院认为"张某自述是在根据领导安排搬运办公用品中受伤……张某在被告的调查笔录中及庭审中的陈述基本一致，与其提供的医疗病志材料也吻合，被告予以采信并无不当，予以支持"。法院采信的证据主要是张某的诊疗记录及张某的陈述，并结合对用人单位主张的不信任而作出这一结论。其中最为核心的就是诊疗记录，作为初始证据，诊疗记录在确定伤害事实和伤害与工作之间因果关系方面具有较高的证明力。第一，诊疗记录记载了准确的就诊时间，从该时间可以准确推知伤害发生的时间。如果该时间为劳动者实际工作时间并在用人单位控制区域，那么可以确定系在工作时间和工作场所内发生的伤害。第二，诊疗记录记载了伤害发生的原因和状况，虽然这一内容主要来自于劳动者的单方陈述，但因为属于劳动者的初次陈述，具有较高的可信度，结合时间、伤情以及其他证据，如果证明内容吻合，不存在矛盾或不一致之处，即可确定劳动者所受伤害与工作之间存在因果关系，符合工伤的构成条件。《最高人民法院关于审理工伤保险行政案件若干问题的规定》第四条第（一）项规定，"职工在工作时间和工作场所内受到伤害，用人单位或者社会保险行政部门没有证据证明是非工作原因导致的，社会保险行政部门认定为工伤的，人民法院应予支持。"这一规定与上述证据分析一致。

三、用人单位的规范管理及对劳动者就医事实及时关注与了解

对于一般履行工作职责过程中伤害的工伤判定，初次诊疗记录具有重要意义。由此会产生一个疑问，如果劳动者在诊疗记录中虚假陈述怎么办，如何甄别真假？

首先，诊疗记录对伤害事实及其与工作之间因果关系的证明，并非是完全作为孤证发挥证明作用的。涉及时间、地点、伤害原因等多种客观因素，通过

对这些因素的综合分析和判断，对虚假陈述可以作出相当程度的甄别。

其次，用人单位应当建立严格而规范的考勤等管理制度，充分掌握劳动者出勤状况、日常工作状况并保存相应的证据。用人单位管理职责的良好履行，对于确定劳动者在工作时伤害的真实状况具有至关重要的意义，可以最大限度地杜绝虚假陈述的问题。

如果用人单位不能提供规范管理的证据，基于其管理失职而推定劳动者系在用人单位工作并受伤，那么要否定这一推定——即便这一推定不符合历史事实，基本上是不可能的。因此，促进用人单位的规范管理，保证工伤事实的真实性，不仅是保护用人单位权益的需要，也是保障基金安全的需要。

最后，用人单位应及时了解劳动者就医的实际情况，从而及时确定事实。这既是作为雇主对劳动者照顾义务的体现，也是及时发现和遏制劳动者虚假陈述的有效途径。

及时固定工作及伤害的事实有助于准确地进行工伤认定、避免争议。未来宜借鉴商业保险的报案及调查制度，完善工伤事故的报告及调查程序，为准确认定工伤，保护劳动者工伤权益，打击和遏制"虚假工伤"、骗取工伤保险待遇的不当行为提供制度支撑。（向春华）

用人单位未依法承担举证责任应承担不利后果

[核心提示]

对劳动者所受伤害发生在工作场所内,并且是在生产机器上发生事故的事实,原、被告双方并无异议。劳动者和社会保险行政部门认为该伤害为工伤,有所受伤情、入院记录、病历资料、调查笔录等为证。用人单位认为其职工在公司内所受事故伤害不是工伤,在进行工伤认定及审理案件期间,均应由用人单位承担举证责任。原审法院虽然查明事实基本清楚,但未正确分配当事人的举证责任,适用法律有误。

[案号]

行政复议:肇劳社复决字(2009)3号;一审:(2009)要法行初字第10号;二审:(2010)肇中法行终字第12号;再审:(2015)粤高法行提字第15号

[基本案情]

张某是涉案公司(本案例中以下简称公司)的员工。2008年12月4日凌晨2时许,张某的右手不慎被绞进塑料再生机造成右上臂受伤,被送到佛山市高明区合水卫生院治疗,当晚再转送到佛山市高明区人民医院住院治疗,至2008年12月27日治愈出院,共住院23天,公司为张某支付了住院医疗费。2009年2月17日,张某经其叔父张某龙填写《工伤认定申请表》,并由张某签名后向肇庆市高要区人力资源和社会保障局(本案例中以下简称高要区人社局)递交了申请表及相关材料,其中《工伤认定申请表》用人单位意见栏和劳动保障行政部门审查资料情况和受理意见栏空白。2009年3月2日,高要区人社局正式受理了工伤认定申请，并于同年3月17日作出（2009）28号《认定工伤决定书》，认定张某受伤为工伤。公司不服该工伤认定决定，于2009年5月25日向肇庆市劳动和社会保障局申请行政复议。肇庆市劳动和社会保障局于2009年7月8日作出肇劳社复决字（2009）3号《行政复议决定书》，维持了高要区人社局（2009）28号《工伤认定决定书》。公司不服，向高要区人民法院提起行政诉讼。

高要区人民法院经审理于2009年11月20日作出（2009）要法行初字第10号行政判决，以该《认定工伤决定书》认定事实不清、证据不足为由予以撤销，并责令高要区人社局重新作出决定。张某对该判决不服，提起上诉，肇庆市中级人民法院于2010年4月26日作出（2010）肇中法行终字第12号行政判决，驳回上诉，维持原判。2010年8月18日，高要区人社局重新作出高劳社定字（2010）184号《认定工伤决定书》，仍认定张某2008年12月4日凌晨2时左右在工作中所受的右上臂中段以远毁损伤为工伤。公司不服，再次向法院提起行政诉讼。一审法院经审理作出（2011）要法行初字第2号行政判决，认定高要区人社局重作的工伤决定认定事实不清，证据不足，程序不当，再次撤销了高要区人社局重作的工伤认定决定，并责令其重作。张某不服该判决，提起上诉，肇庆市中级人民法院作出（2011）肇中法行终字第83号行政判决，驳回上诉，维持原判。该判决生效后，因高要区人社局在期限内未重新作出工伤认定决定，2012年8月6日，张某以高要区人社局行政不作为为由向一审法院提起行政诉讼。该案在审理过程中，高要区人社局履行了法定职责。一审法院以（2012）要法行初字第17号行政判决驳回了张某的诉讼请求。其后，高要区人社局向第三人张某、谢某作了重新调查，并于2013年12月6日作出高人社定字（2013）249号《认定工伤决定书》，再次认定张某为因工受伤。公司不服，遂向一审法院提起行政诉讼，请求撤销上述高人社定字（2013）249号《认定工伤决定书》。

[审判过程与结果]

一审法院另查明，张某在上述向高要区人社局申请工伤认定期间，曾于2012年7月以劳动争议纠纷向一审法院提起民事诉讼，该案经调解双方达成了协议。2013年年底，张某又以身体权纠纷向一审法院提起民事诉讼，一审判决后，张某不服提起上诉，二审法院在审理过程中认为张某向高要区人社局申请工伤认定未有结论，故裁定中止该案二审诉讼。张某在高要区人社局作出本次诉讼涉及的认定工伤决定期间，曾向其提出申请，要求对公司提供的微电脑打卡钟专用记录卡原件的形成时间进行技术鉴定，公司书面答复不同意技术鉴定。

一审法院认为，本案争议焦点是张某是否在工作时间、工作场所内、因工作原因受到事故伤害。根据肇庆市中级人民法院（2010）肇中法行终字第12号行政判决书认定的"根据微电脑打卡钟上下班考勤表反映，2008年12月3日18时3分张某已下班，2008年12月4日凌晨2时许发生事故，当时张某并非当班。虽然张某及高要区人社局均认为微电脑打卡钟上下班考勤表是公司伪造的，但没有任何证据证实"。依照《最高人民法院关于执行〈中华人民共和国行政诉讼法〉若干问题的解释》第二十六条关于"在行政诉讼中，被告对其作出的具体行政行为承担举证责任"的规定，被告高要区人社局对上述辩解无证据证实，而只凭张某和韦某的两份调查笔录，就认定张某受伤属工伤，显然事实不清，证据不足。被告作出的工伤认定决定被判决撤销后，被告重新向肖某、陈某、美家乐食馆的何某作了调查笔录。比对肖某与韦某的两份调查笔录，其中韦某笔录第二页尾段："2008年12月4日凌晨……我就听见同班工友张某讲右手被绞进塑料再生机就过去帮他……再由另外一名云南籍的工友通知老板，送他到医院。"而肖某笔录第二页尾段："我在维修切料机时突然听见在旁边操作塑料再生机的张某大喊一声，原来他的右手不慎被绞进塑料再生机造成受伤。后来张某的同班搭档韦某跑去宿舍找老板廖某两兄弟起床。"从这两份笔录的内容来分析，显然存在事实不清的问题。对陈某和何某的调查，因其两人不是公司的员工，对该公司内部的详情也不大了解，故两人反映的情况，难以采信。原告公司提出张某只是杂工，不是操作塑料再生机的生产工人，当天其生日酒后擅自操作塑料再生机受伤自残，同样缺乏充分的证据证实，不予采纳。被告高要区人社局在重新作出决定时仅向张某、谢某重新作了询查笔录，就于2013年12月6日以高人社定字（2013）249号《认定工伤决定书》再次认定张某为因工受伤。而根据谢某的调查笔录反映张某2008年12月4日凌晨发生事故时不是正常上班。因此，高要区人社局重新作出决定是在与原决定所认定的事实相同的情况下及没有新的证据支持下作出的。依据《行政诉讼法》第五十五条关于"人民法院判决被告重新作出具体行政行为的，被告不得以同一的事实和理由作出与原具体行政行为基本相同的行政行为"的规定，本案中，高要区人社局没有充分的证据证实张某是在工作时间和工作场所内，因工作原因受到事故伤害；而张某虽在公司的厂内受到事故伤害，但没有充分的证据认定其是在工作时间因工作原因受到伤害。为此，被告高要区人社局重新作出的高人社定字（2013）249 号《认定工伤决定书》认定事实不清，证据不足，应予撤销。对张某在庭审后书面提出申请要求对公司的微电脑打卡钟专用记录卡原件的形成时间进行技术鉴定的请求，根据《最高人民法院关于行政诉讼证据若干问题的规定》第七条第一款关于"原告或者第三人应当在开庭审理前或者人民法院指定的交换证据之日提供证据"的规定以及第三十一条"对需要鉴定的事项负有举证责任的当事人，在举证期限内无正当理由不提出鉴定申请……致使对案件争议事实无法通过鉴定结论予以认定的，应当对该事实承担举证不能的法律后果"的规定，张某逾期提出申请，依法不予采纳。张某所受的伤害，可通过民事诉讼途径提起诉讼。而张某也已向法院提起身体权纠纷的民事诉讼。为此，一审法院依照《行政诉讼法》第五十四条第（二）项第（1）目及第五十五条的规定，于 2014 年 6 月 20 日作出（2014）肇要法行初字第 7 号行政判决：撤销被告高要区人社局于 2013 年 12 月 6 日作出的高人社定字（2013）249 号《认定工伤决定书》。

张某不服一审判决，向肇庆市中级人民法院提起上诉。二审查明，一审查明的事实无误，予以确认。

二审法院认为，本案为工伤认定行政纠纷。依据《工伤保险条例》第五条第二款和《广东省工伤保险条例》第七条第二款的规定，高要区人社局作为社会保险行政管理部门，具有负责本行政区域内工伤认定工作的法定职责，其为本案适格主体。《工伤保险条例》第十四条第（一）项规定："职工有下列情形之一的，应当认定为工伤：（一）在工作时间和工作场所内，因工作原因受到事故伤害的"。本案争议焦点是张某作为被上诉人公司的职工，是否在该公司的工作时间内因工作原因受到事故伤害。关于 2008 年 12 月 4 日凌晨 2 时，即事故发生时间是否属张某工作时间的问题，若根据微电脑打卡钟上下班考勤表的内容，可证实张某已于 2008 年 12 月 3 日 18 时 3 分下班，但有相关证人证言证实公司一直未设打卡机，公司日常考勤由一名姓熊的管工记录，2009 年 3 月 4 日高要区人社局第一次到该公司实地调查取证时也未发现打卡机。另外，谢某的笔录内容也与微电脑打卡钟上下班考勤表的内容相矛盾。谢某的证言证实张某当天已经请假，但没有提交请假条，微电脑打卡钟上下班考勤表的内容却证实张某已于 2008 年 12 月 3 日 18 时 3 分下班。既然张某当天已经请假，微电脑打卡钟上下班考勤表上记载的下班时间就值得怀疑，而且关于微电脑打卡钟上下班考勤表的形成时间未作出司法鉴定，因此，法院不予采纳该证据。张某、肖某、韦某分别于 2009 年 3 月 4 日、2010 年 6 月 28 日作出的笔录一致证实公司上班时间分两班倒,日班7时至19时,夜班19时至次日7时,陈某的证言也证实公司晚上加班的事实。据此,2008年12月4日凌晨2时许,应属于公司的加班时间,但没有证据证实该时间为张某的工作时间。至于张某是否因工作原因受到事故伤害的问题,公司提出张某只是杂工,不是操作塑料再生机的生产工人,其受伤是因酒后擅自操作塑料再生机所致,此辩解意见缺乏充分的证据证实,法院不予采纳。而高要区人社局提供的证据中能够证实张某因工作原因受到事故伤害的就是事发现场的同事韦某、肖某的证言,但这两份笔录存在诸多矛盾之处,不足以为信,法院也不予采纳。综上,对张某是否在工作时间内因工作原因受到事故伤害至今没有充足证据予以证实。高要区人社局在重新作出高人社定字(2013)249号《认定工伤决定书》时,仅重新收集了张某、谢某的笔录,而谢某的笔录却证实张某2008年12月4日凌晨事故发生时不是正常上班时间,此与其认定结论完全相悖。由此可见,高要区人社局并未收集到能够充分认定张某因工受伤的新证据,因此,其重新作出的高人社定字(2013)249号《认定工伤决定书》认定的事实不清、证据不足,是重复处理行为,根据《行政诉讼法》第五十五条的规定,依法应予以撤销。综上所述,一审判决事实认定清楚,适用法律正确,审理程序合法,实体处理恰当,应予维持。上诉人张某上诉请求撤销的理由不成立,二审法院不予支持,依照《行政诉讼法》第六十一条第(一)项的规定,于2014年12月10日作出(2014)肇中法行终字第87号行政判决:驳回上诉,维持原判。

张某不服二审判决,向法院申请再审。主要理由是:(1)原审判决程序违法,就同一案件事实和证据分别作出了多个不同的认定结论,且与其他生效裁判的认定结论自相矛盾,严重影响本案的正确裁判。(2)原审判决把本案争议焦点确定为张某是否在工作时间、工作场所内、因工作原因受到事故伤害错误,争议焦点应当是公司认为张某的受伤不属于工伤,是否在举证期限内承担了举证责任。(3)公司的诉求无合法有效的证据支持,其先后就同一案件事实分别提出了三个不同的主张,提交的证据是伪造的,不能作为定案的依据。(4)原审判决适用法律错误,且与其他生效判决适用同一法律条文作出了不同的判决结果。请求对本案进行再审,撤销原审判决,驳回公司的诉讼请求,维持高要区人社局作出的高人社定字(2013)249号《认定工伤决定书》。

公司辩称:(1)张某是该公司的杂工,2008年12月3日,张某宴请该公司一部分没有当班的员工外出喝酒,至凌晨(12月4日)2时左右,张某跑回公司生产车间,又强行把正在上班的曾某拉去喝酒。当时曾某已拒绝,但张某不断对其进行推拉,之后曾某转身却看到张某的右手被绞进塑料再生机受伤。张某不是操作再生机的技术人员,是其喝酒后强拉正常上班的曾某才造成受伤。(2)高人社定字(2013)249号《认定工伤决定书》仅以韦某、肖某、陈某、何某及张某的调查笔录为据,而不对公司提供的证据进行审查,便认定张某受伤属于工伤,事实不清,证据不足,程序违法,且适用法律错误。韦某、肖某在张某受伤时并不在公司上班,也不在现场,二人对事故的发生有不同的陈述。陈某、何某只是间接知道张某受伤一事,其陈述不足以采信。高要区人社局受理张某的工伤认定申请后,没有证据证明已告知公司并通知其举证,公司在行政处理程序中没有举证而在诉讼中才举证有正当理由,其证据应予采纳。微电脑打卡钟上下班考勤表反映事发时张某并非当班,虽然张某提出考勤表是公司伪造,但没有任何证据证实。而根据韦某的请假条反映,其请假一天,于2008年12月3日18时20分离厂,该事实与微电脑打卡钟上下班考勤表反映一致。张某提出该请假条也是公司伪造,但也没有任何证据证实。(3)本案工伤认定申请书是张某的叔叔张某龙填写并由张某龙签名提交,且高要区人社局受理申请后没有告知公司并通知其举证,使得公司应有的权利得不到保护。根据《广东省工伤保险条例》的规定,醉酒、自残导致伤亡不能认定为工伤。(4)张某已以身体权纠纷为由,向一审法院起诉,要求公司赔偿其各项人身损害损失,该院已受理并作出民事判决,张某提出上诉,二审法院已开庭审理。综上,高要区人社局在事实不清,证据不足,适用法律错误的情况下,错误作出涉案《认定工伤决定书》,依法应予撤销。请求驳回张某的再审请求。

高要区人社局辩称:(1)该局作出的涉案《认定工伤决定书》事实清楚,符合法定程序,适用法律正确。其受理张某的工伤认定申请后,根据张某提供的新证据,多次派工作人员到事发地实地调查,向公司发出举证通知书、工伤认定告知书,并依法取得公司委托代理人谢某及张某的调查笔录。结合公司机修工肖某、生产工人韦某的调查笔录和依法取得的证据材料,其认定张某受伤属于工伤是正确的。(2)原审法院在审理案件和判决中,明显偏向用人单位提供的证据材料,违背了《工伤保险条例》的立法目的和宗旨。一是原审判决适用法律错误,几次生效裁判自相矛盾,对同一案件事实及证据分别作出多个不同的认定结论,严重影响本案的正确裁判。公司对其诉求未提交合法有效的证据支持。本案应适用《行政诉讼法》第五十四条第(一)项,《工伤保险条例》第十四条第(一)项、第十九条的规定处理。二是公司机修工肖某、生产工人韦某的调查笔录均可证明张某工伤的事实。二人对张某在工作时间、工作地点、因工受伤予以确认，对其受伤部位也陈述一致，描述过程略有不同是合情合理的。同时，医院的入院记录显示："现病史：病人于3小时前工作时，右上肢于上臂中断以远机器压伤后指体毁损……"，公司为其支付了住院治疗费用，这是证明张某在工作中受伤最原始、最有力的证据之一。（3）公司没有依法为张某购买工伤保险，在其发生工伤事故后恶意逃避工伤保险责任。一是公司提交的微电脑打卡钟上下班考勤表是伪造的。高要区人社局依照原审生效判决重新调查取证时，公司提交了该考勤表，张某提出司法鉴定申请，公司书面答复不同意鉴定。事后该局对公司委托代理人谢某进行调查取证，谢某的陈述与公司提交的证据之间存在矛盾。根据证据规则，该局认定考勤表是该公司伪造，不足以证明张某受伤时间不是发生在工作时间。原审法院忽略了用人单位负举证责任的规定，并对公司拒绝鉴定采取了回避态度。二是公司在没有任何证据的情况下，诬蔑张某酒后自残，品德和诚信度极差。其通过拒绝鉴定、变更名称和法定代表人等，推卸和逃避责任。综上，公司提出张某受伤不属于工伤所依据的事实和提交的证据明显不能成立。请求撤销原审判决，驳回公司的诉讼请求，维持该局作出的涉案《认定工伤决定书》。

再审查明事实与原审基本一致，对原审查明的事实，再审法院予以确认。

再审法院认为，本案为工伤认定行政纠纷，争议焦点是高要区人社局于2013年12月6日作出高人社定字（2013）249号《认定工伤决定书》，认定张某受伤为因工受伤是否合法。

本案中，张某是涉案公司的员工，2008年12月4日凌晨2时许，其右手不慎被绞进塑料再生机，造成右上臂受伤。张某受伤后，由亲属代其向高要区人社局申请工伤认定，其本人及诉讼代理人予以认可。高要区人社局受理申请后，在重新作出工伤认定期间，向公司发出举证通知书、工伤认定告知书，并进行调查取证，听取双方意见后作出涉案工伤认定决定，符合相关程序。对张某所受伤害发生在公司工作场所内，并且是在生产机器上发生事故的事实，双方并无异议。双方争议的主要问题是其受伤是否属于工作时间和工作原因。张某和高要区人社局认为其受伤为工伤，有其所受伤情、入院记录、病历资料、调查笔录等为证，且被调查人所述情节基本吻合。公司作为用人单位，认为其员工在公司内所受事故伤害不是工伤，在高要区人社局进行工伤认定及人民法院审理案件期间，均应由该公司承担举证责任。而从原审及再审法院查明的事实看，公司并未充分举证证明张某受伤不属于工作时间和工作原因。

关于工作时间的问题。首先，公司虽然提供了微电脑打卡钟上下班考勤表，但张某在高要区人社局本次工伤认定期间提出异议并申请鉴定时，公司不同意进行鉴定，应承担相应不利后果。其次，上述考勤表的内容显示张某已于 2008 年 12 月 3 日 18 时 3 分下班，但有相关证人证言证实公司一直未设打卡机，公司日常考勤是由一名姓熊的管工记录，2009 年 3 月 4 日高要区人社局第一次到该公司实地调查取证时也未发现打卡机。最后，公司委托代理人谢某的笔录内容也与考勤表内容相矛盾。谢某的证言证实张某当天已经请假，没有提交请假条，而考勤表的内容却显示张某已于 2008 年 12 月 3 日 18 时 3 分下班。既然张某当天已经请假，该考勤表上记载的下班时间就值得怀疑。因此，二审法院不予采纳该证据正确。至于张某是否因工作原因受到事故伤害的问题，公司提出其只是杂工，不是操作塑料再生机的生产工人，其受伤是因酒后擅自操作塑料再生机所致，二审法院认为此辩解意见缺乏充分证据证实，该院不予采纳也正确。同时，本案也没有充分证据证明张某存在《工伤保险条例》第十六条规定的其他不得认定为工伤的情形。高要区人社局根据其三次工伤认定调查情况，综合考虑各方面因素，作出涉案高人社定字（2013）249 号《认定工伤决定书》，认定张某受伤为因工受伤，具有相应的事实根据和法律依据。原审法院虽然查明事实基本清楚，但未正确分配当事人的举证责任，适用法律有误，判决撤销上述《认定工伤决定书》不当，省高院予以纠正。

综上所述，张某请求再审改判的理由成立，法院予以支持。依照《行政诉讼法》第八十九条第一款第（二）项、《最高人民法院关于执行〈中华人民共和国行政诉讼法〉若干问题的解释》第七十八条的规定，再审法院判决如下：

一、撤销广东省肇庆市中级人民法院（2014）肇中法行终字第 87 号、广东省高要市人民法院（2014）肇要法行初字第 7 号行政判决；

二、驳回公司的诉讼请求。

本判决为终审判决。

[案例解析]

本案是在工伤认定中对工作时间和工作原因产生的争议。对于上述争议，用人单位和受伤职工都提供了相关的证据，人社部门也经过了调查取证。最终分歧集中在两点：一是考勤表的真实性，张某对考勤表提出异议并申请鉴定，用人单位不同意进行鉴定；二是用人单位提出张某只是杂工，不是操作塑料再生机的生产工人，其受伤是因酒后擅自操作机器所致。对于第一点，《工伤保险条例》明确规定，职工或者其近亲属认为是工伤，用人单位不认为是工伤的，由用人单位承担举证责任。如用人单位不承担举证责任，要承担相应不利后果。对于第二点，用人单位提出张某是酒后操作机器致伤，但没有可信服的张某醉酒的证据，所以法院不予采纳。基于整个案件证据链的支持，及用人单位对不认为工伤的不举证行为，法律最终支持了人社部门对张某的工伤认定决定。

  本案经历了多次诉讼，前后历时近6年的时间，耗费了大量人力、物力和时间，用人单位之所以这么做，主要是因为用人单位没有为张某参加工伤保险，在张某发生工伤事故后要逃避工伤待遇给付责任。这类案件给所有用人单位一个提示，工伤保险制度作为国家强制实行的一项社会保险制度，用人单位必须要履行其法定的责任。首先是要为职工参保，履行缴费义务；其次是要履行《社会保险法》《工伤保险条例》规定的职责，如配合工伤调查取证、举证的职责、部分或全部工伤待遇给付的职责等。用人单位想通过走行政复议、诉讼等法律规定的程序拖延时间，从而逃避其应履行的工伤保险责任的行为是恶劣的，会大大影响企业的社会形象。（张军）

11

用人单位与劳动者签订"工伤补偿协议"
不影响劳动者申请工伤认定的权利

> [核心提示]
>
> 用人单位与劳动者就工伤补偿达成协议系民事法律行为，而工伤是社会保险行政部门依法认定，两者不能相互代替。用人单位不能以协议约定排除其应当承担的法定强制性义务，即用人单位与劳动者签订补偿协议不影响劳动者申请工伤认定的权利。

[案号]

行政复议：烟政复决字（2014）141号；一审：（2014）烟行初字第112号；二审（终审）：（2015）鲁行终字第8号

[基本案情]

周某是涉案公司（本案例中以下简称公司）职工。2012年8月6日16时许，周某在工作中受伤。受伤后，周某与公司签订了经济赔偿协议，内容为"今收到公司因我在一车间压制工作期间不慎将左手食指受伤期间的补助和误工工资及其他所有补贴合计26 000元，公司一次性交付，本人放弃工伤鉴定，并从此永不追究"。落款为2012年12月5日，有周某签字和公司盖章。2013年6月8日，周某向烟台市人力资源和社会保障局（本案例中以下简称烟台市人社局）提出工伤认定申请。烟台市人社局于同年7月11日进行了登记，12月25日受理，12月30日向公司送达《工伤认定调查限期举证通知书》。烟台市人社局于2014年1月16日作出烟人社工伤案字（2013）第11-0564号《认定工伤决定书》，认定周某为因工受伤。公司不服，于2014年3月18日向烟台市人民政府申请行政复议，烟台市人民政府于 2014 年 6 月 11 日作出烟政复决字（2014）141 号行政复议决定书，维持了该决定。公司仍不服，提起行政诉讼。

[审判过程与结果]

一审法院审理认为：根据《行政诉讼法》的有关规定，本案中，作出烟人社工伤案字（2013）第 11-0564 号《认定工伤决定书》的烟台市人社局是适格被告。根据《工伤保险条例》第十七条第二款规定："用人单位未按前款规定提出工伤认定申请的，工伤职工或者其近亲属、工会组织在事故伤害发生之日或者被诊断、鉴定为职业病之日起 1 年内，可以直接向用人单位所在地统筹地区社会保险行政部门提出工伤认定申请。"本案中，周某虽然已与公司达成补偿协议，但提出工伤认定申请时仍在法定期间内，符合上述规定。被告依法履行职责，作出工伤认定，并无不当。根据《工伤保险条例》第十四条第（一）项规定："职工有下列情形之一的，应当认定为工伤：（一）在工作时间和工作场所内，因工作原因受到事故伤害的，……"本案中，周某于 2012 年 8 月 6 日 16 时许在公司操作机床时，不慎被绞伤左手，医院诊断为左手食指离断毁损伤。以上事实有证人证言、医院病历证明。原告公司在庭审中认可第三人是在工作时间、工作地点、因工作原因受伤。周某所受伤害符合上述规定。被告认定事实清楚，适用法律正确。

综上，被告烟台市人社局所做的被诉工伤认定决定认定事实清楚，适用法律正确，符合法定程序，依照《最高人民法院关于执行〈中华人民共和国行政诉讼法〉若干问题的解释》第五十六条第（四）项的规定，判决驳回原告要求撤销烟台市人社局 2014 年 1 月 16 日作出的烟人社工伤案字（2013）第 11-0564 号《认定工伤决定书》的诉讼请求。

公司不服一审法院判决，上诉称：（1）一审法院判决认定事实错误。一审法院判决对申请工伤的时间认定错误，申请表中有涂改，没有相关材料证实。（2）一审法院判决适用法律错误。如果按照一审认定申请工伤的时间是 2013 年 6 月 8 日，被上诉人烟台市人社局未在收到申请后 15 日作出受理或不受理决定，也未书面要求申请人补正材料，工伤认定违反法定程序。

被上诉人烟台市人社局和周某庭前均未提交书面答辩意见。

二审庭审中，合议庭确定本案审理重点是：被上诉人烟台市人社局作出的烟人社工伤案字（2013）第 11-0564 号工伤认定决定，认定事实是否清楚，适用法律是否正确，程序是否合法；一审法院判决驳回上诉人公司的诉讼请求是否合法。重点审查工伤认定申请是否在法定期限内提出、工伤认定决定是否在法定期限内作出、被上诉人周某所受伤害能否认定为工伤。

针对合议庭确定的审理重点，被上诉人烟台市人社局认为，周某申请工伤认定的时间是 2013 年的 6 月 8 日，未超过 1 年的法定申请期限。被上诉人接到申请后，核实用工企业信息，并口头告知申请人补齐材料，于同年 7 月 11 日进行登记，12 月 25 日受理，2014 年 1 月 16 日作出《认定工伤决定书》，并未超过法定期限。被上诉人周某认为，工伤认定申请系在法定期限内提出，且各方对职工受伤系工伤并无异议，行政机关的受理和作出程序是否在法定期限内，并不影响工伤申请的合法性。上诉人公司坚持书面上诉意见，并认为周某受伤后与企业签订协议，承诺不再申请工伤认定，且其申请是否在法定期限内提出无法证明，工伤认定机关也未在法定期限内作出受理和认定，违反法定程序。

各方当事人在一审中提供的证据已随案移送二审法院，上述证据在一审庭审中已经质证。二审中当事人没有提交新证据。经审理，二审法院同意一审法院判决对证据的认证意见以及据此确认的案件事实。

二审法院认为：一、关于被上诉人周某所受伤害是否属于工伤。《工伤保险条例》第十四条规定：“职工有下列情形之一的，应当认定为工伤：（一）在工作时间和工作场所内，因工作原因受到事故伤害的；……”本案中，被上诉人周某在工作中受伤，有相关证据予以证实，具备工伤的工作时间、工作地点和工作原因三要素，各方当事人并无异议，其所受伤害依法应属于工伤。

二、关于被上诉人周某是否在法定期限内提出工伤认定申请。《工伤保险条例》第十七条第二款规定："用人单位未按前款规定提出工伤认定申请的，工伤职工或者其近亲属、工会组织在事故伤害发生之日或者被诊断、鉴定为职业病之日起 1 年内，可以直接向用人单位所在地统筹地区社会保险行政部门提出工伤认定申请。"本案中，周某于 2012 年 8 月 6 日受伤，2013 年的 6 月 8 日提出申请，工伤认定机关于同年 7 月 11 日进行登记，没有超过 1 年的申请期限。虽然上诉人公司主张申请表上的时间有涂改，不能证明真实的申请时间，但被上诉人烟台市人社局关于 2013 年 6 月 8 日用铅笔标注收到申请时间，同年 7 月 11 日填写申请表正式登记的解释，属于合理解释，依法应予采信。周某在用人单位未提出工伤认定申请的情形下，在事故伤害发生之日起 1 年内提出工伤认定申请，符合法律规定。

三、关于工伤认定程序是否合法。《工伤保险条例》第二十条第一款规定：

"社会保险行政部门应当自受理工伤认定申请之日起60日内作出工伤认定的决定，并书面通知申请工伤认定的职工或者其近亲属和该职工所在单位。"本案中，被上诉人烟台市人社局于2013年12月25日受理了周某的工伤认定申请，履行相关程序后，于2014年1月16日作出涉案烟人社工伤案字（2013）第11-0564号《认定工伤决定书》，没有超过法定期限。上诉人公司主张，依据《工伤认定办法》第八条的规定，被上诉人烟台市人社局收到工伤认定申请后未在15日内作出受理或不受理的决定，违反法定期限。但上述规定的目的在于督促行政机关及时受理工伤申请，且需要补正材料的，不受该期限限制。本案中，被上诉人烟台市人社局以口头而非书面形式告知申请人补齐材料，程序存在瑕疵，但尚不足以导致工伤认定程序违法。

　　四、关于被上诉人周某与上诉人公司达成补偿协议并承诺放弃工伤鉴定后能否申请认定工伤。周某与公司达成补偿协议系民事法律行为，而工伤系社会保险行政部门依法认定，两者不能相互代替，公司也不能以协议约定排除其所应当承担的法定强制性义务，故被上诉人周某提出工伤认定申请，烟台市人社局作出工伤认定，并未违反法律规定。但在确定工伤赔偿金数额时，可扣除已协议支付的补偿金。

　　综上，一审法院判决认定事实清楚，适用法律正确，审判程序合法，依法应予维持。上诉人公司的上诉理由不能成立，依法应予驳回。二审法院依照《行政诉讼法》第六十一条第（一）项之规定，判决如下：驳回上诉，维持原判。本判决为终审判决。

[案例解析]

　　按照法律规定，劳动者因工作遭受事故伤害，经人社部门认定为工伤的，有权享受工伤保险待遇。但是在现实中，由于各种原因，有的受伤职工会选择和用人单位私下签订经济赔偿协议作为了结，或者有些没有参加工伤保险的用人单位以签订经济赔偿协议的方式，要求受伤职工放弃申请工伤，这就是我们通常所说的工伤"私了"。

　　对于工伤"私了"现象，一个问题是工伤赔偿协议属不属于劳动合同的一种，对于它的效力的判断是否适用《劳动合同法》第二十六条的规定。劳动合同是双方当事人就订立劳动关系而达成的协议，是对以后劳动权利义务的约定，而工伤赔偿协议是对劳动者遭受工伤事故后有关赔偿方面的约定，与合同的订立无关。所以，工伤赔偿协议不能视为劳动合同的一种，不能适用《劳动合同法》第二十六条有关劳动合同效力方面的规定。同时也不能适用《合同法》中有关合同效力的规定，因为《合同法》第二条规定，有关身份关系的协议，不适用合同法的规定，而是适用其他法律规定。那么，工伤赔偿协议毕竟是对双方民事权利义务的一个协商，所以对它效力的判断还是应当置于整个民法体系下来分析，对它效力的判决应当是适用民法通则的规定，也就是《民法通则》第五十八、五十九的规定，一方以欺诈、胁迫的手段或者乘人之危情形下签订的赔偿协议应为无效，而存在重大误解、显失公平的，则是可撤销的协议。另外，《关于审理劳动争议案件适用法律若干问题的解释（三）》第十条规定："劳动者与用人单位就解除或者终止劳动合同办理相关手续、支付工资报酬、加班费、经济补偿或者赔偿金等达成的协议，不违反法律、行政法规的强制性规定，且不存在欺诈、胁迫或者乘人之危情形的，应当认定有效。前款协议存在重大误解或者显失公平情形，当事人请求撤销的，人民法院应予支持。"这一条是关于双方达成的解除劳动合同结算协议效力的规定，结算协议和工伤赔偿协议一样，与合同的订立无关，而是关于合同解除后双方权利义务的重新安排，所以也不属于劳动合同的一种。如果属于劳动合同一种的话，根据《劳动合同法》第二十六条的规定，劳动合同是不存在可撤销的情形，要不有效，要不无效。而劳动争议司法解释三规定，结算协议存在重大误解、显失公平的情形下可以撤销，显然适用的不是《劳动合同法》的规定，而是民法通则的规定。

对于工伤"私了"协议的效力，在司法实践中要区分情况进行处理。

第一，如果该赔偿协议是在劳动者已认定工伤和评定伤残等级的前提下签订的，这说明职工当时对工伤待遇标准还是比较清楚的。在这种情况下，只要不存在用人单位欺诈、胁迫或者乘人之危情形的，且不违反法律、法规的强制性规定，就应当认定赔偿协议有效，双方应当按照协议的约定履行；但是如果职工能举证证明该协议存在重大误解或显失公平等情形，符合合同变更或撤销情形的，可视情况作出变更或撤销的处理，用人单位应补足双方协议低于法定工伤保险待遇的差额部分。

第二，如果该赔偿协议是在职工未经劳动行政部门认定工伤和评定伤残等级的情形下签订的，那么应当以工伤认定书和伤残等级鉴定结论作为受理案件的条件，并按照伤残等级鉴定结论重新核定用人单位应当承担的工伤保险待遇数额。

值得注意的是，按照现行《工伤保险条例》规定，申请工伤是有时间限定的。工伤职工本人及其近亲属需要在 1 年时间内提出工伤认定申请，超过时限，人社部门不予受理。

另外，在实践中还会遇到另一种情形，就是"老工伤"的问题，即 1996 年实施《企业职工工伤保险试行办法》之前发生的工伤。对于已经就"老工伤"达成补偿协议并已履行完毕，但劳动者在《企业职工工伤保险试行办法》或《工伤保险条例》施行后又进行了工伤认定及劳动能力鉴定，工伤职工就此认为原来的补偿协议的赔偿标准过低，要求确认补偿协议无效，并要求按现行法律规定享受工伤待遇的，如何认定补偿协议的效力？在这种情况下就不能按前面所提到的两种情形下的处理原则去套用了。因为，我国在 1996 年以前是没有全国统一的工伤评残标准的，有些企业当时是参照军人的评残标准对工伤职工的伤残程度进行评定的，有时则是根据医生判断，大致确定工伤职工的劳动能力丧失程度。一直到 1996 年的《企业职工工伤保险试行办法》实施以后，才首次对"劳动能力鉴定和工伤评残"进行了专门规定，规定受伤职工在医疗期满仍未能痊愈的，要由劳动能力鉴定委员会依据有关劳动能力鉴定国家标准对工伤职工进行丧失劳动能力的程度和护理依赖程度的等级鉴定。所以，对于"老工伤"，不能要求双方应当在工伤认定和劳动能力鉴定以后再达成赔偿协议，而是应当根据当时的法律规定，主要是依据 1951 年实施、1953 年修订的《劳动保险条例》里有关工伤保险待遇的规定，来判断双方的赔偿协议是否过低，以及是否存在用人单位欺诈、乘人之危等情形来认定协议的效力，而不是以没有进行工伤认定和伤残等级鉴定为由，依据若干年后颁布的伤残等级评定标准重新确定用人单位的工伤赔偿金额。（张军）

从事非单位安排工作受伤仍可构成工伤

[核心提示]

法院认为，工伤认定部门提交的证据能够证明韩某是在工作时间和工作场所内从自动悬链上摘取零件往料箱内存放时被砸伤左手，用人单位派人将其送往医院治疗并支付医疗费，韩某所受伤害完全符合《工伤保险条例》第十四条第（一）项规定。法院未对用人单位关于韩某行为不是单位安排的这一抗辩主张予以评价，实即认为此主张是否成立并不影响工伤认定。工伤构成中的工作的判定，需要综合考虑用人单位的意思、劳动者的意思以及劳动者的客观行为。非用人单位安排的行为仍有可能属于工作；而用人单位安排的行为也并不一定都属于工作。

[案号]

一审：（2015）鄂茅行初字第00112号；二审：（2016）鄂03行终41号

[基本案情]

韩某是涉案公司（本案例中以下简称公司）员工。2015年3月23日12时30分左右，韩某在车间工作时，不慎被零件砸伤左手环指。后被送往医院治疗，诊断为：左手环指远端皮肤软组织损伤；左手环指甲床损伤。韩某出院后，于2015年6月9日向十堰市人力资源和社会保障局（本案例中以下简称十堰市人社局）提交工伤认定申请，并提交了身份证复印件、出院小结、病历、病情证明书、证人钟某和闵某的证言等申请资料。十堰市人社局收到韩某的申请后，给公司送达了限期举证通知书。公司在举证期限内向十堰市人社局提交了情况说明、营业执照。十堰市人社局还向韩某及证人作了询问笔录。上述证据证明韩某在工作时间、工作地点、因工作原因受伤的事实。十堰市人社局于2015年7月24日作出工伤认定决定，认为韩某是在工作岗位、工作时间受伤，符合《工伤保险条例》第十四条第（一）项的规定，认定其受伤是工伤，并告知当事人有提起行政复议或行政诉讼的权利。公司对十堰市人社局的认定工伤决定不服，提起诉讼，请求撤销《认定工伤决定书》。

[审判过程与结果]

一审法院认为，依据《工伤保险条例》第五条第二款、第十七条第二款的规定，根据工伤职工或者其近亲属提出的工伤认定申请，启动工伤认定行政程序，是十堰市人社局的法定职责。十堰市人社局依韩某申请作出的被诉工伤认定决定，履行了受理、告知举证、审核、决定等程序，符合工伤认定的程序规定。在行政程序中，十堰市人社局根据韩某提交的证据及出院小结等材料，证实了韩某是原告公司的员工，确系在工作时间和工作岗位，因工作原因受到事故伤害的事实，符合《工伤保险条例》第十四条第（一）项之规定。原告认为韩某受伤不是工伤，但未能提交证据予以佐证，原告诉请的理由不能成立，不予支持。判决驳回原告的诉讼请求。

公司不服，上诉称：

第一，一审判决偏袒十堰市人社局，忽视案件基本事实，造成该案判决丧失公正性、合法性。首先，韩某在此次事故中违反车间操作规程，导致其手指受伤的事故，本身的过错是发生此次事故的主要原因。其次，其受伤时系在下班后的就餐时间，其受伤系因自行翻动了堆放铁块的铁架子，该行为并非工作的内容，认定书认定该行为系工作内容显然与事实不符。

第二，一审判决认定事实不清，适用法律错误，最终导致本案判决错误。《工伤保险条例》第十四条第（一）项规定：在工作时间和工作场所内，因工作原因受到事故伤害的，构成工伤，而本案中，无任何证据证明韩某符合以上标准。十堰市人社局根据该款规定作出认定书，显属法律适用错误。首先，韩某受伤系中午12时15分左右，是工人在车间指定的区域吃饭的时间，显然并非工作时间。其次，韩某受伤时系一个人在操作线堆满铸铁件的工装架子里不知道为何翻动了铁块把左手食指尖压伤，由此可见，其受伤的场所并非其工作的区域。再次，公司在韩某受伤之前并无安排其到受伤区域进行工作，其工作内容也不包括整理铁架，其自作主张前往该区域造成受伤，系其自身的过错，并非因工作原因。最后，韩某伤情的加重并最终造成伤残，应由其自身承担该不利后果，十堰市人社局将该项后果认定由公司承担，显失公平。韩某在医院治疗一个多月后出院，医疗费用9 800多元均是公司支付的，而后韩某自己要求把受伤的手指截除，公司没有同意，公司负责人亲自带着他本人再次到医院找医生确认，韩某要求自己截除手指，不同医院给出的一致结果是患者已完全康复不需要截除，而韩某执意截除。

综上所述，十堰市人社局作出的《认定工伤决定书》事实认定错误，法律适用错误，十堰市人社局将韩某的该次受伤认定为工伤，无视韩某自身的重大过错系事故的原因，其受伤的时间、地点、原因均不符合《工伤保险条例》第十四条之规定。一审法院忽视该基本事实，径行判决撤销公司与十堰市人社局之间达成的《协议书》，该判决明显不公、不合法。因此，请求二审法院依法予以改判或发回重审，以维护公司的合法权益。

被上诉人十堰市人社局答辩称：

第一，上诉人公司上诉理由与事实不符，也无证据证实；相反，一审法院对事实的认定真实、客观，是符合法律规定的。首先，该局在收到韩某申请认定工伤的材料后，依法向公司送达了受理通知书和举证通知，公司在规定期限内没有提交相反证据证明韩某所受伤害不是工伤，十堰市人社局依据韩某提交的材料，依法作出工伤认定，符合法律规定。其次，在一审阶段，公司仍然没有提交证据以证明其观点，即没有提交韩某受伤不是工伤的证据予以佐证。再次，十堰市人社局依法对韩某的工友钟某、闵某调查时，均陈述"2015年3月23日中午12时左右，在公司车间上连班时，韩××在搬汽车零部件时不慎砸伤左手"，此事实与对韩某的调查笔录一致。

第二，原判决认定事实清楚，适用法律、法规正确。韩某受伤时间是在工作时间内，工作场所也是自己的工作岗位，受伤原因同样是工作原因。其受伤害符合《工伤保险条例》第十四条的规定，且工伤认定程序合法。

第三，公司上诉认为韩某伤情的加重并最终造成伤残系其自身原因所致，该理由不能成立。（1）需要不需要截掉伤指是医院根据韩某的病情确定。(2)"患者已完全康复不需要截除"的观点不成立。(3)劳动者工伤赔偿适用无过错原则无扩大损失之说。综上所述，一审行政判决书认定事实清楚，适用法律、法规正确，故请求二审法院判决驳回上诉，维持原判决。

第三人韩某述称：第一，一审法院认定事实清楚。公司没有证据证明其在工作中有重大责任。他是在自动悬链上摘取零件往料箱内存放，在悬链没有停止的情况下，证人证言、病历、病情证明等资料都能证明他是在工作时间内因工作原因所受的伤害。第二，一审法院适用法律正确。他是在用人单位自动悬链没有停止的情况下，为完成本岗位工作的时间内发生的工伤，受伤原因同样是工作原因。其受伤害符合《工伤保险条例》第十四条在工作时间和工作场所内，因工作原因受到伤害构成工伤的规定。第三，十堰市人社局认定他所受伤害为工伤程序合法。请求依法驳回公司上诉，维持一审判决。

二审法院经审理认定的案件事实与一审判决认定的案件事实一致。

二审法院认为，本案争议的焦点是：韩某所受伤害是否符合《工伤保险条例》第十四条第（一）项规定应当认定工伤的法定情形。十堰市人社局提交的证据能够证明韩某在工作时间和工作场所内从自动悬链上摘取零件往料箱内存放时被砸伤左手，用人单位派人将其送往医院治疗并支付医疗费。韩某所受伤害完全符合《工伤保险条例》第十四条第（一）项之规定的三个基本要素的法定情形，即在工作时间和工作场所内，因工作原因致伤。用人单位称"韩××受伤并非因工作原因……"的上诉理由，缺乏证据和事实根据，不予采纳，其上诉请求不予支持。十堰市人社局的答辩理由成立，予以采纳。韩某的陈述意见，予以采纳。二审法院判决驳回上诉，维持原判。

[案例解析]

一、"工作"界定一般理论

本案中劳动者与用人单位主要分歧焦点在于，劳动者认为系从事工作所导致伤害；而用人单位则主张劳动者系自行实施非工作内容而导致伤害，因此伤害既非发生于工作时间，亦非工作原因所致。该争议问题实际涉及如何界定"工作"的问题。

在一般情形下，工作就是从事用人单位日常或临时安排的业务活动，容易理解。但是在特殊情形下，例如从事非用人单位安排的活动时，就会产生争议。需要从理论上建立工作界定的基本理论。

对于劳动者所从事活动是否属于工作，主要有三种学说，即"雇主意思说""雇员意思说"和"客观说"。[1] "雇员意思说"就是根据雇员的主观意思确定

---

[1] 王泽鉴. 民法学说与判例研究（第一册）[M]. 北京：中国政法大学出版社，2005：19-21.

其行为是否属于工作。按照这一理论，如果雇员主观上系为雇主利益行事，纵其行为有违雇主之意思或客观上不利于雇主之利益，仍得认为是工作的范畴。这一观点有缺陷之处：一方面，个人的主观意思外人很难了解，完全由个人确定其行为是否属于工作，必然会无限扩大工作的范围。另一方面，劳动关系的本质特征是劳动者与用人单位之间的人身隶属关系，用人单位对劳动者有管理、约束的权利。完全由个人决定工作内容，与劳动关系的本质特征相冲突。

"雇主意思说"就是根据雇主的主观意思来确定劳动者所实施的行为是否属于工作。雇主的主观意思有明示和默示两种表现形式。明示包括通过劳动合同、规章制度等一般性安排以及直接、间接的临时性业务安排。默示指用人单位默认、容忍劳动者的实际行为。"雇主意思说"符合劳动关系的本质特征，即雇主有指令劳动者实施业务行为的管理权利。但是，完全采行"雇主意思说"可能导致雇主在不利情形下拒绝承认劳动者的行为为实施工作行为，会导致劳动者利益的损害。

"客观说"则是根据劳动者行为的客观表现，基于一般社会人的认知，确定该行为是否属于工作。"客观说"对于工作的界定符合社会认知，具有公平性。但是该理论同样具有缺陷。一方面，能否准确把握一般人的认知，在特定情形下存在争议；另一方面，雇主或劳动者实施业务行为的主观意思很明显地外化了，仍拒绝承认此种行为的工作属性，既不符合劳动关系的本质特征，也不利于对劳动者正当权益的保护。

所以，应以"客观说"为主，综合雇主主观意思和雇员主观意思斟酌确定行为人行为是否属于工作。[1]

二、非用人单位安排仍可以构成工作

根据上述理论，从事非用人单位安排的活动仍有可能属于工作。在本案中，虽然劳动者和用人单位对劳动者行为的描述存在差异，劳动者主张是在自动悬链上摘取零件往料箱内存放时受伤，用人单位主张是在翻动了堆放铁块的铁架子时受伤。但即便按照用人单位所述，堆放铁块的铁架子属于用人单位的财产和工具，在一般情形下，劳动者翻动工具属于工作内容，符合一般人的认知。用人单位并未阐述劳动者如何不可能、不应该翻动铁架，更未叙述劳动者如果仅仅是为了个人利益为何如此行为。根据行为的客观表现，结合劳动者的主观

---

[1] 向春华. 工伤理论与案例研究 [M]. 北京：中国劳动社会保障出版社，2008：73-74.

意思，在用人单位未明确排除、制止劳动者行为的前提下，将劳动者的这一行为界定为工作行为是恰当的。

三、工作时遭受伤害的举证责任与证明程度

当事人在行政过程中的举证责任，取决于行政行为的性质。[1]在依法申请行政行为中，应当由提出申请的当事人，即行政相对人，负举证责任。[2]例如，《行政许可法》第三十一条规定："申请人申请行政许可，应当如实向行政机关提交有关材料和反映真实情况，并对其申请材料实质内容的真实性负责。"行政许可虽然与社会保险给付行为不完全相同，但主流意见均认为属于授益性行政行为，因此社会保险给付行为应由行政相对人承担举证责任。如果行政行为是授益行政行为，需要根据授益的性质进行具体的判断，一般而言，原告需对其申请符合法定条件负举证责任。[3]

在本案中，行政相对人韩某提供了出院小结、病历、病情证明书、证人证言，社会保险行政部门进行了相应的调查，结合用人单位送诊事实，基本可以确定韩某在实施工作时受伤这一事实。

需要思考的一个问题是，是否需要工伤申请人以及社会保险行政部门达到确凿无疑的证明程度？本案中，劳动者与用人单位对工伤事实的陈述存在一定的差异，这在工伤认定中是比较常见的。虽然在本案中，这一分歧对工作伤害事实的界定影响不大，但是如果用人单位的主张与劳动者存在极大差异，可能完全推翻行为的工作属性时，如何确定各自的举证责任？

由于本案所涉伤害是在工作场所内发生的，基于用人单位对劳动者的保护、照顾义务和管理职责，以及用人单位对工作场所的控制能力，用人单位对工作场所发生事故的证据的掌握能力远远高于劳动者，基于"谁掌握证据，谁应当举证"的理念，应当由用人单位对工作场所事故的事实真相承担主要举证责任。在劳动者证明伤害系发生于工作场所时，用人单位如不能证明伤害非因工作所致，则应当认定该伤害系因工作所致。（向春华）

---

[1] 何海波. 行政诉讼法（第2版）[M]. 北京：法律出版社，2016：424.

[2] 胡建淼. 行政法学（第4版）[M]. 北京：法律出版社，2015：570.

[3] 熊勇先. 行政给付诉讼研究 [M]. 北京：法律出版社，2016：238.

职业病工伤认定是否需要进行调查核实

[核心提示]

《工伤保险条例》第十九条规定,对依法取得职业病诊断鉴定书的,社会保险行政部门不再进行调查核实。职工或者其近亲属认为是工伤,用人单位不认为是工伤的,由用人单位承担举证责任。用人单位未就工伤认定部门依据的职业病诊断证明书有异议提供出反驳的证据,其诉讼请求不予支持。

[案号]

一审:(2016)豫0506行初33号;二审:(2016)豫05行终133号

[基本案情]

段某系涉案公司(本案例中以下简称公司)职工。2013年8月6日段某上白班,下午下班后感觉身体不适,被家属送往医院救治,后被诊断为中暑。2014年7月25日,经市疾病预防控制中心诊断为职业性重症中暑(热衰竭)。经劳动人事争议仲裁委员会裁决、(2015)殷民二初字第34号民事判决书和(2015)安中民三终字第998号民事判决书判决确认,段某与公司劳动关系成立。2014年6月29日,段某向市人力资源和社会保障局(本案例中以下简称市人社局)提出工伤认定申请,市人社局于2015年7月30日作出认定工伤决定。公司不服,遂诉至法院。

[审判过程与结果]

一审法院认为:《工伤保险条例》第十九条规定:"社会保险行政部门受理

工伤认定申请后，根据审核需要可以对事故伤害进行调查核实，用人单位、职工、工会组织、医疗机构以及有关部门应当予以协助。职业病诊断和诊断争议的鉴定，依照职业病防治法的有关规定执行。对依法取得职业病诊断证明书或者职业病诊断鉴定书的，社会保险行政部门不再进行调查核实。职工或者其近亲属认为是工伤，用人单位不认为是工伤的，由用人单位承担举证责任。"根据生效的仲裁裁决书、民事判决书判决确认，段某与原告公司劳动关系成立。2014年7月25日，市疾病预防控制中心对段某作出的职业性重症中暑（热衰竭）诊断结论依法成立。市人社局根据上述生效法律文书及证据，依据《工伤保险条例》第十四条第（四）项的规定，对段某所患职业病认定为工伤，其作出的认定工伤决定，证据充分，程序合法，适用法律、法规正确，依法予以支持。公司在工伤认定阶段的规定期限内未向市人社局提交段某不是工伤的相关证据材料，因此应承担举证不能的责任，对公司的诉讼请求不予支持。判决驳回原告的诉讼请求。

公司上诉称：一审判决认定事实不清，适用法律错误。主要理由：段某中暑与其是因工作岗位造成的没有因果关系，其是因为多发脑梗死引起的头晕、恶心，并有段某入院记录和头颅CT检查结论等证据证明。市疾病预防控制中心出具的《职业病诊断证明书》不能作为认定工伤的依据。市人社局作出工伤认定时未到公司对事故伤害进行调查核实，未听取公司陈述、申辩，属于程序违法。请求撤销一审判决和市人社局作出的认定工伤决定。

被上诉人市人社局答辩称：段某与公司存在劳动关系并经仲裁和诉讼确认。市疾病预防控制中心出具的《职业病诊断证明书》也明确段某属于职业性重症中暑（热衰竭），《工伤保险条例》第十九条规定在此情况下无须再进行调查核实，根据《工伤保险条例》第十四条第（四）项的规定，患职业病的职工，应认定为工伤，段某符合上述法律规定的情形，市人社局作出的认定工伤决定事实清楚，证据确凿充分，程序合法，适用法律正确，一审判决正确。请求驳回上诉，维持原判。

被上诉人段某答辩称：其是炉前锻工，属于高温作业，当时正是高温天气，其发病是因为工作原因中暑并经鉴定属于职业病，市人社局作出的认定工伤决定正确，一审判决并无不当。请求驳回上诉，维持原判。

二审法院经审理查明的基本事实与一审查明的事实一致。另查明：市人社局受理段某工伤认定申请后，于2015年7月8日向公司送达了《工伤认定申请受理决定书》和《工伤认定协助调查通知书》，告知该公司受理了段某的工伤认定申请，同时告知公司于 20 日内将有关材料函告或派人到市人社局当面陈述有关情况，逾期将根据申请职工本人提供的证据依法作出工伤认定结论。市人社局提交的证据材料中无公司在通知的期限内提交的函告或者书面陈述材料。2015 年 7 月 30 日，市人社局作出《认定工伤决定书》，并于 8 月 3 日和 8 月 5 日将该决定书分别送达段某和公司。

　　二审法院认为：本案争议的焦点是，市人社局作出工伤认定事实是否清楚，证据是否充分，程序是否合法。从市人社局提供的材料看，段某与公司存在劳动关系，经仲裁和诉讼确认，有生效的仲裁裁决书、民事判决书以及职业病诊断证明书等证据材料证明。市人社局在受理段某申请后将《工伤认定申请受理决定书》和《工伤认定协助调查通知书》送达了公司，并告知了相关提交材料和进行阐述的权利，履行了相应的义务，其程序并无不当。根据《工伤保险条例》第十九条规定，公司未就市人社局依据的职业病诊断证明书有异议提供出反驳的证据和市人社局拒绝其陈述、申辩的证据。因此，公司上诉认为市人社局认定事实不清、证据不充分以及未向其进行调查、未听取其陈述申辩的理由均不能成立，其上诉请求，不予支持。判决驳回上诉，维持原判。

[案例解析]

　　本案中，用人单位不认可工伤认定决定的主要理由是，劳动者中暑与其工作没有因果关系，并主张系因为多发脑梗死引起的头晕、恶心；职业病诊断机构出具的《职业病诊断证明书》不能作为认定工伤的依据；工伤认定部门未对事故伤害进行调查核实，未听取用人单位陈述、申辩，属于程序违法。二审法院认为，工伤认定部门已经告知了用人单位提交材料和进行阐述的权利，用人单位并未提供工伤认定部门拒绝其陈述、申辩的证据，因此用人单位主张工伤认定部门未向其进行调查、未听取其陈述申辩的理由不能成立。该判断是正确的，但是严格来说并不完全准确。即向用人单位送达《工伤认定协助调查通知书》告知提交相关材料和进行阐述的权利，从广义上来说可纳入调查范围，但是从狭义上来说，这更多属于举证责任的告知，而不是进行调查。[1]本案主要

　　[1]《现代汉语词典》将调查定义为"为了了解情况进行考察（多指到现场）"。要求被调查人提供相关材料，属于调查的一种形式，但通常不属于调查的主要形式。无论是就《工伤保险条例》第十九条规定而言，还是就工伤认定实践而言，调查主要是工伤认定部门对相关具体事实直接的、主动的询问、了解和确认等。

涉及工伤认定部门在职业病工伤中的调查义务之有无及其实施问题，而这与工伤认定部门在一般的工伤认定中有无调查义务有直接关联。

一、一般工伤认定中社会保险行政部门的调查义务与调查职权

《工伤保险条例》第十九条第一款规定："社会保险行政部门受理工伤认定申请后，根据审核需要可以对事故伤害进行调查核实，用人单位、职工、工会组织、医疗机构以及有关部门应当予以协助。"根据这一规定，社会保险行政部门在工伤认定中有调查相关事实的职权，同时这一职权具有裁量性，即是"可以"进行调查，而非"必须"进行调查。裁量的基础是对事实证据的掌握程度，如果事实比较清楚、确定，则可不进行调查；如果事实比较模糊、含混，证据存在矛盾、不一致、不充分等情形，则通常需要进行调查。虽然社会保险行政部门对是否进行调查具有裁量权，但是如果适用不当，主要是需要进行调查而未进行调查的，可能承担不利后果。

社会保险行政部门需要进行调查的情形主要包括：（1）损害后果比较严重或者社会影响较大的案件。死亡或者人身损害比较严重的，工伤认定后果对劳动者及其家庭影响很大，一旦认定为工伤也会产生很大的基金支出，需要准确界定事实；可能引起较高社会关注的，如果事实方面的证据不够充分，工伤认定结论可能会招致较大质疑。（2）证据之间存在矛盾、冲突，既有支持工伤事实的，也有否定工伤事实的，依据现有证据无法肯定工伤事实是否存在的。需要进一步调查核实，去伪存真，搜集更为充实的证据。（3）现有证据可质疑的。虽然现有证据能够相互印证、较为完整，但是根据经验等仍存有疑惑的，也需要进一步调查核实。（4）劳动者及其家属或用人单位无法搜集的证据。劳动者及其家属或用人单位提供了证据线索，但是无法自行搜集提供，且这些证据对于工伤事实的判断具有重要性的，社会保险行政部门应当主动调查核实。（5）对于一些焦点案件需要积极作为，主动进行调查核实。例如，对于上下班途中交通事故中的责任问题，如果交警部门未确定责任或明确表示无法确定责任的，社会保险行政部门应当对责任事实进行调查核实，并作出相应的分析判断。应当明确的是，社会保险行政部门进行调查核实是积极履职的体现，法律并未要求社会保险行政部门调查确认事实并对相对人所主张的事实承担法律责任。换言之，调查还是不调查，调查得细致还是不细致，体现了社会保险行政部门的态度和责任意识，也是其职责所在。但是，调查之后仍不能确认事实，该后果应由工伤认定申请人承担，而不是由社会保险行政部门承担。

二、职业病工伤认定中社会保险行政部门的调查义务

《工伤保险条例》第十九条第一款规定:"职业病诊断和诊断争议的鉴定,依照职业病防治法的有关规定执行。对依法取得职业病诊断证明书或者职业病诊断鉴定书的,社会保险行政部门不再进行调查核实。"该条款有三层含义,对职业病诊断鉴定的争议,与社会保险行政部门无关;如果职业病诊断证明书、鉴定书是依法取得的,社会保险行政部门不再进行调查核实,而应直接作为进行工伤认定的依据。因此,本案中用人单位主张"职业病诊断机构出具的《职业病诊断证明书》不能作为认定工伤的依据"不符合该条规定,也不符合职业病工伤认定常识。职业病诊断鉴定需要非常丰富的临床经验,是具有医学性质的专业技术性结论,无论是社会保险行政部门还是司法机关,均不具备直接审查这一结论科学性与合理性的能力,而只能依靠该结论作出工伤判定。该法律文书作为判定职业病事实的法律依据有其必然性。正是基于职业病诊断鉴定结论的这一特质,只要其取得形式是合法的,社会保险行政部门即不再进行调查核实,也无法进行进一步的调查核实。

要注意的是,作为职业病事实确定依据、不再进行调查核实的职业病诊断证明书或者职业病诊断鉴定书必须是"依法取得的",具体包括两方面内容:一是取得的形式合法,例如职业病诊断证明书或者鉴定书的形式符合法定的或行业要求,印章或签字是真实的;二是取得的程序合法,如系职业病诊断鉴定机构按程序作出,而非个人私自作出等。如果对是否为"依法取得的"有质疑,如用人单位或其他主体提出了疑义,或者社会保险行政部门通过形式审查发现存有疑义,那么社会保险行政部门应当进行相应的调查核实。如果社会保险行政部门通过形式审查没有发现疑义,用人单位或者其他主体也未提出疑义,社会保险行政部门则无须进行相应的调查核实。本案即属于此种情形。

三、对职业病诊断鉴定结论存在异议如何救济

不可否认,职业病诊断鉴定结论可能存在程序以及专业判断上的瑕疵甚至错误,对此如何救济,对相关当事人的权益影响较大。《工伤保险条例》第十九条第一款规定按照职业病防治法的规定执行。

《职业病防治法》第四十四条规定了职业病诊断主体,即劳动者可以在用人单位所在地、本人户籍所在地或者经常居住地依法承担职业病诊断的医疗卫生机构进行职业病诊断。职业病诊断主体的多样性可以切断其可能与用人单位存

在的利益关联从而影响诊断的客观公正性。第四十六条规定了进行职业病诊断的实体依据，即职业病诊断，应当综合分析下列因素：病人的职业史；职业病危害接触史和工作场所职业病危害因素情况；临床表现以及辅助检查结果等。没有证据否定职业病危害因素与病人临床表现之间的必然联系的，应当诊断为职业病。第五十二条规定了对职业病诊断的救济程序，即当事人对职业病诊断有异议的，可以向作出诊断的医疗卫生机构所在地地方人民政府卫生行政部门申请鉴定；职业病诊断争议由设区的市级以上地方人民政府卫生行政部门根据当事人的申请，组织职业病诊断鉴定委员会进行鉴定；当事人对设区的市级职业病诊断鉴定委员会的鉴定结论不服的，可以向省、自治区、直辖市人民政府卫生行政部门申请再鉴定。《职业病诊断与鉴定管理办法》（卫生部令第91号）对职业病诊断结论的救济作了更为明确的规定。其第三十六条规定，当事人对职业病诊断机构作出的职业病诊断结论有异议的，可以在接到职业病诊断证明书之日起三十日内，向职业病诊断机构所在地设区的市级卫生行政部门申请鉴定。设区的市级职业病诊断鉴定委员会负责职业病诊断争议的首次鉴定。当事人对设区的市级职业病鉴定结论不服的，可以在接到鉴定书之日起十五日内，向原鉴定组织所在地省级卫生行政部门申请再鉴定。职业病鉴定实行两级鉴定制，省级职业病鉴定结论为最终鉴定。

根据上述规定，省级职业病鉴定结论为最终鉴定，当事人以及行政部门、司法机关只能接受。

四、在职业病诊断鉴定中是否需要确定职业病表征与工作之间存在因果关系

本案中，用人单位主张职业病诊断结论以及工伤不成立的理由之一是，劳动者中暑与其工作没有因果关系，并主张劳动者系因为多发脑梗死引起的头晕、恶心。用人单位的这一主张能否成立？在职业病诊断鉴定中是否需要考虑职业病的临床表现与劳动者所从事的工作之间具有因果关系？答案是否定的。

《职业病防治法》第四十六条规定了进行职业病诊断应当综合分析的具体因素，并不包括职业病临床表现与工作之间的因果关系。该条第二款进一步规定："没有证据否定职业病危害因素与病人临床表现之间的必然联系的，应当诊断为职业病。"实际上是推定职业病临床表现与工作之间存在因果关系，即只要存在职业病的临床表现，且劳动者在特定用人单位有此种职业病危害接触史，那么就推定因果关系成立——该临床表现是由该工作造成，应当诊断为职业病；除

非有证据否定此种联系。

　　此种推定，系由职业病自身规律所决定。其立论基础在于相当因果关系的强制性采纳。即在法律上应用数学上的可能性理论与社会学的统计分析方法，认为客观上事件发生的可能性，可作为说明因果关系的一项要素。具体来说，某项事件与损害之间具有相当因果关系，必须符合两项要件：（1）该事件为损害发生之"不可欠缺的条件"；（2）该事件实质上增加了损害发生的客观可能性。[1]根据统计学分析，当劳动者有相应的职业危害接触史时，其罹患"职业病"的客观可能性显著提高，故在学理上确定该"职业病"与存在该职业危害史的工作之间具有因果关系，为迅速处断争议，立法上直接确定了职业病这一特定职业伤害（工伤）类型，而无须再在个案中对因果关系进行判断。这也是实行工伤保险制度国家的通行做法。因此无论从理论上还是就我国现行立法规定来看，某种临床损害表现只要符合法定的职业病表征，即无须对其中的损害与工作是否具有因果关系进行分析确认，而应直接诊断鉴定为职业病。（向春华）

---

[1] H. L. A. Hart & A. M. Honore, Causation in the Law, 415 (Oxford: the Clarendon Press, 1959). 转引自陈聪富. 因果关系与损害赔偿[M]. 北京：北京大学出版社，2006：5.

14

因工外出的事实不清不能认定为工伤

[核心提示]

社会保险行政部门在没有调查核实清楚事故发生过程，就认定职工因工外出发生车祸导致死亡为因工死亡，存在事实不清、证据不足问题，该工伤认定决定应予撤销。

[案号]

行政复议：遵府行复（2013）204号；一审：（2014）遵市法行初字第88号；二审（终审）：（2015）黔高行终字第53号

[基本案情]

蔡某、余某、蒋某为涉案公司（本案例中以下简称公司）刘某的聘用人员。2011年4月3日22时20分许，蔡某与余某乘坐蒋某驾驶的小型越野车，从土城镇到习水县城，车行至土城芭蕉塘路段发生翻车交通事故，蔡某、余某、蒋某均受伤，蔡某经治疗无效死亡。交通事故责任认定蔡某无责任。习水县交警队在事故处理过程中经询问公司经理刘某、余某，两人均陈述当天晚上是由刘某安排驾驶员蒋某开车送余某、蔡某去协助修理工地施工吊车途中发生交通事故。2012年3月18日，死者蔡某的儿子向遵义市人力资源和社会保障局（本案例中以下简称遵义市人社局）申请工伤认定，遵义市人社局向第三人中铁某公司送达了《工伤认定举证通知书》，第三人向遵义市人社局提交了情况说明、刘某代表公司与中铁某公司签的劳务承包合同等材料。遵义市人社局于2012年8月29日对汽修厂老板黄某进行了调查，黄某陈述："确有几个外地口音的人送吊车维修，离合器修好后因油封买不到，我就用送修人留下的电话告知油封买不到，叫他们自己想办法，后来他们把油封买来。我告诉他们过两个小时来开车，大约过了两个多小时，他们就把吊车开走了。"调查人员问："吊车开走是白天还是晚上？"黄某答："吊车开走的时候，我确定是白天，但几点我记不清楚。"2013年9月6日遵义市人社局作出遵市人社工认字（2013）80124号《认定工伤决定书》，认定蔡某所受之伤为工伤。第三人中铁某公司向遵义市人民政府申请复议，遵义市人民政府撤销了上述工伤认定决定。

蔡某儿子（以下称小蔡）不服，提起诉讼。

[审判过程与结果]

一审法院判决认为，本案的争议焦点是：遵义市人社局认定第三人中铁某公司是蔡某的用工主体以及蔡某当晚是因工受伤，事实是否清楚，证据是否充分。

一、关于用工主体问题。工伤认定部门认为第三人将其承接的仁赤高速公路第十八标段桥墩部分工程转包给刘某施工，刘某雇请余某及蔡某为工程吊车驾驶员，因刘某个人无用工主体资格，应由第三人承担用工主体责任。第三人否认刘某在事发前已以个人身份承包了该公司在仁赤高速公路十八标段的工程，刘某代表公司是在事发后的2011年5月18日才与第三人签订工程承包合同，同时否认在事故发生前有吊车在该公司工地作业。一审法院认为，遵义市人社局仅凭刘某、余某及蒋某的证言就认定刘某在事发前承包了第三人的工程并已进场施工，依据不充分。

二、关于蔡某当晚是否因工受伤问题。原告主张，蔡某与刘某等人将仁赤高速公路十八标段桥墩工程施工吊车送到黄某开设的修理厂修理的事实已由黄某、蒋某、刘某、余某所证属实。争议焦点是事故发生之前，送修吊车是否已修好交还给刘某。对此，刘某、蒋某、余某均已陈述事故发生前吊车还在修理厂修理，因油封问题，刘某安排蒋某于当晚送余某和蔡某去协助修理吊车油封的途中发生交通事故。黄某确认是下午将吊车开走，但没有确定是事故前修车当天把吊车修好开走，黄的证言不能否定蒋某、刘某、余某的陈述。第三人认为，根据汽修厂老板黄某的笔录，送修吊车于2011年4月3日下午即开走，故当晚刘某再让蔡某、余某协助修车不实；此外，原告诉称当晚22时30分许接到黄某电话后，才由蒋某送去协助修车，而交警确认当晚事故发生在22时20分，原告诉称事实与交警认定事实不符。是否因工受伤，是工伤确认纠纷的核心问题,在没有书证且各方陈述不一致的情况下,遵义市人社局应就工地开工时间、是否有吊车在工地作业、吊车登记备案手续、修车费约定及支付情况、油封从何处购买以及对黄某与刘某当天的通话时间等进一步调查后再综合认定。一审法院认为,遵义市人社局认定蔡某当晚是去协助修理吊车属因工受伤,证据不充分。

综上,原告小蔡的起诉理由不成立,不予支持。被告遵义市人民政府作出的复议决定事实清楚,证据充分,适用法律正确,依法应予维持。一审法院根据《行政诉讼法》第五十四条第一款第(一)项的规定,判决:维持被告遵义市人民政府于2014年1月8日作出的遵府行复(2013)204号行政复议决定。

小蔡不服一审判决,以原判认定事实错误、适用法律错误为主要理由提出上诉。

二审法院经审理查明的事实与一审法院查明的事实一致,予以确认。

二审法院认为,本案中遵义市人社局所作工伤认定决定,没有核实清楚用工单位,认定蔡某发生车祸受伤系因工作原因也存在事实不清、证据不足。被上诉人遵义市人民政府行政复议撤销其工伤认定决定是正确的。一审判决认定事实清楚,适用法律正确,判决得当。上诉人小蔡的上诉理由无事实和法律依据,不予采纳。二审法院根据《行政诉讼法》第六十一条第(一)项的规定,判决如下:驳回上诉,维持原判。本判决为终审判决。

 [案例解析]

本案中原告的父亲蔡某因交通事故死亡,人社部门认定为工伤,但经过行政复议,撤销了工伤认定的决定,法院最终也支持了撤销决定,而工伤认定决定被撤销的原因是这个案件存在事实不清、证据不足的问题。

从本案看,蔡某的死亡案件确实存在疑点。一是,人社部门对中铁某公司、涉案公司和蔡某之间的用工关系没有搞清楚,缺乏相关证据支撑。二是,蔡某什么时候接到协助修车的电话。原告诉称当晚22时30分许接到黄某电话后,由蒋某送蔡某去协助修车,但交警确认当晚事故发生在22时20分,这两个时间点对不上。三是,事发时吊车处于什么位置。汽修厂老板黄某称,送修吊车于2011年4月3日下午即开走,那么为什么刘某当晚还让蔡某、余某去协助,这个问题也没有弄清楚。四是,吊车的修车费是多少,支付了没有,怎么支付的也没有调查显示。五是,油封买了没有,在哪儿买的,多少钱。六是,是否调取了黄某与刘某当天的通话记录，通话时间是否在合理范围内。七是，刘某的工地是什么时间开工的、是否有吊车在工地作业、吊车登记备案手续有没有取证，等等，上述材料对整个案件来说都是非常重要的证据，但是在法庭上并没有呈现。因此，由于证据的缺失，导致没有形成完整的证据链，不足以支撑作出工伤认定的决定。

本案提示我们，工伤认定的调查取证非常重要，尤其是对一些重大伤亡案件及疑难案件，一定要进行现场调查，对每一细节都不能放过。要对案件进行反复推演，形成完整的证据链，要对广大参保职工和用人单位负责。（张军）

上班途中的确定应综合考量事故地点、事故时间、惯常上班时间等因素

[核心提示]

本案中劳动者发生交通事故的地点位于其居住地与上班地点之间的合理路线上，且《道路交通事故认定书》认定的劳动者当时的行驶方向与上班方向一致。在上班时间方面，社会保险行政部门提供的证据可以证明劳动者作为保安上班时间具有一定的灵活性，在用人单位未能提供证据证明劳动者的惯常实际到岗时间的情况下，综合考虑劳动者上班在途时间及在约定上班时间前一定合理时间到岗等因素，可以认定劳动者发生事故时属于合理的上班在途时间。

[案号]

行政复议：浦府复决字（2013）第367号；一审：（2014）浦行初字第88号

[基本案情]

曾某在涉案公司（本案例中以下简称公司）从事保安工作。2013年5月28日6时57分许，曾某骑自行车在草高支路、和龙路路口发生交通事故，在该事故中不承担事故责任，经医院抢救无效，于当日死亡。2013年10月11日，上海市浦东新区人力资源和社会保障局（本案例中以下简称浦东区人社局）作出浦东人社认结字（2013）第6787号《工伤认定书》，认定公司职工曾某死亡为工伤。公司认为，事故发生时间为2013年5月28日6时57分，而公司与曾某签订的劳动合同约定上班时间为8时30分，故曾某死亡时不属于上班途中的合理时间，向上海市浦东新区人民政府（本案例中以下简称浦东区政府）申请行

政复议，浦东区政府复议决定维持工伤认定决定。公司不服，提起诉讼，请求依法撤销浦东区人社局作出的《工伤认定书》。

[审判过程与结果]

被告浦东区人社局依法向法院提交以下作出被诉工伤认定的依据和证据材料：（1）《劳动法》第九条第二款、《工伤保险条例》第五条第二款、《工伤认定办法》第二条、《上海市工伤保险实施办法》第五条第二款，证明被告依法具有作出工伤认定的职权；（2）《工伤保险条例》第十四条第（六）项作为适用法律依据；《工伤保险条例》第十七条、第二十条、《工伤认定办法》第十八条、第二十二条、《上海市工伤保险实施办法》第十九条、第二十一条作为执法程序依据；（3）工伤认定申请表、曾某身份证明、小曾（曾某儿子）身份证明、授权委托书、律师函，证明小曾于2013年8月9日向被告提出工伤认定申请，要求对其父曾某于2013年5月28日所受事故伤害依法进行工伤认定；（4）户口簿、宁都县东山坝镇城源村村民委员会出具的证明，证明第三人小曾系曾某的儿子，可以作为工伤认定申请主体；（5）上海市浦东新区高桥镇屯粮巷村村民委员会出具的证明，证明曾某的居住地位于高桥镇屯粮巷村朱家宅×××号×××室；（6）《用工合同》及原告公司出具的证明，证明公司与曾某之间存在劳动关系；（7）事故报告、医疗机构诊断证明、死亡证明、遗体火化证明，证明曾某于2013年5月28日6时57分许，骑行自行车在草高支路、和龙路路口发生交通事故，在此事故中不承担事故责任，经医院抢救无效，于当日死亡；（8）档案机读材料，证明公司注册地在浦东新区，属于被告管辖；（9）受理通知书，证明被告于2013年8月19日作出受理决定；（10）《工伤认定书》及送达回证，证明被告于2013年10月11日作出工伤认定，并于当日向原告及第三人邮寄发送；（11）被告于2013年8月19日出具的《关于提交曾×受伤书面情况的函》、被告于2013年8月30日出具的《更正通知书》，证明被告受理工伤认定申请后，向原告发函调查；（12）《关于曾×认定工伤情形答复函》，证明原告对曾某在上班途中发生交通事故死亡被认定为工伤存有异议；（13）考勤表，证明曾某事发当天应值白班；（14）《道路交通事故认定书》、上海市公安局浦东分局交警支队事故审理科于2013年5月28日对肇事司机邹某作的询问笔录，证明曾某于2013年5月28日6时57分许，骑行自行车在草高支路、和龙路路口发生交通事故，在此事故中不承担事故责任，经医院抢救无效于当日死亡，其发生事故时的行驶方向与前往单位上班的方向一致；（15）被告于2013年9月13日对谢某作的工伤认定调查记录、谢某身份证明，证明谢某系曾某的妻子，事发当日，曾某于早晨7时前出门上班，一般情况下7时30分到单位；（16）被告于2013年9月13日对徐某作的工伤认定调查记录、徐某身份照片一张、曾某事发当日的手机通话详单，证明徐某系原告处保安队长，事发当天，曾某应上白班，徐某因未见曾某到单位上班而于7时46分拨打曾某手机，医生接通电话后告知发生了交通事故，可以证实曾某上班时间应明显早于7时46分，其发生事故时间与上班时间完全相符；（17）曾某上班路线地图、事故发生地点及曾某生前居住地的照片，证明被告实地考察了曾某上下班路线及事发地点，证实曾某发生事故的地点及其事发时的行驶路线均与上班途中的情形吻合。

原告公司诉称：根据《道路交通事故责任认定书》及肇事司机邹某的询问笔录，事故发生时间为2013年5月28日6时57分，而原告与死者曾某签订的劳动合同约定上班时间为8时30分，被告认定属于上班途中不合理；徐某陈述对曾某平时上班时间不清楚，有时早一点，有时晚一点，是基于一种人性化的考虑，但不能与公司正常规章管理制度相违抗；上班途中应是出家门至工作地点的合理路线及合理费时，应结合这两个因素判断是否属于上班途中，而被告浦东区人社局没有对上班时间的起算点进行调查取证，明显不公平且违法。综上，被告作出的工伤认定不正确，故起诉至法院，请求依法撤销被告作出的《工伤认定书》。

原告公司提供以下证据材料支持其诉讼主张：（1）原告于2013年8月12日出具的保安部工作准则，证明原告处保安日班正常上班时间为8时30分至20时30分；（2）浦府复决字（2013）第367号行政复议决定书，证明原告不服被告工伤认定决定，向浦东区政府申请复议，浦东区政府复议决定维持被告所做工伤认定。

被告浦东人社局辩称：曾某在原告处担任保安，其于2013年5月28日6时57分在上班途中发生交通事故，且在事故中不承担事故责任，应当认定为工伤；原告处工作人员徐某于事发当日7时46分拨打曾某手机得知曾某发生交通事故，可以证明曾某正常上班时间早于8时30分；根据曾某妻子谢某陈述，曾某正常上班时间为8时；原告陈述正常上班时间为8时30分，但没有提交证据证明该观点。综上，被告作出的工伤认定决定认定事实清楚，适用法律正确，执法程序合法，请求法院驳回原告的诉讼请求。

第三人小曾述称：同意被告的答辩意见，且认为原告处应有员工上班时间的相应考勤记录,但原告拒不提供,应承担举证不能的不利后果;徐某的陈述具有明显的倾向性,作为原告处保安队长,对于下属的上下班时间不应该模糊。

第三人提交以下证据材料支持其主张:(1)中国移动通信通话详单的原件,证明徐某拨打电话的时间与谢某的陈述相印证,曾某的上班时间应早于8时30分;(2)曾某的工资明细证明,证明曾某的工资并未按照劳动合同约定发放,工作时间也未与劳动合同约定保持一致。

经庭审质证,原告对被告提供的证据及依据质证意见如下:对证据(6)中的用工合同,认为可以证明原告处正常上班时间为8时30分至20时30分;对证据(16)的真实性及徐某的身份无异议,但认为不能证明曾某上班时间早于8时30分;对其他证据均无异议。第三人对被告提交的证据及依据无异议,认为可以证明曾某的上班时间在8时之前。被告对原告提交的证据质证意见如下:对证据(1),认为原告并未在行政程序中提交,依据法律规定,原告应该在行政程序中提供而没有提供的,应当承担举证不能的责任;对原告保安工作准则有上班时间的规定没有异议,但认为规定与实际情况不一致,徐某的证言可以证明原告处保安的上班时间比较灵活;对证据(2)无异议。第三人对原告提交的证据,认为证据(1)原告可以随时随地制作,且没有曾某的签字确认,不予认可,通话记录可以证明曾某上班时间为8时;对证据(2)无异议。原告对第三人提交的证据真实性没有异议,但认为不能证明第三人想要证明的内容,用工合同关于工资待遇的约定包括工资福利与岗位津贴两部分,符合工资明细反映的情况。被告对第三人提供的证据无异议。

根据当事人提交的证据及庭审中当事人的陈述,法院确认以下事实:死者曾某系第三人小曾的父亲,在原告公司担任保安工作,双方于2013年1月1日签订的《用工合同》约定合同期限自2013年1月1日起至同年12月31日止,约定工作时间为白班8时30分至20时30分,晚班20时30分至次日8时30分。曾某生前居住在本市浦东新区高桥镇屯粮巷村朱家宅×××号×××室。2013年5月28日6时57分许,曾某骑自行车在草高支路、和龙路路口发生交通事故,经抢救无效于当日死亡。曾某事发当日应上白班。上海市公安局浦东分局交通警察支队于2013年6月20日认定曾某在此次事故中不承担事故责任。2013年8月9日,小曾向被告提出工伤认定申请,被告于同年8月19日受理,在对原告及相关人员进行调查取证后于同年10月11日作出《工伤认定书》并邮寄送达原告及第三人。原告不服,向浦东区政府提出行政复议申请,浦东区政府2014年2月14日作出行政复议决定,决定维持被告作出的工伤认定决定。原告仍不服，遂诉至法院。

法院认为，根据《工伤保险条例》第五条第二款的规定，被告浦东人社局作为县级以上地方各级人民政府社会保险行政部门，负责本行政区域内的工伤保险工作，具有对本案当事人的申请作出工伤认定的法定职权。

《工伤保险条例》第十四条第（六）项规定，在上下班途中，受到非本人主要责任的交通事故或者城市轨道交通、客运轮渡、火车事故伤害的，应当认定为工伤。本案中，各方当事人对曾某系原告公司职工、曾某发生交通事故且在事故中不承担事故责任的事实无争议，各方争议焦点在于曾某发生交通事故时是否属于上班途中。对此，法院认为，本案中曾某发生交通事故的地点草高支路、和龙路路口位于曾某居住地与上班地点之间的合理路线上，且《道路交通事故认定书》认定的曾某当时的行驶方向与曾某上班方向一致。在上班时间方面，被告提供的证据可以证明曾某作为保安的上班时间具有一定的灵活性，在原告未能提供证据证明曾某的惯常实际到岗时间的情况下，综合考虑曾某上班在途时间及在约定上班时间前一定合理时间到岗等因素，可以认定曾某发生事故时属于合理的上班在途时间。综上，曾某发生交通事故是在上班途中。被告在收到第三人工伤认定申请后，依法予以受理，在向原告及相关人员进行调查后，依据上述法律规定作出《工伤认定书》并送达原告及第三人，认定事实清楚，适用法律正确，执法程序合法。

综上，被告作出被诉工伤认定职权依据充分，认定事实清楚，适用法律正确，执法程序合法，依法应予维持。一审法院依据《行政诉讼法》第五十四条第（一）项之规定，判决维持被告浦东区人社局于 2013 年 10 月 11 日作出的浦东人社认结字（2013）第 6787 号工伤认定。

[案例解析]

本案的争议焦点在于曾某发生事故时是否属于合理的上班在途时间。从调查了解情况看，曾某的上班时间为 8 时 30 分，而曾某发生事故的时间为 6 时 57 分，两者相差 1 小时 33 分钟，用人单位以此认为曾某不是在合理的上班时间，先后进行了行政复议和法律诉讼。但法院综合考虑了曾某是一名保安，上班时间具有一定的灵活性，因此支持了人社部门的工伤认定决定。

这个案例反映出的问题是何为上下班合理时间，上下班在途时间多少可视为合理时间。《最高人民法院关于审理工伤保险行政案件若干问题的规定》（法释（〔2014〕9号）及2016年人力资源和社会保障部印发的《关于执行〈工伤保险条例〉若干问题的意见（二）》（人社部发〔2016〕29号）都提及了上下班途中"合理时间"的概念。但是都没有对"合理时间"给出具体解释。《最高人民法院关于审理工伤保险行政案件若干问题的规定》发布后，对上下班途中发生交通事故的解释，认为下班顺路买菜，在回家的路上发生非本人主要责任的交通事故可认定为工伤。但也没有具体说明顺路买菜的时间设定在多长为合理。到目前为止，正是因为对"合理时间"没有明确的规定，导致在实际操作中，用人单位、职工、工伤认定部门、法院等多方对"合理时间"的理解存在分歧和争议。

笔者认为在对"合理时间"与"合理路线"进行判断时，目的性和工作相关性应是重要的考量因素。对"合理时间"的判断应综合考虑用人单位工作时间要求、职工个人上下班时间习惯等多方面因素。（张军）

未查明下班时间导致下班途中事实认定不清被撤销工伤认定

[核心提示]

工伤认定结论未能查清事发当日职工下班的具体时间,以致无法确定职工发生交通事故的时间是否在其"合理"的上下班时间内,存在认定事实不清问题,应撤销工伤认定决定并责令社会保险行政部门重新作出具体行政行为。

[案号]

一审:(2014)怀中行初字第67号;二审:(2015)湘高法行终字第122号

[基本案情]

袁某生前系涉案公司(本案例中以下简称公司)农网外线工。2011年12月24日下午5时30分左右,袁某与舒某、黄某等完成施工作业任务后回到溆浦县观音阁镇仓斗坪村村民谢某家吃完饭后,袁某驾驶摩托车回家洗澡换衣服。2011年12月24日下午6时20分许,当袁某行驶至溆浦县城郊仲夏乡桐木坨村路段时,与相向驶来的由彭某驾驶的湖南号牌的低速货车相撞,造成袁某重伤。经送医院抢救无效死亡。事故发生后,溆浦县公安局交通警察大队认定袁某负本次事故同等责任。

2012年4月1日,溆浦县劳动争议仲裁委员会以溆劳仲案字(2012)第7号仲裁裁决书认定袁某与公司之间存在事实劳动关系。

2012年7月10日,怀化市人力资源和社会保障局(本案例中以下简称怀化市人社局)以怀人社工伤认字(2012)686号《不予认定工伤决定书》(本案例中以下简称686号《不予认定工伤决定书》），认定：袁某交通事故死亡不符合《工伤保险条例》第十四条第（六）项"在上下班途中，受到非本人主要责任的交通事故或者城市轨道交通、客运轮渡、火车事故伤害"的情形，不属于工伤认定范围，决定不予以认定工伤。袁某的妻子向某对该决定不服，向怀化市人民政府申请行政复议。怀化市人民政府维持了696号《不予认定工伤决定书》。向某仍不服，向怀化市鹤城区人民法院提起行政诉讼。怀化市鹤城区人民法院于2013年4月15日作出（2013）怀鹤行初字第17号行政判决，撤销怀化市人社局686号《不予认定工伤决定书》，并限期重作。怀化市人社局不服，提起上诉。怀化市中级人民法院于2013年7月30日作出（2013）怀中行终字第55号行政判决，驳回上诉，维持原判。2013年12月20日，怀化市人社局以怀人社工伤认字（2013）1681号《认定工伤决定书》（本案例中以简称1681号《工伤认定决定书》），认定袁某的死亡为工伤，并依法送达给了当事人。公司不服，于2014年4月27日向湖南省人力资源和社会保障厅（本案例中以下简称湖南省人社厅）申请行政复议。湖南省人社厅于2014年7月3日作出湘人社复延字（2014）第33号行政复议决定延期通知书，行政复议决定延期至2014年8月2日。2014年8月1日，湖南省人社厅作出湘人社复决字（2014）第33号行政复议决定，认为1681号《认定工伤决定书》未查清袁某有关工作时间、住宿安排的具体约定情况和事发当日袁某下班的具体时间，认定事实不清，证据不足，决定撤销怀化市人社局1681号《认定工伤决定书》，并责令怀化市人社局自本决定生效后60日内重新作出工伤认定决定。公司不服被告湖南省人社厅行政复议决定一案，向长沙市天心区人民法院提起诉讼。长沙市天心区人民法院受理后，因向某等5人不服湖南省人社厅行政复议决定向怀化市鹤城区人民法院提起诉讼，怀化市鹤城区人民法院已立案受理。因该两案当事人基本一致，被诉具体行政行为同一，湖南省高级人民法院于2014年9月27日作出（2014）湘高法立行他字第12号指定管辖函，将本案指定湖南省怀化市中级人民法院管辖。

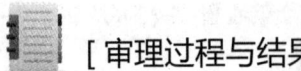

[审理过程与结果]

一审法院认为：1681号《认定工伤决定书》，所依据的相关证据材料与其先前作出的686号《不予认定工伤决定书》一致，而686号《不予认定工伤决定书》所依据的证人证言、调查笔录等证据材料已被生效的怀化市鹤城区人民法院（2013）怀鹤行初字第17号行政判决确认违法，不能作为认定案件事实的证据。怀化市人社局在未消除相关证据违法情形或重新补充调查取证的情况下，仍依据被生效判决确认违法的证据材料作出1681号《认定工伤决定书》，认定事实的证据明显不足。被告湖南省人社厅认为1681号《认定工伤决定书》，认定事实不清，证据不足的理由成立，依法应予以支持。被告在履行相关法定程序后，依法作出湘人社复决字（2014）第33号行政复议决定，认定事实清楚，适用法律正确，程序正当，依法应予以维持。同时，《行政复议法》第二十八条第一款（三）项规定"具体行政行为有下列情形之一的，决定撤销、变更或者确认该具体行政行为违法；决定撤销或者确认该具体行政行为违法的，可以责令被申请人在一定期限内重新作出具体行政行为：1. 主要事实不清、证据不足的；……"因此，被告在撤销1681号《认定工伤决定书》决定时，责令怀化市人社局自该决定生效60日内重新作出工伤认定决定，符合法律规定，依法应予以维持。原告公司要求撤销被告复议决定的第2项即责令怀化市人社局自本决定生效60日内重新作出工伤认定决定的诉讼请求，法院不予支持。对袁某的死亡是否认定为工伤，是被告及第三人怀化市人社局的职权范围，人民法院只对其决定的合法性进行审查，故原告要求法院直接判令被告不予认定袁某的死亡为工伤的诉讼请求，另行裁定。据此，根据《行政诉讼法》第五十四条第（一）项之规定，一审法院判决维持湖南省人社厅作出的湘人社复决字（2014）第33号行政复议决定第2项，即责令怀化市人社局自该决定生效60日内重新作出工伤认定决定。

公司不服上述判决，向二审法院提出上诉。

二审法院经审查，一审采信的证据可以作为认定本案事实的依据。二审法院对一审认定的事实予以确认。

二审法院认为：根据《行政复议法》第二十八条第（三）项的规定，具体行政行为主要事实不清，证据不足的，复议机关可以决定撤销该行政行为，并可以责令被申请人在一定期限内重新做出具体行政行为。本案中，行政复议决定认为1681号《认定工伤决定书》未能查清事发当日袁某下班的具体时间，以致无法确定袁某发生交通事故的时间是否在其"合理"的上下班时间内，认定事实不清，故撤销怀化市人社局的工伤认定并责令其公司限期重新作出具体行政行为，该复议决定的结论有法律依据。关于上诉人提出《道路交通事故责任认定书》是否具有证据的客观性和合法性的问题，是怀化市人社局重新作出工伤认定决定过程中予以判断的问题，二审法院不予审查。上诉人提出请求直接判令被上诉人湖南省人社厅作出不予认定袁某的死亡为工伤的复议决定，没有法律依据，二审法院不予支持。综上所述，一审判决认定事实清楚，程序合法，对复议决定予以维持的处理结论并无不当。根据《行政诉讼法》第八十九条第（一）项之规定，二审法院判决如下：驳回上诉，维持原判。本判决为终审判决。

[案例解析]

本案是围绕袁某交通事故死亡后引发的多方诉讼案例。首先是袁某妻子对人社部门作出的不予认定工伤的决定不服，提起行政复议和行政诉讼；其次是人社部门对法院撤销怀化市人社局686号《不予认定工伤决定书》不服，提起上诉；再次是用人单位和袁某家属对湖南省人社厅行政复议决定不服，同时提起行政诉讼。

本案的核心问题是工伤调查存在事实不清，证据不足。具体表现在工伤认定存在证据瑕疵。本案的工伤认定决定被撤销，其主要原因是存在工伤认定的事实不清，证据不足。(1) 证人证词前后矛盾，没有形成完整的证据链。怀化市人社局对黄某、舒某、向某调查笔录与舒某、袁某、谢某及村民委员会提供的证明文件存在证人证词前后矛盾，无法确定袁某的具体下班时间。(2) 关键证据遗漏。怀化市中级人民法院作出（2013）怀中行终字第55号行政判决书后，怀化市人社局应当重新查明案件事实并进行工伤认定，但该工伤认定书并未对袁某骑车是外出还是下班，下班的具体时间调查清楚。因此，无法判定袁某下班的时间距离发生交通事故的时间是否属于进行日常生活习惯、合理需要的事项，或者是否属于下班途中的合理时间。

另外，人社部门、法院、用人单位、职工及家属等方面对"上下班途中"的理解也存在分歧。首先是袁某发生交通事故时是属于外出还是下班途中存在分歧。其次是下班的目的地应是家还是单位安排的宿舍。三是完成任务后中途吃饭然后回家是否属于合理的下班时间。《最高人民法院关于审理工伤保险行政案件若干问题的规定》第六条中规定，社会保险行政部门认定下列情形为"上下班途中"的，人民法院应予支持：（一）在合理时间内往返于工作地与住所地、经常居住地、单位宿舍的合理路线的上下班途中；（二）在合理时间内往返于工作地与配偶、父母、子女居住地的合理路线的上下班途中；（三）从事属于日常工作生活所需要的活动，且在合理时间和合理路线的上下班途中；（四）在合理时间内其他合理路线的上下班途中。如果袁某案件事实清楚，证据充分，袁某在完成当天工作后吃完饭回家，应该可以视为从事属于日常工作生活所需要的活动，且在合理时间和合理路线的上下班途中。（张军）

17

早退是否构成"下班途中"

[核心提示]

下班时间的合理性应指职工离开单位的时间是否符合用人单位的上下班规定以及是否在合理范围内。劳动者在距离公司规定的下班时间还有4小时的情况下,未向主管请假并得到主管的批准便擅自早退离开公司,故劳动者离开公司的时间显然不属合理的下班时间。

[案号]

一审:(2013)佛顺法行初字第104号;二审:(2014)佛中法行终字第86号

[基本案情]

崔某是佛山市顺德区涉案公司(本案例中以下简称公司)的员工,2013年4月19日的上班时间为当日20时至次日早上8时。2013年4月20日凌晨4时许,崔某在未向公司主管请假及未取得主管领导批示放行条的情况下离开公司。当日凌晨4时2分左右,崔某骑行无号牌自行车,途经佛山市顺德区陈村镇机械城路口通过人行横道时发生交通事故导致受伤。后崔某被送到广东同江医院医治,诊断结果为:"重度颅脑损伤,闭合性胸部损伤"。经交警部门认定,崔某承担此次事故的次要责任。2013年5月10日,公司就崔某的受伤情形向顺德区人力资源和社会保障局(本案例中以下简称顺德区人社局)提出工伤认定申请,同时认为崔某受伤不是工伤,顺德区人社局于当日立案受理。2013年6月29日,因公司未提交《道路交通事故认定书》,顺德区人社局作出《工伤认定中止通知书》并于同年7月12日送达崔某和公司。2013年7月12日,崔某向顺德区人社局提交《道路交通事故认定书》。2013年7月15日,顺德区人社局作出

《工伤认定举证通知书》并于同年7月16日送达公司。公司向顺德区人社局提交了其认为崔某的受伤不是工伤的相关材料。经调查核实，顺德区人社局于2013年7月23日作出《不予认定工伤决定书》，认定崔某所受伤害不属于工伤，并于同年8月12日分别送达崔某和公司。崔某不服，向佛山市顺德区人民政府申请行政复议，该府于2013年10月18日作出《行政复议决定书》，维持顺德区人社局作出的具体行政行为，崔某于同年10月24日收到该行政复议决定书。崔某仍不服，遂提起行政诉讼。

[审判过程与结果]

一审法院认为：本案中，顺德区人社局根据《工伤认定申请表》《劳动合同书》《道路交通事故认定书》《崔××交通事故路线2013－04－20》《广东同江医院诊断证明书》《广东同江医院入院记录》、公司出具的《就崔××车祸一事的调查说明》《出入公司大门管理规定》《保安工作内容》《考勤管理制度》《通知》《劳动纪律》、公司员工2013年1月至4月《考勤表》，兰某、陈某、周某出具的情况说明，兰某、陈某、周某、李某、游某的《调查笔录》和《企业法人营业执照（副本）》等证据，认定崔某是公司的员工，崔某于2013年4月20日凌晨4时2分左右在上班时间未经公司主管批准提前离开公司，致发生交通事故受伤，事实清楚、证据确凿，顺德区人社局据此认为崔某的受伤情形不符合《工伤保险条例》第十四条、第十五条的规定不认定为工伤或者视同工伤，适用法规正确。崔某认为其发生交通事故的时间、地点是合理的下班时间和下班途中，公司提供的公司规章制度等证据是其事后制作，接受调查员工与公司存在利害关系，顺德区人社局单凭《调查笔录》作出的工伤认定事实错误。经查，根据与崔某同班同工种的兰某及崔某的生产主管李某在《调查笔录》反映，崔某2013年4月19日的上班时间是20时至次日8时，李某还证实事发当天崔某离开公司时没有向其请假，保安员陈某、周某亦证实崔某在事发当天4时强行离开公司。另外，公司的规章制度及公司行政主管游某的《调查笔录》也证实公司已明确规定员工在上班期间外出离开必须得到当班主管签名批准放行，因此，崔某在距离下班还有4小时的情况下，未向主管请假并得到主管的批准放行后离开公司，崔某离开公司的时间显然不属于合理的下班时间，即其离开公司后到发生交通事故的地点也不属于下班途中。崔某认为公司提供的公司规章制度是事后制作的但无证据证明，崔某的受伤情形不符合《工伤保险条例》第十四条第

（六）项应当认定工伤的规定，也不符合该条例第十四条其他应当认定工伤或第十五条规定视同工伤的情形，顺德区人社局不认定崔某的受伤情形为工伤或者视同工伤符合法规规定，崔某认为顺德区人社局作出的工伤认定错误缺乏事实和法律依据，对崔某此项主张应不予采纳。崔某又认为顺德区人社局未对其进行调查核实，剥夺其抗辩权，作出《不予认定工伤决定书》的程序违法。经查，顺德区人社局于2013年5月10日立案受理公司提交的工伤认定申请后，已对公司的多名相关员工进行调查核实，并因公司提交的申请材料欠缺，于同年6月29日发出中止工伤认定的通知并于同年7月12日送达崔某的妻子罗某及公司，崔某的妻子罗某也于同日及7月15日向顺德区人社局提交了相关材料，顺德区人社局收到相关材料后于同年7月23日才作出《不予认定工伤决定书》，因此，顺德区人社局不存在剥夺崔某抗辩权的情形，其作出工伤认定决定的程序符合《工伤保险条例》及《工伤认定办法》的规定，崔某的此项主张无理，应不予采纳。综上，原告崔某请求撤销被告顺德区人社局作出的《不予认定工伤决定书》并重新认定其受伤情形为工伤的理由不成立，应不予采纳。一审法院判决维持顺德区人社局于2013年7月23日作出的《不予认定工伤决定书》，驳回崔某的其他诉讼请求。

崔某不服，上诉称：第一，公司的工作时间安排违反《劳动法》，上诉人在工作满8小时后下班回家吃东西合法合理，故上诉人是在合理下班时间和合理的路途中发生交通事故而受伤，且在交通事故中承担次要责任，受伤情形符合《工伤保险条例》第十四条的规定，依法应认定为工伤。第二，上诉人的情况不符合中止工伤认定的情形，被上诉人作出《不予认定工伤决定书》的时间超过法定时间，程序明显违法，依法应予撤销。请求二审法院依法撤销原判及被上诉人顺德区人社局作出的《不予认定工伤决定书》。

被上诉人顺德区人社局答辩称：上诉人当日的上班时间是晚上8时至次日早上8时，而上诉人发生交通事故的时间是当日凌晨4时许，属于上班时间，上诉人并没有有效证据证明该事故发生于合理的下班途中。因此，被上诉人作出的《不予认定工伤决定书》，认定事实清楚，证据确凿，适用法律、法规正确，程序合法，依法应予以维持。请求二审法院驳回上诉，维持原判。

一审第三人公司述称：上诉人当日的上班时间是晚上8时至次日早上8时，而上诉人发生交通事故的时间是次日凌晨4时许，属于上班时间。且事发当日上诉人是未经批准强行离开公司发生事故，故上诉人发生事故并不属于合理的下班途中。被上诉人认定上诉人的事故不属于工伤正确，请求二审法院驳回上诉，维持原判。

经审查，一审法院经庭审质证而认定的证据合法有效，可以证明一审查明的事实，二审法院予以确认。

二审法院认为：被上诉人顺德区人社局于2013年5月10日立案受理一审第三人公司提交的工伤认定申请，后因公司提交的申请材料欠缺《道路交通事故认定书》，于同年6月29日作出《工伤认定中止通知书》并送达各方当事人。2013年7月12日，上诉人崔某向被上诉人提交《道路交通事故认定书》，被上诉人经调查核实后于2013年7月23日作出本案被诉的《不予认定工伤决定书》，扣除中止的时限，被上诉人作出工伤认定决定的时间未超过60日的法定期限，符合《工伤保险条例》第二十条及《工伤认定办法》第二十条所规定的时限要求。本案中，被上诉人根据《工伤认定申请表》等证据材料，认定上诉人是公司的员工，上诉人于2013年4月20日凌晨4时2分左右在上班时间未经公司主管批准提前离开公司，后发生交通事故而受伤，事实清楚、证据确凿，被上诉人据此认为崔某的受伤情形不符合《工伤保险条例》第十四条、第十五条的规定不认定为工伤或者视同工伤，适用法规正确。上诉人认为公司的工作时间安排违反《劳动法》，上诉人在工作满8小时后下班回家途中发生交通事故，属合理的下班途中，且其在交通事故中承担次要责任，依法应认定为工伤。经查，《工伤保险条例》第十四条第（六）项规定，在上下班途中，受到非本人主要责任的交通事故或者城市轨道交通、客运轮渡、火车事故伤害的，应当认定为工伤。该规定的"上下班途中"指的是合理的上下班时间和合理的上下班路线。对于上诉人在本次交通事故中承担次要责任以及上诉人是在合理的下班路线发生交通事故的事实，诉讼当事人并无异议，本案审查的核心是上诉人发生交通事故是否在合理的下班时间，而下班时间的合理性应指职工离开单位的时间是否符合用人单位的上下班规定以及是否在合理范围内。根据一审法院查明的事实可知，上诉人在距离公司规定的下班时间还有4小时的情况下，未向主管请假并得到主管的批准便擅自早退离开公司，故上诉人离开公司的时间显然不属于合理的下班时间。上诉人认为其当日工作满8小时符合《劳动法》规定，故其自行决定的下班时间属合理的主张，不予支持。至于公司的工作时间安排是否违反《劳动法》的规定，是由劳动监察部门审查认定的另一法律问题，不是衡量上诉人自行下班时间是否合理的标准。被上诉人认定上诉人未经批准提前下班不属于合理的下班时间并无不当。综上，一审判决维持被上诉人顺德区人社局作出的《不予认定工伤决定书》并驳回上诉人崔某的其他诉请求正确，应予维持。判决驳回上诉，维持原判。

[案例解析]

一、早退是否属于下班途中

《工伤保险条例》第十四条第（六）项规定，职工在上下班途中，受到非本人主要责任的交通事故或者城市轨道交通、客运轮渡、火车事故伤害的，应当认定为工伤。在实践中，早退回家是否属于下班途中，存在较大争议，不少针对工伤认定的行政判决对此持肯定意见。该意见的理由主要有两个：一是，早退仍然属于下班，早退回家仍然属于下班途中；二是，早退违反用人单位的规章制度或劳动纪律，但由于工伤保险实行无过错责任，因此劳动者的这一过失不影响其伤害的工伤认定。

本案一、二审法院的观点与此正相反。本案法院认为，上诉人在距离公司规定的下班时间还有4小时的情况下，未向主管请假并得到主管的批准便擅自早退离开公司，故上诉人离开公司的时间显然不属于合理的下班时间。这一"早退"性质分析更为恰当。

第一，早退不属于下班。从文义解释来看，早退指"未到规定时间提前离开"[1]，而下班是指"每天规定的工作时间结束"[2]，两者含义有着本质的差异。从一般社会认知来看，下班系指完成工作任务等依照雇主指令结束工作的状态，而早退与此含义则相反，将早退定性为下班，不符合劳动关系的特征要求，违背社会一般认知。

第二，人力资源和社会保障部《关于执行〈工伤保险条例〉若干问题的意见（二）》（人社部发〔2016〕29号）第六条规定："职工以上下班为目的、在合理时间内往返于工作单位和居住地之间的合理路线，视为上下班途中。"这一解释具有可借鉴性。

第三，本案中法院实际主张早退后的离开单位的时间不属于合理时间发生于工作单位和居住地之间的情形。这一理解从另一视角阐明了早退不属于下班。此理解有积极意义。例如，劳动者日工作时间为8小时，某日其到单位工作10

---

[1] 中国社会科学院语言研究所词典编辑室. 现代汉语词典（第6版）[M]. 北京：商务印书馆，2012：1024.

[2] 中国社会科学院语言研究所词典编辑室. 现代汉语词典（第6版）[M]. 北京：商务印书馆，2012：1403.

分钟后即早退，认为其仍然属于"下班"，恐无几人可以接受。

第四，工伤保险实行无过错责任与早退不属于下班无关联。违反用人单位规章制度不影响工伤认定，准确地理解是，对于典型工伤，在劳动者伤害符合工伤构成要件时，不因其主观或客观上违反规章制度而否定该工伤的成立。该表述完全不同于"违反规章制度仍应认定为工伤"。

二、"早退时间"对于早退性质判定的影响

需要考虑的是，早退有情节轻重之分，表现在时间上，有的可能仅仅早退几分钟，有的可能早退几小时。是不是所有的早退都不属于下班，因而都不能界定为"下班途中"？恐不宜"一刀切"。时间、惯例、有无正当理由等都应适当予以考虑。

就本案而言，劳动者提前4个小时"早退"，且无正当理由，实难以称为下班。

三、早退的举证责任

劳动者离开工作场所的时间是决定是否属于"早退"及其情节轻重的关键事实。而由谁承担劳动者离开工作场所时间的举证责任，对于确定这一关键事实具有核心意义。

基于用人单位对劳动者的管理职责，劳动者何时来到单位、何时离开单位，均由用人单位负责考勤，该证据掌握在用人单位手中，因此应由用人单位举证。劳动者提前离开单位是否履行了请假手续，由于并不一定存在该事实且用人单位掌握该事实，如果劳动者主张履行了请假手续，原则上应由劳动者举证；劳动者证明存在相应事实，用人单位否认的，用人单位应当反证。

社会保险行政部门在工伤认定中，应当综合评判劳动者一方与用人单位一方的证据，并依据职权进行相应的调查，在此基础上确定是否属于早退。

四、用人单位工作时间安排违法是否影响早退性质的判定

本案法院认为，公司的工作时间安排是否违反《劳动法》的规定，是由劳动监察部门审查认定的另一法律问题，不是衡量上诉人自行下班时间是否合理的标准，被上诉人认定上诉人未经批准提前下班不属于合理的下班时间并无不当。这在一般情形下是成立的。即，对于某一时段的工作时间是否违反《劳动法》的规定，通常并不明晰；在有权机关作出违法行为认定之前，基于劳动关

系的特征，劳动者有义务遵守用人单位的指令性安排。亦即在一般情形下，应以用人单位的制度作为判定是否属于早退的标准。但是在特定情形下，如果用人单位的违法行为非常明显，且严重侵犯了劳动者的权利，则不能认为劳动者仍有遵守用人单位违法行为的义务。在这种情况下，劳动者未经用人单位允许离开单位，仍可依照下班而非早退处置。（向春华）

申请人诉称系因工作原因回家之事实不能成立时可能导致工伤认定的不利后果

[核心提示]

职工事发当日中午系因工作原因外出前往其他公司取配件，应视为仍在工作时间及工作岗位，但是其中途返家应根据具体情况判断是否属于工作时间及工作岗位。用人单位在申请工伤认定申请表中载明职工返回家中系拿取配件所需单据，且事发当日职工的同车人员在社会保险行政部门的调查中也表述职工返回家中系拿取配件所需单据，但社会保险行政部门的调查结果显示职工前往取配件并不需要单据。社会保险行政部门据此确定劳动者在家中突发疾病不属于在工作时间、工作岗位上突发疾病，不予认定为工伤，并无不当。

[案号]

一审：（2014）大行初字第 100 号；二审：（2015）二中行终字第 363 号

[基本案情]

史妻称：其丈夫史某系涉案公司（本案例中以下简称公司）员工，职务是副总监。2014 年 8 月 1 日 11 时 50 分许，史某因工外出，顺道去家中取作业资料，不幸死亡。事故发生后，公司向北京市大兴区人力资源和社会保障局（本案例中以下简称大兴区人社局）提出工伤认定申请，大兴区人社局于 2014 年 9 月 12 日作出被诉决定书，认定史某不符合工伤认定的情形，不予认定。史妻认为，史某系因工外出而死亡，根据《工伤保险条例》第十四条第（五）项及《最高人民法院关于审理工伤保险行政案件若干问题的规定》第五条第一款第（一）、第（三）项之规定，史某的死亡应当认定为工伤，不服人社部门作出的不予认定工伤的决定，提起诉讼。

[审判过程与结果]

一审法院经审理认为：依据《工伤保险条例》第五条第二款的规定，被告大兴区人社局作为劳动保障行政主管机关，负有管理本行政区域内工伤保险工作的法定职责，有权对辖区内企业或个人的工伤认定申请进行审查并依法进行认定。

本案的争议焦点在于史某是否系在工作时间和工作岗位突发疾病死亡。综合本案证据，史某驾车从公司出发前往北京东通科贸公司仓库取配件虽发生在午休时间，但根据其工作性质和习惯，应视为仍在工作时间和工作岗位。但其在中途返家并在家中突发疾病，此时是否仍在工作时间和工作岗位应看其返家原因是否与履行工作职责相关。公司提交的工伤认定申请表载明史某回家是"拿加工厂所需的取配件单据"，但公司生产总监梁某及员工刘某均表示取配件不需要拿单据，只需在送货单上签字即可。故大兴区人社局根据其查明的事实，作出被诉决定，并无不当。原告史妻虽主张史某返家系取上次的送货单及其他单据，但其提交的证据不足证明该事项，不予采信；其要求撤销大兴区人社局作出的《不予认定工伤决定书》并责令大兴区人社局重新作出《工伤认定决定书》的诉讼请求，因缺乏事实依据，不予支持。综上，依据《最高人民法院关于执行〈中华人民共和国行政诉讼法〉若干问题的解释》第五十六条第（四）项之规定，判决驳回原告的诉讼请求。

史妻不服一审判决，上诉认为：史某事发当日回家取配件单据系因工作原因所致，且事发当日下午系前往加工厂仓库取配件，应当视为史某仍在工作时间和工作岗位；仅依史某事发当日前往合作加工厂取配件的行为，也符合《工伤保险条例》第十四条第（二）项或《最高人民法院关于审理工伤保险行政案件若干问题的规定》第六条第（一）、第（三）项规定的情形，应当认定为工伤。综上，大兴区人社局作出的被诉决定书违法，请求二审法院撤销一审判决，改判支持史妻的一审全部诉讼请求。

大兴区人社局同意一审判决，请求予以维持。

公司同意史妻的上诉意见。

一审中，大兴区人社局在法定期限内提交了作出被诉决定书的如下证据材料：（1）工伤认定材料清单及所附材料，证明公司申请工伤认定并提交了所需材料；(2) 工伤认定申请受理决定书，证明大兴区人社局经过审查认为符合工伤认定的条件并依法正式受理；(3) 对史妻的调查笔录；(4) 对梁某的调查笔录；(5) 对张某的调查笔录；证据 (3)(4)(5) 证明大兴区人社局对事件进行了调查；(6) 公司提交的上下班时间规定，证明上下班时间；(7) 对贾某的调查笔录；(8) 对刘某的调查笔录；(9) 实地调查照片 4 张；(10) 介绍信；(11) 2014 年 8 月 4 日监控录像；证据 (7)~(11) 证明大兴区人社局对事件进行了调查；(12) 被诉决定书，是被诉主体，不作为证据使用；(13) 送达回证；(14) 送达回证。证据 (13)(14) 证明大兴区人社局依法送达了被诉决定书。

大兴区人社局提交了《工伤保险条例》《北京市实施〈工伤保险条例〉若干规定》作为法律依据。

史妻向一审法院提交了如下证据材料：(1) 被诉决定书，证明大兴区人社局不认定工伤的事实；(2) 结婚证、户口簿、身份证，证明史妻有起诉的资格；(3) 谈话笔录，证明史某的工作时间相对自由，具有非常大的弹性；同时证明史某的工作地点相对灵活，经常返于公司、加工厂、家；证明史某事发当天，是因为工作外出；(4) 送货单，证明史某事发当天，是因为工作外出，去加工厂取配件，路过家里，上楼取上周六的送货单；(5) 通话记录，证明张某报警了；(6) 话费充值单，证明史某经常把一些单据放在家里；(7) 超声检查报告单，证明张某因史某事故，过度惊吓，左侧中动脉自血流速度偏快；(8) 照片，证明史某经常把一些图纸、机械说明书、相关配件放在家里，为的是加班方便；(9) 百度地图，证明史某去加工厂经常路过自己家，是正常路线，而且史某经常从家里取材料；(10) 公司的书面证明，证明史某入职时间、职务及工作状态：工作时间自由、工作地点比较灵活。

公司未向一审法院提交证据材料。

经庭审质证，一审法院对以上证据作如下确认：被告大兴区人社局提供的证据中除证据 (12) 为被诉具体行政行为，不能作为证据使用外，其余均具备真实性、合法性和关联性，予以采纳。原告史妻提交的证据 (2) 具备真实性、合法性和关联性，予以采纳；提交的证据 (1) 系本案被诉具体行政行为，不能作为证据使用；提交的其他证据不足以达到其证明目的，不予采纳。

经审查，二审法院认为一审法院对上述证据材料所作认证符合最高人民法院《关于行政诉讼证据若干问题的规定》，认证意见正确，故予以确认。

二审法院根据合法有效的证据以及当事人的有关陈述，查明如下事实：史某是公司的生产副主管。2014 年 8 月 4 日上午 11 点 50 分许，史某驾车从单位出发前往北京东通科贸公司仓库取配件，同车人员有公司仓库主管张某。12时24分许，史某与张某进入史某居住小区并进入史某家中。后史某在家中突发疾病，被送往同仁医院，经抢救无效于当日死亡。2014年8月7日，公司向大兴区人社局提出工伤认定申请，工伤认定申请表中关于受伤害经过记载如下："2014年8月4日11点半，公司员工史某从单位出发去加工厂取配件，同车人员张某。在途中回家拿加工厂所需的取配件单据，……"大兴区人社局于2014年8月7日受理后，询问了相关人员并制作询问笔录、进行了现场勘查并调取了相关证据。大兴区人社局于2014年9月12日作出被诉决定书，并于2014年9月18日向公司及史妻送达。史妻不服，诉至一审法院。

二审法院认为：《工伤保险条例》第五条第二款的规定，被上诉人大兴区人社局作为劳动保障行政主管机关，负有管理本行政区域内工伤保险工作的法定职责，具有对辖区内企业或个人的工伤认定申请进行审查认定的法定职权。

本案的争议焦点在于史某是否符合《工伤保险条例》第十五条第一款第（一）项所规定的视同工伤情形。本案现有证据证明，史某事发当日中午系因工作原因外出前往北京东通科贸公司取配件，应视为仍在工作时间及工作岗位，但是史某中途返家应根据具体情况判断是否属于工作时间及工作岗位。公司在申请工伤认定申请表中载明史某返回家中系拿取配件所需单据，且事发当日史某的同车人员张某在大兴区人社局的调查中也表述史某返回家中系拿取配件的单据，但大兴区人社局的调查结果显示史某前往北京东通科贸公司取配件并不需要单据，大兴区人社局据此作出被诉决定书，并无不当。上诉人史妻在本案诉讼期间主张史某回家系取送货单及其他单据，但其提交的公司的书面证明及送货单并不足以证明此项主张成立，一审法院对其主张不予采信，亦无不当。综上，史妻的上诉意见不能成立，二审法院对其上诉请求不予支持。一审法院判决驳回史妻的诉讼请求是正确的，应予维持。二审法院根据《行政诉讼法》第六十一条第（一）项的规定，判决如下：驳回上诉，维持一审判决。二审判决为终审判决。

[案例解析]

《工伤保险条例》第十五条第一款（一）项规定"在工作时间和工作岗位，突发疾病死亡或者在48小时内抢救无效死亡的"（本案例中以下简称突发疾病死亡条款）视同工伤，享受同等的工伤保险待遇。在《工伤保险条例》规定的

7种工伤情形、3种视同工伤情形中，突发疾病死亡条款是认定工伤（视同工伤）条款中唯一的因疾病认定工伤的条款。由于存在着工伤保险部门、用人单位（包括参保单位和非参保单位）、工亡职工家属及法院等多方角色和不同立场的博弈。这种复杂关系的交织，使得原本工伤保险条例中的一个小条款，变得不同寻常，社会上多种思想观点在此聚集，并形成各自声音在社会传播，而一种声音甚至认为此条款为"冷血"条款。但实际上突发疾病死亡情形的认定存在自身的严苛性，与职工家属的期望有较大落差。

从突发疾病死亡条款的产生和立法本意看，突发疾病死亡强调的是非正常工作状态下的突发疾病死亡，即或者由于加班加点突击任务（包括开会）而突然发生急病死亡；或者正在执行任务中突然发病，但没有条件离开工作岗位进行治疗（如火车、轮船司机等，发病不能进行抢救治疗）而造成死亡；或者患病后有医嘱令其休息治疗，但本人为了工作坚持上班而突然病变造成死亡。

本案中史某是因工外出期间回家取东西突发疾病导致死亡，并不适用《工伤保险条例》第十五条（一）"在工作时间和工作岗位，突发疾病死亡或者在48小时之内经抢救无效死亡的"条款。如果套用《工伤保险条例》第十四条（五）"因工外出期间，由于工作原因受到伤害或者发生事故下落不明的"条款，就需要证明史某是因为工作原因突发疾病的，但是在现有证据中也无法证明他回家是因为工作原因，所以法院支持了人社部门的不认定工伤的决定。

从本案看，北京市人社部门对此类问题做了很好地把握。但是在实际执行中，出于各种原因存在着突发疾病死亡情形认定范围扩大的趋势，影响了工伤认定的正常秩序，一定程度上也造成了新的不公平。（张军）

内退人员参加活动后回家途中突发疾病死亡不应认定为工伤

[核心提示]

杨某在实行"厂内退休"后，不受用人单位劳动纪律约束期间，受邀参加单位组织的庆祝"八一"建军节座谈会，在活动结束离开现场并乘车及步行30分钟后突发疾病死亡，故杨某突发疾病不是在工作时间和工作场所内，也不与工作原因有关，不属于《工伤保险条例》规定的工伤情形。

[案号]

一审：（2014）临行初字第1号

[基本案情]

杨某为涉案公司某供电局（本案例中以下简称供电局）内部退养职工。2013年7月26日16时30分至18时，杨某参加供电局召开的复退转军人庆祝"八一"建军节座谈会。活动结束后供电局安排车辆送杨某等人回家。杨某中途要求在虹桥路的电力小区路口下车步行回家。杨某下车后步行至200米开外的天顺超市门口附近时突发心肌梗塞疾病。当晚19时45分供电局接到杨某死亡的信息。2013年7月26日，临沧市人民医院死亡通知单中载明杨某系院前死亡。临沧市人力资源和社会保障局（本案例中以下简称临沧市人社局）于2013年9月11日受理了关于认定杨某为工伤的申请后，根据提交的调查材料核实情况后认定：杨某受到的事故伤害，不符合《工伤保险条例》第十四条、第十五条之规定，属于不得认定或者视同工伤的情形，不予认定或者视同工伤。杨某亲属对认定结果不服，提起了诉讼。

[审判过程与结果]

被告临沧市人社局于2014年2月17日向法院提供了作出被诉具体行政行为的证据、依据：(1) 临沧市人民政府办公室临政发（2011）62号文件一份及组织机构代码证（均为复印件），用以证明被告的行政执法主体资格合法有效；(2)《工伤认定申请表》《临沧市工伤认定申请受理决定书》《临沧市工伤认定决定审批表》各一份，用以证明原告的工伤受理及认定情况；(3) 杨某的身份证复印件一份，用以证明杨某的身份情况；(4) 劳动合同书（复印件）一份，用以证明杨某的身份及职业情况；(5) 供电局于2013年8月6日出具的情况说明一份（复印件），用以证明杨某受伤害的事故经过；(6) 临沧市人民医院出具的死亡通知书一份（复印件），用以证明杨某的伤亡情况；(7) 临工不认字(2013) 7号《不予认定工伤决定书》一份，用以证明行政确定结论。

原告李某诉称，杨某系原告丈夫，其生前系第三人供电局内部退养职工。他从部队退伍后即到供电局工作。2013年7月25日，杨某接到供电局电话通知，要求次日即26日前往指定地点即临沧城东面的大转山"老临沧"饭店，参加单位组织的庆祝"八一"建军节退伍军人座谈会。下午6时20分许活动结束，杨某与同事孔某等人一道乘车返回家。10分钟后的6时30分许，车辆行驶至小虹桥岔路口时，杨某要求在此下车步行回家。6时50分许，杨某下车后步行至200米开外的天顺超市门口附近时突发心肌梗塞疾病，恰好遇到外出散步的老朋友李某，在及时报告120急救的同时，迅速通知家属到场。后来，杨某在被120送往医院的途中死亡，病情经诊断为心肌梗塞猝死。原告认为，杨某系按照第三人的指示，到指定地点参加座谈会，在履行职务过程中发生疾病死亡，依法应认定为因工死亡。而被告临沧市人社局未全面、客观准确地进行调查，就作出了不予认定工伤决定书，损害了原告的合法权益，故依法提起行政诉讼，请求撤销临工不认字（2013）7号《不予认定工伤决定书》，并判令被告重新作出认定杨某为工亡的行政决定书。

原告李某为证明其主张，向临翔区人民法院提交了以下证据材料：(1) 第三人供电局缴纳工伤保险缴费明细表一份，用以证明杨某按规定缴纳工伤保险；(2) 第三人供电局于2006年11月24日制作的（2006）188号文件一份，内容为关于杨某"厂内退休"的通知，用以证明杨某系厂内退休，仍属第三人在职职工；（3）临工不认字（2013）7号《不予认定工伤决定书》一份，用以证明杨某接到第三人通知参加单位活动，其死亡应认定为工伤。

被告临沧市人社局辩称，该局作出的临工不认字（2013）7号《不予认定工伤决定书》，所依据的事实是按照行政相对人（本案第三人）提交的相关材料及社会保险行政部门依法调取的证据予以确定的，所有证据均具有客观性、关联性和合法性要求。证据间相互衔接印证，证据链完整，足以认定。该《不予认定工伤决定书》严格按照《劳动法》《工伤保险条例》和《工伤认定办法》等规定，依法确定法律关系，准确把握工伤认定的基本条件，严格执行法律法规及规章制度，确保行政行为依法规范权威，故该《不予认定工伤决定书》认定程序合法规范，故请求人民法院维持该工伤认定决定，驳回原告的诉讼请求。

第三人供电局述称，对本案中原告所诉的基本事实没有异议。2013年7月26日的复退转军人座谈会，邀请的范围包括在岗及退休（含内退）的退伍军人参加。当晚19时45分许，供电局接到杨某去世的消息。杨某死亡后，第三人于8月19日按照原告方的要求向临沧市人社局提出工伤认定申请。2013年11月8日，临沧市人社局依法作出不予认定工伤的决定，故第三人已经尽到了相应的义务，对其是否应认定为工伤系被告依相关行政职权作出。

第三人供电局亦向法院提交了如下有关证据材料：（1）第三人供电局缴纳工伤保险缴费明细表一份，记载内容与原告提交的相同，用以证明第三人已为杨某缴纳了工伤保险；（2）临工不认字（2013）7号《不予认定工伤决定书》一份，用以证明杨某的死亡被告不予认定工伤。

经庭审质证，临翔区人民法院对以下证据作出确认：对原告李某提交的（1）（2）（3）组证据，该部分证据来源合法，内容客观真实，法院予以采信；对被告临沧市人社局提交的（1）~（7）组证据，该部分证据来源合法，内容客观真实，且证据之间能相互印证，法院予以采信；对第三人供电局提交的（1）（2）组证据，该部分证据来源合法，内容客观真实，法院予以采信。

经审理查明，杨某从部队退伍后即到第三人供电局工作。2006年11月24日，杨某被供电局实行"厂内退休"，时间从2006年12月1日起执行，即从该日起杨某不被供电局的劳动纪律所约束。2013年7月25日，第三人供电局通知杨某，次日即26日在离临沧城小虹桥岔路口10分钟车程许的大转山"老临沧"饭店，组织召开本单位复退转军人庆祝"八一"建军节座谈会，邀请在岗的退伍军人及已退休的退伍军人参加。杨某应邀参加座谈会。26日下午6时20分许活动结束，杨某与同事孔某等人一道乘单位车辆返回。6时30分许，车辆行驶至小虹桥岔路口时，杨某要求在此下车后步行回家。6时50分许，杨某下车后步行至200米开外的天顺超市门口附近时突发心肌梗塞疾病，被在场的熟人李某及时报告120急救，同时通知家属到场。后来，杨某在被120送往医院的途中于当日19时27分死亡，病情诊断为心肌梗塞猝死。2013年7月前，第三人供电局依法向劳动保障部门缴纳着杨某的养老保险、工伤保险、生育保险等社会保险。被告临沧市人社局于2013年9月11日受理了关于认定杨某的工伤认定申请后，于同年11月8日对杨某的死亡作出不予认定工伤的决定。

原告李某认为，杨某系按照第三人的指示，到指定地点参加座谈会，在履行职务过程中发生疾病死亡，依法应认定为因工死亡，向法院提起行政诉讼，请求撤销临工不认字（2013）7号《不予认定工伤决定书》，并判令被告重新作出认定杨某为工亡的行政决定书。

临翔区人民法院认为，根据《劳动法》第二条"关于在中华人民共和国境内的企业、个体经济组织和与之形成劳动关系的劳动者，适用本法。国家机关、事业单位、社会团体和与之建立劳动合同关系的劳动者，依照本法执行"的规定，作为企业法人的第三人供电局，长期与杨某建立了劳动关系，故原告杨某与第三人形成的劳动关系属《劳动法》的调整范围。

我国《工伤保险条例》的立法精神虽然规定最大限度地保障主观上无恶意的劳动者，因工作或与工作相关活动中遭受事故伤害或患职业病后获得医疗救治、经济补偿及职业康复的权利，但《工伤保险条例》第十四条规定应当认定工伤的情形只能是：在工作时间和工作场所内因工作原因受到事故伤害的；工作时间前后在工作场所内，从事与工作有关的预备性或者收尾性工作受到事故伤害的；在工作时间和工作场所内，因履行工作职责受到暴力等意外伤害的；患职业病的；因工外出期间，由于工作原因受到伤害或者发生事故下落不明的；在上下班途中，受到非本人主要责任的交通事故或者城市轨道交通、客运轮渡、火车事故伤害的；法律、行政法规规定应当认定工伤的其他情形。《工伤保险条例》第十五条规定可视同工伤情形只能是：在工作时间和工作岗位，突发疾病死亡或者在48小时之内经抢救无效死亡的；在抢险救灾等维护国家利益、公共利益活动中受到伤害的；职工原在军队服役，因战、因工负伤致残，已取得革命伤残军人证，到用人单位后旧伤复发的。而本案事故当事人杨某，系在实行"厂内退休"后，不受用人单位劳动纪律所约束期间，在受邀参加第三人供电局所组织的庆祝"八一"建军节座谈会，在活动结束离开现场并乘车及步行30分钟后突发疾病死亡，故杨某所受到的伤害既不是在工作时间和工作场所内受到伤害，也没有证据证明其受到的伤害与工作原因有关，故杨某所受到的伤害不属于《工伤保险条例》可以认定工伤的上述情形。

综上，原告李某请求撤销被告临沧市人社局作出的临工不认字（2013）7号《不予认定工伤决定书》，并要求其重新作出认定杨某为工伤（亡）的行政决定书的诉讼请求，与法律规定相悖，法院不予支持。被告临沧市人社局主张的要求维持（2013）7号《不予认定工伤决定书》的抗辩意见，证据确实充分，适用法律、法规正确，符合法定程序，法院应予支持。一审法院依照《行政诉讼法》第五十四条第（一）项的规定，判决如下：维持被告临沧市人社局于2013年11月8日作出的临工不认字（2013）7号《不予认定工伤决定书》；驳回原告李某要求撤销（2013）7号《不予认定工伤决定书》，并要求被告临沧市人社局重新作出认定杨某为工伤（亡）的诉讼请求。

[案例解析]

突发疾病死亡或者在48小时之内经抢救无效死亡的情形是目前工伤认定中争议最多、也是分歧最大的一类案件。本案例的复杂点在于：一是杨某的身份特殊，他生前是"厂内退休"人员。二是他的死亡适用于工伤保险条例中的哪个条款？是条例的第十五条（一）还是第十四条（五）？从判决结果看，本案是以《工伤保险条例》的第十五条（一）即"在工作时间和工作岗位，突发疾病死亡或者在48小时之内经抢救无效死亡"作为工伤认定的依据。法院判决认为杨某是"厂内退休"人员，在不受用人单位劳动纪律所约束期间，受邀参加第三人供电局所组织的庆祝"八一"建军节座谈会，在活动结束离开现场并乘车及步行30分钟后突发疾病死亡，故杨某所受到的伤害既不是在工作时间和工作场所内受到伤害，也没有证据证明其受到的伤害与工作原因有关，既不符合《工伤保险条例》的第十五条（一）也不符合第十四条（五），故杨某所受到的伤害不属于《工伤保险条例》可以认定工伤的上述情形。

对于这类案件，目前无论是在人社系统、还是在法院系统都还存在着争议，甚至出现截然不同的判决结果。例如，黑龙江有一个案例：2014年2月25日7时30分，李某工作结束，履行了正常交班程序，7时50分与同事李某、秦某离开单位步行过天桥到富源商城后分手，李某乘坐公交车在家附近站点下车后，走到距家22米处摔倒，送至尚志市一面坡镇中心卫生院抢救，于10时许死亡，死亡原因为心脏猝死。人社部门判定李某死亡情形不是在工作时间、工作岗位、突发疾病死亡或者在48小时之内经抢救无效死亡，不符合《工伤保险条例》第十四条、第十五条认定工伤或者视同工伤的情形，故不予认定工伤或者视同工伤。李某的家属对工伤认定结果不服，提起了行政诉讼。法院判决认为根据日常生活经验法则推定的事实，法庭可以直接认定，当事人有相反证据足以推翻的除外。根据日常生活经验，疾病从病发、恶化至死亡有一个渐进的过程，从李某在工作期间感到身体不适，回家途中摔倒被送至医院抢救至最后死亡，符合疾病发作具有渐进性、连续性的特点，应视为该次发病的连续，故可以认定李某是在工作期间突发疾病。李某的死亡符合《工伤保险条例》第十五条第一款（一）项"在工作时间和工作岗位，突发疾病死亡或者48小时之内经抢救无效死亡"的情形，应视同工伤。故判决人社部门所作不予认定工伤决定认定事实错误，主要证据不足，依法应予以撤销。

　　由于目前对突发疾病死亡条款工伤认定的指导性政策文件较少，形成了理解上的分歧，存在着对第十五条（一）把握不准的问题。针对这一现状，2016年10月江苏省人力资源和社会保障厅印发了"关于实施《工伤保险条例》若干问题的处理意见"，第十一条对突发疾病条款进行了规定，具体为：《工伤保险条例》第十五条规定的"在工作时间和工作岗位，突发疾病死亡或者在48小时之内经抢救无效死亡"，是指职工在工作时间和工作岗位上突发疾病于工作场所内死亡或者从工作场所直接送医抢救无效死亡。"48小时"的起算时间，以医疗机构的初次诊断时间作为突发疾病的起算时间。江苏省的这种规定是对死亡的过程进行了明确，实际上也是对突发疾病条款在实际操作中的复杂情形进行了简单化处理。例如，将身体不适回家休息后送医不治、在上下班路上发病送医不治等情况予以排除，更加清晰地明确了突发疾病条款是对职工因为工作原因致病导致死亡的保障。这种规定可有效地减少对"突发疾病条款"的争议和诉讼，降低了工作难度。笔者认为为了更好地指导各地的工伤认定工作，规范突发疾病条款的认定，在国家层面应出台相关政策，对"突发疾病死亡条款"作进一步的明确。（张军）

20 变更工作伤害后果需符合法定条件

[核心提示]

地方文件规定，工伤职工认为因工伤或者职业病直接导致其他疾病，并提交了三级以上资质的工伤医疗机构出具的工伤或者职业病直接导致疾病的医疗诊断证明，区、县社会保险行政部门已经作出《工伤认定决定书》的，应当对《工伤认定决定书》进行变更。莽某申请社会保险行政部门变更已作出的涉案工伤认定结论，但未依照规定提交三级以上资质的工伤医疗机构出具的工伤直接导致疾病的医疗诊断证明，其变更申请不符合法定条件，社会保险行政部门予以拒绝并无不当。

[案号]

一审：（2014）昌行初字第40号；二审（终审）：（2014）一中行终字第6810号

[基本案情]

莽某是北京市昌平区某种鸡场事业单位自收自支企业管理全民合同制工人。2003年6月1日，莽某在往上料机上倒料时，把腰扭伤，后经医院诊断为急性腰扭伤。2004年4月30日，北京市昌平区人力资源和社会保障局（本案例中以下简称昌平区人社局）针对莽某的工伤认定申请作出涉案工伤认定结论，认定莽某于2003年6月1日所受腰扭伤为工伤。2014年2月11日，莽某认为其于2003年6月1日所受腰扭伤又导致了骶椎腰化、腰椎环状骨骺畸形的伤害，遂向昌平区人社局提出变更工伤申请，要求昌平区人社局变更涉案工伤认定结论，将涉案工伤认定结论中的工伤伤情由"腰扭伤"变更为"腰扭伤、骶椎腰化、腰椎环状骨骺畸形",但其未向昌平区人社局提供证据证明其骶椎腰化、腰椎环状骨骺畸形伤害系由 2003 年 6 月 1 日所受腰扭伤导致。昌平区人社局认为莽某的变更申请不符合条件,遂予以拒绝。莽某不服,提起行政诉讼。

[审判过程与结果]

为证明各自的诉讼主张,双方当事人均于法定举证期限内向一审法院提交了证据。其中,莽某提交的证据有:(1) 莽某历年来的诊断证明书、检查报告和病历;(2) 莽某两次申请工伤认定的申请书及工伤认定结论;(3) 莽某历年来行政争议文书,包括劳动争议仲裁委员会不予受理通知书、行政复议决定书、人民法院行政裁定书等;(4) 莽某历年来民事争议判决裁定文书;(5) 莽某单位的证明以及工伤来源证明。上述证据欲证明莽某的工伤情况。

昌平区人社局提交的证据有:(1) 工伤认定申请表(第一次工伤申请);(2) 莽某诊断证明;(3) 涉案工伤认定结论;(4) 涉案工伤认定结论送达回证;上述 4 份证据证明 2004 年 4 月 26 日,莽某以 2003 年 6 月 1 日在工作中"腰扭伤"为由,向昌平区人社局提出工伤认定申请,昌平区人社局于 2004 年 4 月 30 日为其认定为工伤,该认定结论早已生效;(5) 工伤认定申请表(第二次工伤申请);(6) 工伤认定申请材料清单;(7) 工伤认定申请不予受理通知书;(8) 不予受理通知书送达回证;(9) 北京市昌平区人民法院行政裁定书;(10) 北京市第一中级人民法院行政裁定书;上述 6 份证据证明 2007 年 6 月,莽某以 2003 年 6 月 19 日在工作中再次腰扭伤为由,提出第二次工伤认定申请,申请认定"骶椎腰化、腰椎环状骨骺畸形"为工伤,后该申请未被昌平区人社局受理。

一审法院经审查认为,原告莽某和被告昌平区人社局提交的全部证据形式上符合《最高人民法院关于行政诉讼证据若干问题的规定》中提供证据的要求,证据来源合法,内容真实,与本案具有关联性,法院予以采纳。

一审法院判决认为,莽某因腰扭伤已于 2004 年被认定为工伤,并获昌平区人社局颁发的工伤证。现在要求解决工伤问题,其实质是对劳动能力鉴定委员会作出的"未达到职工工伤与职业病致残程度鉴定标准"的鉴定结论不服,其实质诉求是要求对自己的工伤评定伤残等级。对于这一诉求,经过多次法律程序,有关部门也已经作出了结论。2014 年 2 月 11 日和 2014 年 2 月 13 日,莽某两次来到昌平区人社局处,要求解决自己工伤复查鉴定的问题,昌平区人社局工作人员均对其进行了解释答复。经审查，莽某要求昌平区人社局对自己的工伤证进行变更的请求没有事实和法律依据，昌平区人社局也不存在不履行法定职责，能为其变更工伤证而不变更的情形。至于莽某实质所诉求的工伤评残鉴定等问题，系属劳动能力鉴定委员会的职责，也不是昌平区人社局的行政职责。综上所述，一审法院根据《最高人民法院关于执行〈中华人民共和国行政诉讼法〉若干问题的解释》第五十六条第（一）项之规定，判决驳回了莽某的诉讼请求。

莽某不服一审判决，其上诉称：上诉人莽某于2003年6月1日在工作中将腰扭伤，被上诉人昌平区人社局于2004年4月30日作出京昌劳社工伤认（2210T0002949）号《工伤认定结论通知书》，将上诉人的该项伤情认定为工伤。上诉人于2003年6月1日受伤后，不知腰伤应休息两个月，便继续工作，结果于同年6月19日在工作中又遭受了骶椎腰化、腰椎环状骨骺畸形的二次伤害。上诉人要求将所受二次伤害也认定为2003年6月1日所受工伤，向昌平区人社局提出变更涉案工伤认定结论，将工伤伤情由"腰扭伤"变更为"腰扭伤、骶椎腰化、腰椎环状骨骺畸形"的申请，昌平区人社局收到上诉人的申请后，拒不履行法定职责，该行为已构成违法。一审法院判决驳回莽某的诉讼请求错误，请求二审法院撤销一审判决，责令昌平区人社局按照莽某2014年2月11日提出的变更申请履行变更涉案工伤认定结论的职责。

昌平区人社局同意一审判决，请求二审法院维持一审判决。

二审法院经审查，同意一审法院的认证意见。

根据经确认的有效证据及双方当事人无争议的陈述，二审法院认定本案事实如下：2004年4月30日，昌平区人社局针对莽某的工伤认定申请作出涉案工伤认定结论，认定莽某于2003年6月1日所受腰扭伤为工伤。2014年2月11日，莽某认为其于2003年6月1日所受腰扭伤又导致了骶椎腰化、腰椎环状骨骺畸形的伤害，遂向昌平区人社局提出变更工伤申请，要求昌平区人社局变更涉案工伤认定结论，将涉案工伤认定结论中的工伤伤情由"腰扭伤"变更为"腰扭伤、骶椎腰化、腰椎环状骨骺畸形"，但莽某未向昌平区人社局提供证据证明其骶椎腰化、腰椎环状骨骺畸形伤害系由2003年6月1日所受腰扭伤导致。昌平区人社局认为莽某的变更申请不符合条件，遂予以拒绝。

二审法院认为，《北京市工伤认定办法》第三十四条规定："工伤职工认为因工伤或者职业病直接导致其他疾病的，并提交了具有三级以上资质的工伤医疗机构出具的工伤或者职业病直接导致疾病的医疗诊断证明。区、县社会保险行政部门未作出《工伤认定决定书》的，应在《工伤认定决定书》中对因工伤或者职业病直接导致其他疾病的情形予以明确。已经作出《工伤认定决定书》的，应当对《工伤认定决定书》进行变更。"本案中，莽某申请昌平区人社局变更已作出的涉案工伤认定结论，但其未依照前引规定提交具有三级以上资质的工伤医疗机构出具的工伤直接导致疾病的医疗诊断证明。莽某的变更申请不符合法定条件，昌平区人社局对其申请予以拒绝并无不当。一审法院判决驳回莽某关于责令昌平区人社局为其变更工伤证的诉讼请求正确，二审法院应予维持。莽某的上诉理由缺乏事实及法律依据，其上诉请求二审法院不予支持。

综上，依照《行政诉讼法》第六十一条第（一）项之规定，二审法院判决如下：驳回上诉，维持一审判决。本判决为终审判决。

[案例解析]

本案看似是一个要求变更工伤证诊断结果的诉求，其实是莽某对劳动能力鉴定委员会作出的"未达到职工工伤与职业病致残程度鉴定标准"的鉴定结论不服，其实质诉求是要求对自己的工伤评定伤残等级。但是按照北京市的规定，她只能分两步走，首先变更工伤证的伤情诊断结果，其次才可能申请进行劳动能力鉴定，因为工伤证只写腰扭伤是无法评定伤残等级的。对于变更工伤证诊断结果的问题，《工伤认定办法》第十六条规定，工伤认定决定应当载明伤残部位、事故时间和诊治时间或职业病名称、伤害经过和核实情况、医疗救治的基本情况和诊断结论。《北京市工伤认定办法》第三十四条规定："工伤职工认为因工伤或者职业病直接导致其他疾病的，并提交了具有三级以上资质的工伤医疗机构出具的工伤或者职业病直接导致疾病的医疗诊断证明。区、县社会保险行政部门未作出《工伤认定决定书》的，应在《工伤认定决定书》中对因工伤或者职业病直接导致其他疾病的情形予以明确。已经作出《工伤认定决定书》的，应当对《工伤认定决定书》进行变更"。从北京市的规定可以看出，莽某提出变更工伤证伤情内容的诉求不是不可以，关键是她要提交具有三级以上资质的工伤医疗机构出具的工伤或者职业病直接导致疾病的医疗诊断证明，据了解莽某没有按规定提交医院证明，所以莽某要求变更工伤证内容的事情就无法进行。对于重新进行劳动能力鉴定的问题，按照现行规定，劳动能力鉴定机构不是政府行政部门，属于专业技术机构，因此此类诉求不在法院的受理范围内。如果工伤职工认为自己的伤情加重了，可以直接向统筹地区的劳动能力鉴定机构申请重新鉴定，以使伤残情况和工伤待遇相匹配。

对于莽某来说，她是在2003年因工受伤，至今已经10余年了，她要是想证明她的骶椎腰化、腰椎环状骨骺畸形是由于当年的腰扭伤导致的是一件比较困难的事情，作为医疗机构也很难出具这样的证明，这就是莽某的诉求至今无法解决的问题所在。因此，要提醒工伤人员对自己的伤情变化有所关注，一旦感觉伤情发生变化，应及时去医院诊断，并根据诊断结果提出重新鉴定申请，以合法保护自己的工伤权益。（张军）

突发疾病时不在工作岗位、非工作时间，不认定工伤

[核心提示]

徐某是职工食堂的厨师，其工作时间相对比较固定，即为上午8时至12时30分，下午16时至18时。事发当天用人单位接待活动尚未全部结束，但由于会议接待期间每天分早、中、晚定时供餐，在每一个工作日当中职工仍然有明确固定的上下班时间，不存在下班后需要待岗的情形。用人单位亦未额外安排职工从事其他工作，当晚18时左右徐某工作已经全部结束。徐某于晚上21时许在非工作场所与他人一起打纸牌时突发疾病，不在工作时间和工作岗位上，其死亡不符合视同工伤的规定。

[案号]

二审：（2013）鄂咸宁中行终字第17号；再审：（2015）鄂行再终字第00009号

[基本案情]

徐某原系涉案疗养院（本案例中以下简称疗养院）的职工，其主要工作是担任疗养院职工食堂的厨师。2011年9月7日下午，徐某与同事王某一起上班，两人负责职工食堂餐厅的配菜工作。晚上18时许，徐某在餐厅进餐后回到宿舍，之后借来洗衣板和洗衣刷在自己的房间洗澡、洗衣。晚上18时30分左右，徐某离开宿舍来到疗养院副食店，与店主成某及某饭店老板曹某一起打扑克牌。晚上21时许，徐某对成某讲自己不行了，便栽在桌上。随后徐某被紧急送往通山县人民医院抢救治疗，后经抢救无效于次日凌晨2时5分死亡。2011年9月8日、9日，通山县人力资源和社会保障局（本案中以下简称通山县人社局）接

到疗养院的电话报案后，前往九宫山实地进行了调查取证。2011年10月6日，通山县人社局根据调查的结果作出了通人社工（2011）第059号《不予认定工伤决定书》，认定：徐某死亡情形不符合《工伤保险条例》第十四条、第十五条规定的认定工伤或者视同工伤情形，决定不予认定为工伤或者视同工伤。徐某之妻郑某不服该决定，于2012年3月23日向通山县人民法院起诉，该院审理后认为通山县人社局在受理工伤认定申请的调查核实过程中，违反了《工伤认定办法》第八条、第十一条的规定，未遵循申请工伤认定的程序要求，作出的具体行政行为的程序违法，判决撤销通山县人社局作出的通人社工（2011）第059号不予认定工伤决定，并责令通山县人社局在该判决生效之日起60日内，对徐某是否为工伤作出认定。判决生效后，通山县人社局即根据判决书的规定及疗养院的申请，再次调查取证并于2012年9月26日作出了通人社工（2012）第052号《不予认定工伤决定书》，认定：疗养院原职工徐某的死亡情况，不符合《工伤保险条例》第十四条、第十五条认定工伤或者视同工伤的情形，决定不予认定为工伤或者视同工伤。郑某不服，提起诉讼。

[审判过程与结果]

通山县人民法院一审认为，被告通山县人社局是办理职工工伤认定的职能机关，是本案适格的被告主体。通山县人社局根据该院生效判决书及疗养院的申请，经调查核实后认定徐某是晚上21时许在成某的副食店与他人一起打纸牌时突发疾病，虽经抢救后在48小时之内死亡，但徐某突发疾病时，不在工作时间和工作岗位上，其死亡的情况不符合《工伤保险条例》第十四条、第十五条认定工伤或者视同工伤的情形，从而作出了不予认定为工伤或者视同工伤的决定。通山县人社局作出该决定的具体行政行为，认定事实清楚、证据确凿，适用法律、法规正确，符合法定程序。为此，依据《行政诉讼法》第五十四条第（一）项之规定，判决：维持通山县人社局作出通人社工（2012）第052号《不予认定工伤决定书》的具体行政行为。

郑某不服一审判决，提起上诉。

湖北省咸宁市中级人民法院二审认为，根据《工伤保险条例》第五条第二款的规定，被上诉人通山县人社局负责本行政区域的工伤保险工作，是本案适格被告。上诉人郑某上诉的事实根据不足，理由不充分。徐某系第三人疗养院职工，工作岗位就在九宫山上。第三人疗养院为在九宫山上工作的职工下班后提供休息住处，符合规定，但不能由此推定徐某的工作属于24小时工作制，法律也不允许24小时用工工作制。因工作岗位与职工居住地较远，不能满足当日来回上下班的情况下，在上班地点休息，不能推定徐某离开自己家以后到回到自己家来回之中的时间，都是上班时间或认定因工外出。故上诉人之夫徐某的死亡，不符合《工伤保险条例》第十四条第（一）项在工作时间和工作场所内因工作原因受到事故伤害，及第（五）项因工外出期间由于工作原因受到伤害应认定为工伤，和《工伤保险条例》第十五条第（一）项在工作时间和工作岗位突发疾病死亡应视同工伤的情形。因此，被上诉人作出不予认定工伤的决定，认定事实清楚，证据充分，适用法律无不当。一审判决正确，应予维持。上诉人的上诉请求和理由不能成立，应予驳回。二审法院依照《行政诉讼法》第六十一条第（一）项之规定，判决驳回上诉，维持原判。

湖北省人民检察院抗诉认为，湖北省咸宁市中级人民法院（2013）鄂咸宁中行终字第17号行政判决维持通山县人社局通人社工（2012）第052号《不予认定工伤决定书》主要证据不足，判决确有错误。理由：（1）徐某发病时疗养院在会议接待期间，其突发疾病时的玩牌娱乐属于待岗期间正常人调剂工作的合理需求；徐某待岗期间的行为受限以及送医前病情逐渐加重均与特殊的工作环境存在关联。（2）通山县人社局在疗养院认为徐某构成工伤的情形下，仍认为徐某突发疾病不在工作岗位上，未充分考虑和尊重疗养院的行业特性和对职工工作时间的特别规定。疗养院基于行业的特殊性恳请给予徐某工伤认定的表示，可认定为用人单位对职工工作时间合理有效的阐释。通山县人社局将徐某的工作岗位限定在厨房这一狭隘的物理空间，割裂了徐某发病时从事会议接待任务的整体性，与用人单位工作性质及规章制度的特殊性不符。

湖北省人民检察院在抗诉审查期间向疗养院调取了该院三份文件并提交给再审法院。再审法院经审查认为可视为再审期间的新的证据，应结合本案其他证据共同认定案件事实。

再审法院查明，疗养院三份文件分别为：（1）鄂九工疗（2011）1号文件《疗养院2011年度方案、任务及有关规定》：2011年度餐饮部分旺季、淡季实行对外包厨；九宫山如有接待任务，院全体上岗人员要随时听从院长统一安排；九宫山工作人员4月1日至10月30日有38天假日，其中七、八月每人每月4天，其他月份每人每月6天，休息假日由院长统一安排。（2）鄂九工疗（2011）2号文件《2011年度九宫山工作人员总体规定》：2011年度餐饮部工作人员3人（含职工食堂）负责餐饮部、旺季职工食堂日常营运工作。（3）鄂九工疗

(2011) 3号文件《疗养院2011年度工作人员假日规定》：九宫山工作人员上下山休假，如上午上下山按全天计算，如下午上下山按半天计算。

省高院再审期间现场调查核实了原一、二审判决认定的部分有效证据，经再审查明原审认定的事实属实。

再审法院认为，本案的争议焦点是徐某在事发当晚21时左右是否处于待岗状态。《工伤保险条例》第十五条第一款规定，"职工有下列情形之一的，视同工伤：（一）在工作时间和工作岗位，突发疾病死亡或者在48小时之内经抢救无效死亡的"。本案中，疗养院分职工食堂和接待餐厅两处相隔较远的就餐地点，徐某是职工食堂的厨师，主要负责职工餐，其工作岗位以职工食堂为核心活动区域。与此相关联，由于疗养院职工就餐时间为中午12时和下午17时30分，因此徐某工作时间亦相对比较固定，即为上午8时至12时30分，下午16时至18时。淡季时（除七、八月以外的其他月份）职工食堂不炒菜，徐某负责从接待餐厅为职工分餐，临时也去接待餐厅帮厨配菜。由于徐某属于因病返岗老职工，随叫随到和借岗现象基本不存在。事发当天疗养院接待某县佛教协会会议尚未全部结束，但由于会议接待期间每天分早、中、晚定时供餐，在每一个工作日当中徐某仍然有明确固定的上下班时间，不存在下班后需要待岗的情形。其次，按会议组织者要求事发当天下午17时前与会人员即吃完晚饭，疗养院亦未额外安排徐某干其他工作，当晚18时左右徐某工作已经全部结束。该节事实有相关证据予以充分证实。因此，申诉人及抗诉机关所提徐某在突发疾病时处于待岗状态的理由缺乏相应事实根据。至于抗诉机关所提疗养院为徐某申报工伤认定的行为可认定为用人单位对职工工作时间合理有效阐释的观点，通山县人社局负责其行政区域内的工伤保险工作，系其法定职责和法定权力，用人单位申报并不必然导致工伤认定行政确认行为的肯定性作出。至于抗诉机关所提徐某行为受限以及送医前病情逐渐加重均与特殊的工作环境存在关联性的理由，与本案工伤认定行政确认行为不具有法律上的逻辑关系，亦不属于法定考量因素，故不予置评。

综上，从认定工伤的三要素即工作时间、工作岗位、工作原因来看，徐某突发疾病时不在工作岗位，亦不在工作时间，更非因工作原因这一核心要素，申诉人及抗诉机关的理由均不能成立。原判决认定事实清楚，法律适用准确。再审法院根据《行政诉讼法》第八十七条第一款第（一）项之规定，判决如下：维持湖北省咸宁市中级人民法院（2013）鄂咸宁中行终字第17号行政判决。本判决为终审判决。

[案例解析]

突发疾病死亡条款是认定工伤（视同工伤）条款中唯一的因疾病认定工伤的条款，从全国的数据看，因突发疾病死亡人数占工亡总人数的三分之一左右。随着近年来我国安全生产形势好转，在工作时间、工作场所因工作原因死亡的人数逐渐减少，但突发疾病死亡认定工伤人数每年都有小幅上升。实际工作中，突发疾病条款常常遇到一些基本要件不齐全、不完整的特殊案例，形成了认定的难点和争议点，徐某突发疾病死亡情形就是属于这类案例。总结起来，要件不全的案例主要有以下几种情形：

1. 发病情况不完全符合工作时间和工作岗位的前提条件。一种情况是职工上下班途中或到达厂区门口"突发疾病死亡"的情形，如打卡前或在单位的通勤车上。另一种情况是非工作状态下在工作场所内"突发疾病死亡"的情形，如下班后在食堂用餐过程中，工作场所洗澡、打球等。

2. 死亡情形发生在工作时间和工作岗位之外，工作时间和工作岗位上没有明确发病迹象。例如，职工在回家途中死亡；职工在回家后死亡；职工因身体不适请假，在未就医情况下死亡；职工在就医回家后死亡等。

3. 工作时间和工作岗位难以判断的。一是，因工出差人员在出差期间开展与工作无关的个人活动中"突发疾病死亡"的。二是，上下班途中突发疾病死亡的。对于这种情况的争议点在于上下班途中是否属于工作时间的延续。对此工伤保险行政部门和法院存在争议，法院间也存在不同的观点。三是，灵活工作和不定时工作人员如律师、业务员、管理和专业技术人员等在非正常工作时段突发疾病死亡的，对工作时间、工作岗位的认定。

4. 死因是否因疾病导致难以判断。如某案例，丘某下班后在其单位提供的临时住房内洗澡时突发疾病死亡，后经法医鉴定属于"潜在性疾病突发（如冷热等诱因刺激）引起猝死"。但恰巧当日气温较低，其同事证明其在上班时感觉天气很冷，由此单位认为该职工是在上班时因天气冷致其"突发疾病"，申请"视同工伤"。对于上述情形，一种观点认为，鉴定结论证明丘某属于潜在性疾病突发（如冷热等诱因刺激）引起猝死，丘某在上班时因天气冷受凉，是导致丘某"突发疾病"死亡的主要原因，应当认定为"视同工伤"。但另一种观点认为，虽然鉴定结论证明丘某属于潜在性疾病突发（如冷热等诱因刺激）引起猝死，但没有证据证明丘某在上班时已经出现"突发疾病"的症状表象，不能推理丘某在上班时已"突发疾病",仍不能认定为"视同工伤"。

5. 超过"48小时",以"脑死亡"证明申请的。尽管我国主要是以"心脏死亡"作为死亡的判定标准,但是在"突发疾病死亡"条款的执行中,依然存在以"心脏死亡"还是以"脑死亡"作为死亡判断标准的分歧和争议。

目前,有关"突发疾病死亡条款"的配套性政策较少,只有《工伤保险条例》和《关于实施〈工伤保险条例〉若干问题的意见》(劳社部函〔2004〕256号)两个法规性文件。而上述法规文件规定较粗,对于"突发疾病死亡条款"中的基本要件没有较为详尽的解释和操作规定,缺乏可操作性。(张军)

应以初次诊断时间而非确诊时间作为"48小时"起算时间

[核心提示]

2014年11月13日6时40分左右刘某在发病后被送到A医院进行了头部CT检查后转送至B医院，B医院急诊科于8时接诊，初步诊断：高血压、脑出血。当日8时43分，刘某被收入神经外科住院治疗，入院初步诊断：右侧基底节脑出血破入脑室及蛛网膜下，高血压Ⅲ期极高危。同日进行手术。2014年11月14日，刘某被确诊为脑疝、右基底节区脑出血、继发脑室出血、蛛网膜下腔出血、高血压病Ⅲ期极高危。刘某于2014年11月15日19时23分死亡。卷宗病历证据足以证明刘某是在得到诊断后进行抢救的，初次诊断时间应当认定是2014年11月13日8时43分。上诉人认为初次诊断时间为B医院确诊时间即2014年11月14日没有证据支持。

[案号]

一审：（2015）兴行初字第00048号；二审：（2016）辽11行终58号

[基本案情]

刘某原在某建设公司盘锦分公司（本案例中以下简称公司）从事力工工作。2014年11月13日6时40分左右，刘某在材料库房准备去施工现场时突发疾病，由同事将其送某油田医院救治，在油田医院做CT检查后当日转送至某中心医院，中心医院急诊科于8时接诊，初步诊断：高血压、脑出血。当日8时43分，刘某被收入神经外科住院治疗，入院初步诊断：右侧基底节脑出血破入脑室及蛛网膜下，高血压Ⅲ期极高危。同日进行手术。2014年11月14日，刘某被确诊为脑疝、右基底节区脑出血、继发脑室出血、蛛网膜下腔出血、高血压病Ⅲ期极高危。刘某于 2014 年 11 月 15 日 19 时 23 分死亡。刘某之女于 2015 年 2 月 9 日向人力资源和社会保障局（本案例中以下简称人社局）申请认定工伤，人社局于 2015 年 7 月 7 日作出《不予认定工伤决定书》。刘某之女不服，提起上诉。

[审判过程与结果]

一审法院认为，原劳动和社会保障部《关于实施〈工伤保险条例〉若干问题的意见》（劳社部函〔2004〕256 号）第三条规定："条例第十五条规定'职工在工作时间和工作岗位，突发疾病死亡或者在 48 小时之内经抢救无效死亡的，视同工伤'……'48 小时'的起算时间，以医疗机构的初次诊断时间作为突发疾病的起算时间。"原告父亲刘某在工作时间突发疾病，于 2014 年 11 月 13 日 8 时被中心医院急诊接诊，初步诊断为高血压、脑出血，于 2014 年 11 月 15 日 19 时 23 分死亡。自刘某初步诊断（时间 2014 年 11 月 13 日 8 时 43 分）至其死亡，已超过 48 小时，不符合《工伤保险条例》第十五条规定的视同工伤的情形。原告主张的突发疾病的起算时间（2014 年 11 月 14 日）为确诊时间，而非初次诊断时间。故被告作出不予工伤认定的决定并无不当。依照《工伤保险条例》第十五条、原劳动和社会保障部《关于实施〈工伤保险条例〉若干问题的意见》（劳社部函〔2004〕256 号）第三条、《行政诉讼法》第六十九条之规定，一审法院判决驳回原告的诉讼请求。

刘某不服，提出上诉。其理由是：一审判决认定事实错误。初次诊断时间应当是 2014 年 11 月 14 日而非 11 月 13 日 8 时 43 分，一审法院以刘某入院时间作为初次诊断时间属于对事实认定的错误。

二审法院查证的事实与一审一致。

二审法院认为，本案争议的焦点是如何确定死者在突发疾病后抢救 48 小时的起算点。被上诉人人社局认为，刘某的死亡发生在经抢救后的 48 小时之外，应当以 2014 年 11 月 13 日 8 时 43 分中心医院的初步诊断时间作为 48 小时的起算时间。上诉人刘某之女认为，刘某的死亡发生在经抢救后的 48 小时之内，2014 年 11 月 13 日 8 时 43 分是刘某入院时间，应当以中心医院确诊时间即 2014 年 11 月 14 日作为 48 小时的起算时间。关于 48 小时时间起算，原劳动和社会保障部《关于实施〈工伤保险条例〉若干问题的意见》已有规定。本案从卷宗病历证据材料看，刘某在发病后被送到油田医院进行了头部 CT 检查，结果是右侧基底节脑出血破入脑室，于2014年11月13日8时43分急诊送至中心医院，依据油田医院的CT报告单初步诊断为右侧基底节脑出血破入脑室及蛛网膜下，于入院当日在急诊全麻下行脑右侧开颅进行抢救。卷宗病历证据足以证明刘某是在得到诊断后进行抢救的，初次诊断时间应当认定是2014年11月13日8时43分。上诉人认为初次诊断时间应当是2014年11月14日没有证据支持，不能证明刘某的死亡发生在抢救的48小时之内，刘某的死亡不符合《工伤保险条例》第十五条规定的视同工伤的情形。一审认定事实清楚，适用法律正确，上诉人的上诉请求不予支持。二审法院判决驳回上诉，维持原判。

[案例解析]

一、"48小时起算点"的确定

《工伤保险条例》第十五条第一款第（一）项规定，职工"在工作时间和工作岗位，突发疾病死亡或者在48小时之内经抢救无效死亡的"，视同工伤。突发疾病视同工伤是以劳动者发生死亡后果为前提的。死亡后果的发生分两种情形，一是在工作岗位或工作场所死亡[1]；二是在工作岗位上突发疾病，送至医疗机构后抢救在48小时之内死亡的。[2]第一种情形不存在时间段，故没有起算点的问题；第二种情形是一个时间段，故存在时段的起算点。

对于时段的起算点，原劳动和社会保障部《关于实施〈工伤保险条例〉若干问题的意见》（劳社部函〔2004〕256号）第三条规定："48小时"的起算时间，以医疗机构的初次诊断时间作为突发疾病的起算时间。目前，实践中基本依据这一规范性法律文件确定"48小时"的起算点。

本案中，劳动者一方主张以确诊时间作为"48小时"的起算时间，理论上也有此主张。首先，从法律适用的角度而言，该主张没有法律依据，不符合现行规则要求；其次，理论上主张以确诊时间而非初诊时间作为"48小时"的起算点，属于立法讨论而非法律适用讨论，立法主张不能取代现行规则而作为法律适用依据，立法主张只有被立法采纳之后成为具体的法律规则，才能以该规

---

〔1〕 该条款中所要求的工作岗位，是指在工作岗位突发疾病，而非一定在工作岗位上死亡。在工作岗位上突发疾病，转移到其他场所如休息室后死亡，符合这一规则要求。

〔2〕 在送往医疗机构途中死亡的，自然没有超过"48小时"。

则作为法律适用依据。

从理论上来说，初次诊断是确定的时间点，而确诊的时间是不确定的，特别是在一些疑难案件中，即便患者已经去世，也未必能够确诊。法律规则应当尽可能明晰、确定，尽可能避免歧义、含糊，因此就立法而言，"确诊"也不适合作为"48 小时"的起算点。

二、原劳动和社会保障部《关于实施〈工伤保险条例〉若干问题的意见》作为工伤认定行为适用依据的合法性与合理性

本案中，核心问题是，原劳动和社会保障部《关于实施〈工伤保险条例〉若干问题的意见》能否作为行政行为的法律依据，以及行政主体能否依据该规范性法律文件实施行政行为。如果回答是肯定的，那么该文件所确定的规则具有法律效力，不符合该规则的诉求不应得到法律的支持；如果回答是否定的，那么该文件所确定的规则不具有法律效力，不符合该规则的诉求未必不能得到法律的支持。

《行政诉讼法》（2014 年修订）第六十三条第三款规定，人民法院审理行政案件，参照规章。《最高人民法院关于审理行政案件适用法律规范问题的座谈会纪要》规定，行政审判实践中，经常涉及有关部门为指导法律执行或者实施行政措施而作出的具体应用解释和制定的其他规范性文件，人民法院经审查认为被诉行政行为依据的具体应用解释和其他规范性文件合法、有效并合理、适当的，在认定被诉行政行为合法性时应承认其效力。虽然规范性法律文件并非行政行为的法定的基本依据，基本法并未规定将规范性法律文件作为审查行政行为合法性与合理性的法定依据，但是司法实践中对规范性法律文件的法律效力在一定情况下是承认和尊重的。

从我国社会保险实施的过程来看，依靠规范性法律文件推进和实施社会保险事业，既是历史，也是现实。我国社会保险改革肇始于 20 世纪 80 年初期，1994 年制定的《劳动法》虽然涉及社会保险寥寥数语但根本无法实施，在长达二十多年的时间里，无论是制度的建立、实施，还是待遇的确定、给付，均主要以规范性法律文件为依据。2010 年《社会保险法》颁布，加上 1999 年的《失业保险条例》和 2003 年制定、2010 年修订的《工伤保险条例》，由基本法和行政法规确定的社会保险法律规则仍相当粗疏，社会保险的运行实际上仍必须依靠规范性法律文件。在目前的社会生活中，大量的社会保险规则并非由中央部门制定，也非由地方人大及其常委会制定，而是由地方政府及其部门（主要是

人社局）制定，甚至是由县级人社部门制定的规范性文件。这一状况的形成是因为种种原因使中央或高层级立法权限未实现，从而导致公民的社会保险诉求无法满足的情形下不得已而产生的。这些规范性文件虽然不是严格意义上的法律，但却是在社会生活中发挥了巨大效力的实实在在的"活的法律"。

在整体上承认这些规范性法律文件的效力，并不意味着每一则规范性文件或其中所有的规则均是有效的。规范性法律文件及其规则，必须不违反上位法的明确规定，符合社会保障制度的发展规律和现实要求，具有相当程度的合理性，始得承认其合法性。

本案中，原劳动和社会保障部《关于实施〈工伤保险条例〉若干问题的意见》关于"48小时"起算点的规定，不违反《工伤保险条例》规定，且为实施条例、运行工伤保险制度所必须，在起算点的确定上并无明显不合理而具有相当程度的合理性，因此，该项规则是合法有效的。

在该规则具有法律效力的情形下，判断劳动者死亡是否符合"48小时"规定，即应当依据该规则确定。（向春华）

在宿舍休息时突发疾病死亡不应视同工伤

[核心提示]

夜间在宿舍睡觉时于凌晨1时左右突发疾病，后经抢救无效在48小时内死亡，不属于在工作时间和工作岗位，突发疾病死亡或者在48小时之内经抢救无效死亡的情形，不符合《工伤保险条例》突发疾病视同工伤条款规定的条件，不能视同工伤。

[案号]

一审：（2016）吉0102行初10；二审：（2016）吉01行终154号

[基本案情]

丛某与雷某（已故）系夫妻。2014年4月1日雷某与涉案公司（本案例中以下简称公司）签订的劳动合同中，约定工作内容为：公司根据工作需要，分配雷某在公司各工程项目上或公司从事技术或管理职务（工种）工作。2014年11月，雷某在项目部工作，吃住均在公司租借的当地民房（也作为公司项目部）。2014年11月24日，雷某与公司同事进行土方工程量核定。晚饭后未发现异常。晚上22时，公司同事上厕所时看见雷某在用手机看电子书。2014年11月25日凌晨1时许，同住人员听见摔倒声音，打开灯后，发现雷某倒在地上，身体左半边已经不能动，遂将其送至医院救治，诊断为"脑出血"。经抢救无效，雷某于2014年11月26日零时16分死亡。公司未提出工伤认定申请。2015年6月17日，丛某申请工伤认定，工伤认定部门经调查取证认为雷某不符合《工伤保险条例》第十四条、第十五条认定工伤或者视同工伤的情形，决定不予认定或者视同工伤。丛某不服，提起行政诉讼。

[审判过程与结果]

一审法院认为,雷某系在凌晨1时左右摔倒,其同住同事开灯后发现雷某已摔倒在地,后经抢救无效在48小时内死亡,其突发疾病与工作无关联性。雷某的死亡不符合《工伤保险条例》第十四条、第十五条的规定,工伤认定部门作出不予认定或者视同工伤的决定证据确凿,适用法律、法规正确,符合法定程序。判决驳回了原告丛某的诉讼请求。

丛某不服,向二审法院提起上诉称,一审判决认定事实不清,违反法定程序。雷某是因工作原因被公司指派到项目工地工作,应认定为因公出差,因公出差的工作应包括出差的途中、住宿等,公司没有提供诱发本案当事人突发疾病原因与因公出差工作无关的充分证据。根据《工伤保险条例》第十四条第(五)项、第十九条第二款,应当认定死者为工伤。

被上诉人工伤认定部门辩称,在雷某与公司签订的劳动合同中已明确了其按公司工作需要,分配在公司各工程项目上或公司从事技术或管理职务工作。据此,雷某的工作地点不是固定在公司,而是哪里有工程就去哪里工作,在公司项目工作亦为其工作场所,不属于因公出差。死者在凌晨1时左右突发疾病摔倒,后经抢救无效在48小时内死亡,其突发疾病不是发生在工作时间和工作岗位,与工作无关联性。工伤认定决定事实清楚,适用法律正确,程序合法。

二审法院认为,劳动合同、住院病案、死亡记录、证人证言及用人单位答辩状等证据能够证明公司项目部系雷某的工作场所,雷某在该项目部有固定的住所,不属因工外出,亦不属于因工外出期间,由于工作原因受到伤害或者发生事故下落不明的情形。雷某在凌晨1时左右突发疾病摔倒,后经抢救无效在48小时内死亡,不属于在工作时间和工作岗位,突发疾病在48小时之内经抢救无效死亡的情形。雷某的死亡不符合《工伤保险条例》第十四条第(五)项和第十五条第一款第(一)项的规定。一审判决认定事实清楚,适用法律、法规正确。二审法院判决驳回上诉,维持原判。

[案例解析]

一、在宿舍休息时突发疾病不属于在工作时间和工作岗位上突发疾病，因此发生的死亡不符合视同工伤的条件

2003年国务院颁布的《工伤保险条例》第十五条第一款第（一）项规定，职工"在工作时间和工作岗位，突发疾病死亡或者在48小时之内经抢救无效死亡的"，视同工伤。一般认为，构成此条款规定的工伤情形，需具备"工作时间""工作岗位""突发疾病死亡或突发疾病在48小时内经抢救无效死亡"三个条件，即"三要件说"。还有观点认为需具备四个条件，将"突发疾病死亡或突发疾病在48小时内经抢救无效死亡"进一步细分为两个条件"职工突然发病（各类疾病）""死亡或者在48小时之内经抢救无效死亡"，即"四要件说"。这些观点存在不妥。严格来说，"工作时间""工作岗位"不能独立存在，并非突发疾病工伤的构成要件。"工作时间""工作岗位"是对突发疾病的限制和要求，依附于突发的疾病。根据这一条款的规定，突发疾病要视同工伤，其基本要求是发生于"工作时间""工作岗位"。如果疾病不是突发于"工作时间""工作岗位"，那么即便当场死亡，也不能视同工伤。从逻辑角度分析，要确定"在宿舍休息时突发疾病"能否视同工伤，基本前提就是要确定"在宿舍休息"是否属于工作时间和工作岗位。"在宿舍休息"如果属于工作时间和工作岗位，则在此间突发疾病就有可能视同工伤；否则断无可能视同工伤。

对于"工作时间"和"工作岗位"，参与《工伤保险条例》起草的人员的解释是：这里所称的"工作时间"，是指法律规定的或者单位要求职工工作的时间，包括加班加点时间；这里所称的"工作岗位"，是指职工日常所在的工作岗位和本单位领导指派所从事工作的岗位，例如，清洁工人负责的清洁区域范围即属于该工人的工作岗位。[1]这一解释不够准确。一是在个案中，工作时间的界定均为具体时间的判定，而法律对于用人单位和劳动者的具体工作时间判定并没有规定，认为"工作时间"是指"法律规定的时间"，在实践中并不存在。二是"单位要求"的工作时间在实践中仍然存在很大的疑问。其核心问题是，

---

〔1〕 国务院法制办、人社部组织编写. 工伤保险条例释义与实务 [M]. 北京：中国劳动社会保障出版社，2011：89.

谁能够代表单位？从法律上来说，有两种形式：用人单位的法定代表人的要求；由用人单位加盖公章的书面要求。这两种形式在实践中不能说没有，但很罕见，不是工作时间确定的正常方式。对于工作岗位的解释也没有实际指出工作岗位的具体范围。

虽然对于"工作时间"和"工作岗位"下一个具体的定义比较困难，但针对"在宿舍休息"是否属于工作时间和工作岗位的个案判断，相对比较容易。鉴于《工伤保险条例》对于"工作时间"和"工作岗位"并无定义，那么对这两个概念进行判断的基本方法是，第一，从语义学的角度进行分析。通俗地说就是从汉语的词义角度来分析这两个词的含义。最为权威的汉语词典是中国社会科学院语言研究所词典编辑室编辑的《现代汉语词典》。该词典对"工作"的定义有三个：（1）从事体力或脑力劳动；（2）职业；（3）业务。该词典对岗位的定义是"泛指职位"。显然，"在宿舍休息"的时间既不是从事体力、脑力劳动或业务的时间，也不是在从事体力、脑力劳动或业务的职位上。因此从语言角度来看，"在宿舍休息"与"工作时间"和"工作岗位"完全不是一个概念。第二，从社会的基本认知来确定这两个词的含义。即，如果一般社会人认为"鹿"是有角的一种动物，"马"是无角的动物，那么即便在原初的意义上——即出现"鹿"和"马"这两字之前，可以将"马"指有角的一种动物称谓，将"鹿"指无角的动物，但是在"鹿"和"马"两字已经出现且其含义已经确定之后，只能遵从一般人的认知来理解这两个字的含义，如果发生"指鹿为马"，就非常荒谬了。而从一般社会人来看，"在宿舍休息"也显然不是"工作时间"和"工作岗位"。如果在司法判定中，将"在宿舍休息"也判定为"工作时间"和"工作岗位"，就背离了社会的基本认知，实质上属于"指鹿为马"，是非常荒谬的。第三，从立法的整体规定等分析、推论"工作时间"和"工作岗位"的具体含义以及与"在宿舍休息"是否具有相同含义。工伤保险制度的设立目的是要保护因为工作而导致的职业伤害，突发疾病视同工伤虽然不是职业伤害，但是《工伤保险条例》同样要求其发生于工作时间和工作岗位，即从事工作时而发生。而"在宿舍休息"时突发疾病，显然不是在从事工作时所发生，因此不属于工伤保险制度的保护范围。在此意义上，《工伤保险条例》所规定的"工作时间""工作岗位"与"在宿舍休息"显然具有不同的含义，存在本质上的差异。

根据以上分析，"在宿舍休息"既不属于工作时间，也不属于工作岗位。"在宿舍休息"时突发疾病，因此发生的死亡不符合视同工伤的条件，不应视同工伤。

二、突发疾病视同工伤是否要求与工作具有关联性

要注意的是，本案一、二审法院虽然最终都认为雷某的死亡不符合《工伤保险条例》规定，不应认定为工伤或视同为工伤，工伤认定部门的认定结论是正确的。但是两级法院的理由是有差别的。一审法院认为雷某突发疾病与工作无关联性，因此不应认定或视同为工伤。二审法院则认为，雷某的死亡情形不属于在工作时间和工作岗位，突发病在48小时之内经抢救无效死亡的情形，故不应认定或视同为工伤。二审法院回避了雷某突发病与工作是否具有关联性的问题。

在该案中，一审法院认为雷某突发疾病与工作无关联性，似乎与用人单位在答辩中表示"死者属于非工作时间因个人身体原因突发疾病，其死亡与工作无关"有密切关联。从理论上来说，这种观点是没有问题的。工伤的基本含义应当是由于工作所导致的伤害或者罹患的疾病（职业病）。因此工伤又被称为职业伤害。在国外，还使用"劳动灾害""工人补偿"等术语表达相同的含义。少数国家还有"过劳死"，也强调该死亡与工作（即"过劳"）之间的因果联系。但是从《工伤保险条例》的规定来看，并未要求突发疾病死亡或者在48小时之内经抢救无效死亡与工作之间的因果联系。其仅仅强调了疾病突发于工作时间和工作岗位这一外在的客观特征，并未要求内在的关联性，类似于结果责任形式。那么基于目前的《工伤保险条例》规定，司法机关在条例的适用中，以"突发疾病与工作无关联性"否定突发疾病视同工伤是不周延的。换句话说，目前已经视同工伤的绝大部分突发疾病与工作之间都没有关联性，那么基于这一相同的情形，为什么其他突发疾病死亡可以视同工伤，而本案中雷某突发疾病死亡却不可以视同工伤呢？

比较而言，二审法院认定雷某突发疾病死亡不能视同工伤的理由在于，雷某并非在工作时间和工作岗位上突发疾病。这完全符合《工伤保险条例》的现行规定，对立法的把握非常准确。

三、因工外出期间在宿舍的休息是否属于工作时间和工作岗位

本案还涉及"因工外出期间在宿舍的休息是否属于工作时间和工作岗位"这一问题。在本案中，根据雷某与用人单位所签订的劳动合同的约定，雷某的工作地点和工作岗位并不固定于一处，而是"在公司各工程项目上或公司从事技术或管理职务（工种）工作"，据此，工伤认定部门和法院均认定公司本部及

公司的各工程项目均为雷某的正常工作地，而不属于因工外出，具有一定的合理性。在目前的司法实践中，有对因工外出期间的工伤认定作扩大化的倾向。按照一般工作时间和工作岗位而非按照因工外出期间处理本案及类似工伤认定问题，可以在一定程度上化解工伤认定的复杂性。

虽然在本案中，工伤认定部门及司法机关回避了"因工外出期间在宿舍的休息是否属于工作时间和工作岗位"这一问题，但在其他案件中这仍然是一个问题。我们必须牢记的是，因工外出期间的所有活动并非都是工作；因工外出整个期间并非都是工作时间；因工外出期间所涉及的地域并非都是工作场所或工作岗位。因工外出期间在宿舍的休息，仅仅属于休息，同样不属于工作时间和工作岗位。前述对于两者区别的分析同样适用于因工外出。即便雷某突发疾病以及死亡发生于因工外出期间，由于其系在宿舍休息时突发疾病，故其死亡亦然不能视同工伤。（向春华）

普通疾病不应按照事故伤害进行工伤认定

[核心提示]

《工伤保险条例》第十四条使用了"事故伤害""意外伤害"和"伤害"等语词,皆强调一般工伤必须具备"伤害"这一基本条件。《工伤保险条例》规定了职业病工伤条款与一般疾病视同工伤条款,各自的适用条件完全不同。严格区分"伤害"和"疾病"的工伤构成条件,不仅是我国法律的规定,亦是各国通例。对于"伤害"工伤而言,无伤害即无工伤;将一般疾病作为"伤害",不仅缺乏法律依据、违背《工伤保险条例》规定,而且背离了基本的社会常识。

[案号]

一审:(2014)矿行初字第5号;二审:(2015)甘行终字第19号

[基本案情]

2014年2月22日晚,席某在200#空压岗位上大夜班。当晚23时左右,席某出现头晕和呼吸困难等症状,随即打电话给调度员,调度员到来后联系车辆将席某送往某厂区医院进行治疗,23日转院住院治疗。之后又分别在多家医院住院治疗。2014年5月23日,席某的亲属向工伤认定部门提交工伤认定申请,工伤认定部门于2014年6月23日受理申请后,进行了相关的调查核实工作,于2014年7月16日作出《不予认定工伤决定书》,认定席某在2014年2月22日上大夜班时发生的头晕和呼吸困难等症状,不符合《工伤保险条例》第十四条、第十五条认定为工伤或视同工伤之规定,对席某不予认定工伤。席某不服该决定,于2014年7月23日向甘肃省人力资源和社会保障厅(本案例中以下简称省人社厅)申请行政复议。2014年9月3日,省人社厅作出维持《不予认定工伤决定书》的复议决定。席某不服该复议决定,于2014年9月23日向法院提起行政诉讼。

[审判过程与结果]

一审法院认为,根据《工伤保险条例》第十四条第(一)项的规定,职工在工作时间和工作场所内,因工作原因受到事故伤害的,应当认定为工伤。本案各方当事人对席某在工作时间和工作场所内出现头晕和呼吸困难等症状不持异议,但对其出现头晕和呼吸困难等症状是否因工作原因导致存在争议。因此,本案的争议焦点是席某出现头晕和呼吸困难等症状是否由于工作原因所致。被告工伤认定部门作出的《不予认定工伤决定书》,认定席某在2014年2月22日上大夜班时发生的头晕和呼吸困难等症状,不符合《工伤保险条例》第十四条、第十五条认定为工伤或视同工伤之规定,对席某不予认定工伤。即工伤认定部门认定事发时席某出现头晕和呼吸困难等症状与工作无关。根据《行政诉讼法》第三十二条规定,被告对作出的行政行为负有举证责任,应当提供作出该行政行为的证据和所依据的规范性文件。因此,工伤认定部门应当就事发时席某出现头晕和呼吸困难等症状与工作无关承担举证责任。本案工伤认定部门提交的席某就诊医院的病历资料没有确诊席某出现头晕和呼吸困难等症状的具体病因,在庭审中也表示其没有能力查明席某身体出现该症状的原因。因此,工伤认定部门辩称席某事发时出现头晕和呼吸困难等症状是其自身疾病所致,无相关证据支持。原告席某认为其事发时出现头晕和呼吸困难等症状是由于硫化物中毒所致,在就诊医院不能排除存在有机溶剂、硫化物等中毒可能性的情况下,工伤认定部门提交了用人单位提供的2014年2月22日21时至23日9时200#关键岗位无泄漏和无异常情况证明及相关工序原始记录复印件、调度中心原始记录复印件、2014年2月22日21时至23日凌晨1时40分期间生产线工序未进行酸解反应证明、装置技改项目职业危害预评价报告书等相关资料以及调查笔录,用以证明事发时用人单位未发生有毒有害气体泄漏的情况。装置技改项目职业危害预评价报告书以及原告提交的有关职业危害告知的照片表明,用人单位在正常生产过程中会产生一氧化碳、二氧化硫、氟化氢、硫化氢等有毒有害气体,而是否存在有毒有害气体泄漏应当以科学的监测数据为准,但是,用人单位并未提交日常生产过程中对有毒有害气体的监测记录,特别是未提交事发现场是否有有毒有害气体泄漏的检测数据。用人单位以事发当晚相关生产工序的原始记录数据为依据作出200#关键岗位无泄漏和无异常情况证明,但是这些原始记录中仍然没有关于有毒有害气体的监测数据。《职业病危害预评价报告书》仅是对技改项目实施之前所做的分析报告,而技改项目是否按照《职业病危害预评价报告书》的要求落实了职业病危害的防护措施以及这些防护措施的实际运行情况如何,并未提交相关的证据材料予以证实。调查笔录显示被调查者对现场是否有气味在感知上并不一致,同时,以员工"是否闻到气味"的方式来判定是否发生有毒有害气体泄漏,并不具有科学性和客观性。因此,工伤认定部门作出的《不予认定工伤决定书》认定"当天大夜班的横值岗位及200#关键生产岗位均未发生泄漏等生产事故,席某所在的空压岗位也未发生泄漏等生产事故",以及在庭审中辩称没有发生事故伤害,缺乏充足的证据支持。另外,工伤认定部门也未提交其他证据材料证实事发当晚席某出现头晕和呼吸困难等症状是否存在其他非工作原因。根据《最高人民法院关于审理工伤保险行政案件若干问题的规定》第四条规定,社会保险行政部门认定下列情形为工伤的,人民法院应予支持:(一)职工在工作时间和工作场所内受到伤害,用人单位或者社会保险行政部门没有证据证明是非工作原因导致的。本案工伤认定部门在作出《不予认定工伤决定书》的行政程序中,没有查明事发当晚席某出现头晕和呼吸困难等症状的原因,用人单位和工伤认定部门也没有证据证明事发当晚席某出现头晕和呼吸困难等症状是非工作原因导致。因此,工伤认定部门于2014年7月16日作出的《不予认定工伤决定书》,认定席某在2014年2月22日上大夜班时发生的头晕和呼吸困难等症状,不符合《工伤保险条例》第十四条、第十五条认定为工伤或视同工伤之规定,对席某不予认定工伤,事实不清,证据不足,法律适用错误。判决撤销《不予认定工伤决定书》,被告对原告席某的工伤认定申请进行审查并重新做出行政行为。

工伤认定部门不服一审判决,提起上诉称,2014年2月22日晚,席某在200#空压岗位上大夜班,当晚23时左右,席某出现头晕和呼吸困难等症状,到多家医院治疗,未诊出硫化氢中毒。上诉人作出的行政行为事实清楚,证据充分依法应予维持。一审法院以是否存在有毒有害气体泄漏应当以科学的监测数据为准,不符合工伤认定的条件,认定事实错误,适用法律错误。请求撤销一审判决,维持工伤认定部门的《不予认定工伤决定书》。

用人单位上诉称,一审判决认定事实不清,证据不足,适用法律错误。工伤认定部门作出的行政行为有权且程序合法。被上诉人席某申请认定工伤时所提供的证据仅证明其头晕、呼吸困难,并不能证明有明确的伤害,与工作确实无关。被上诉人席某负有举证证明其有职业病鉴定机构关于硫化物中毒的诊断证明的责任，却没有举证证明，应当承担败诉的法律后果。请求撤销一审判决，维持工伤认定部门的《不予认定工伤决定书》。

被上诉人席某答辩称，上诉人工伤认定部门作出的行政决定事实不清，证据不充分，上诉理由不能成立。有毒有害气体的检测数据是答辩人是否受到伤害的依据，上诉人无证据证明答辩人工作时无有害气体泄漏。一审法院判决认定事实清楚，适用法律正确，合理合法。二审请求驳回上诉，维持原判。

二审法院认为，《工伤保险条例》第十九条第二款规定，职工或者其近亲属认为是工伤，用人单位不认为是工伤的，由用人单位承担举证责任。本案中，用人单位提供的2014年2月22日21时至23日9时200#关键岗位无泄漏和无异常情况证明等相关资料以及调查笔录，用以证明事发时用人单位未发生有毒有害气体泄漏的情况，但在工作时间和工作场所内席某出现头晕和呼吸困难等症状导致住院治疗的情况下，未能提供证据证明系非工作原因所致。因此，工伤认定部门在没有证据证明事发当晚席某出现头晕和呼吸困难等症状是非工作原因导致的情况下，作出《不予认定工伤决定书》，属于事实不清，证据不足。一审判决认定事实清楚，审判程序合法，判决结果并无不当。二审法院判决驳回上诉，维持原判。

[案例解析]

笔者认为，本案中，司法机关对于工伤构成的基本要件缺乏基本的分析和判断，判决理由和判决结果存在明显的错误。

一、伤害而非疾病是一般工伤构成的基本要件

本案中一、二审法院是适用《工伤保险条例》第十四条第（一）项的规定评定席某是否构成工伤的。该条款规定，"职工在工作时间和工作场所内，因工作原因受到事故伤害的"，应当认定为工伤。根据该条款确定工伤，必须具备两个最基本的条件：人身伤害；伤害与工作之间存在因果关系。

本案中，一、二审法院显然认为，席某头晕和呼吸困难属于人身伤害，只有在这一基本前提成立的情况下，才可能适用《工伤保险条例》第十四条第（一）项的规定。在《工伤保险条例》中，与伤害相对应的是"疾病"。如果属于疾病，则不能适用《工伤保险条例》第十四条第（一）项规定，而应当适用

《工伤保险条例》第十五条第一款第（一）项突发疾病视同工伤的规定。而对于突发疾病视同工伤条款来说，其要求必须发生死亡的后果。就本案情况来说，席某头晕和呼吸困难如果属于疾病，则不可能视同工伤。因此，本案工伤认定中的关键问题就是，头晕和呼吸困难属于疾病还是人身伤害？

一般而言，损害的含义要大于伤害。根据《现代汉语词典》的解释，伤害是"使身体组织或思想感情等受到损害"，而损害则是"使事业、利益、健康、名誉等蒙受损失"。伤害与人的肌体有关，包括身体上的伤害和精神上的伤害；损害则可独立于人身，如名誉、财产损害。人身伤害是对物质性人格权，即生命权、健康权和身体权的伤害。

疾病是由自体内遗传系统存在疾病基因或环境刺激因素等的作用下引发或诱发生命机能发生有害改变，引发代谢、功能、结构、空间、大小的变化，表现为症状、体征和行为的异常。

疾病与人身伤害存在质的区别。第一，疾病是由于身体自身因素所致，环境的作用也是通过对肌体的刺激而使肌体逐步发生病变的；人身伤害则是由于外因直接作用形成的，而不是肌体逐步改变。正是在此意义上，职业病仍属于疾病，即便其与职业的关联非常密切、与职业之间具有较强的因果联系，但是疾病这一后果仍然是在职业危害因素的作用下，肌体逐步改变形成的。第二，疾病的形成不一定有外力或外因的作用，而人身伤害一定有外力或外因的作用。第三，人身伤害是有形的，如身体的缺损。疾病则可以是无形的。例如，被人在胸口击打一拳后，被打人声称胸口"疼痛"，但是所有的检查都表明身体的一切组织、器官、机能均为正常，则不能将这样的"疼痛"界定为人身伤害或者损害。在工伤构成中，作为构成要件的人身伤害可以包括精神损害，但是不能直接以精神损害作为构成要件。"行为人仅仅实施了引起恐惧或其他不愉快情绪的过失行为，他对此也无须承担责任。"[1]工业事故或其他情形仅仅造成了雇员的恐惧或者其他不愉快情绪，但未造成人身伤害的，不构成工伤构成要件中的人身伤害，雇主或其他工伤责任人不承担工伤责任。

在本案中，席某感到头晕和呼吸困难，主要是肌体自身的反应，并没有外力的直接作用，应当界定为疾病而非伤害。换句话说，席某并没有遭受人身伤害；在席某的工作过程中，也没有发生事故，更不存在由于事故所造成的人身

---

〔1〕［美］沃伦·A·西维.侵权法的原则.李俊译.载《哈佛法律评论.侵权法学精粹》.北京：法律出版社2005：51.

伤害。一审法院认为，本案的争议焦点是席某出现头晕和呼吸困难等症状是否由于工作原因所致，这一焦点归纳是错误的。本案中根本不存在伤害，将疾病认定为"伤害"，进而按照一般工伤进行评估，事实认定和适用法律都是错误的。

二、有毒有害气体泄漏如果产生危害结果应如何进行工伤认定

一审法院详细分析了用人单位及工伤认定部门提交的证明未发生有毒有害气体泄漏的证据，指出这些证据无法证明确未发生有毒有害气体泄漏，这个判断是正确的。其实，用人单位及工伤认定部门根本无须提供这些证据，因为无论提供多么翔实、充分的证据，仍然无法排除未发生泄漏，更无法排除劳动者遭受的损害系工作场所的危害因素所致。但法院据此将责任归咎于用人单位和工伤认定部门，认为既然无法排除席某头晕和呼吸困难可能为职业危害因素所致，就应当认定为工伤。这显然是对职业病等工伤缺乏基本的常识。按照法院的这一逻辑，任何职业病都不需要诊断和鉴定，只要有类似症状都应当认定为工伤。那么，为什么还需要职业病的专业诊断和鉴定，还需要提供和分析病人的职业史、职业病危害接触史和工作场所职业病危害因素情况呢？

如果认定席某的头晕和呼吸困难系因工作场所有毒有害气体泄漏所致，即由于职业危害因素所导致的损害（而非伤害），这属于职业病的诊断和鉴定范畴，属于临床诊断，法官强行介入，不仅违背了职业病诊断鉴定的法律规则，实质贻笑大方。事实上，即便确定发生了有毒有害气体的泄漏，是否一定导致头晕和呼吸困难，也非法官等非医疗专业人员所能确定。无论是基于我国法律规定还是各国一般经验，对于此种情形均应由专业机构进行判定（在我国为法定的职业病诊断或鉴定机构），并以其结论作为是否构成职业伤害的根本条件。

（向春华）

非履行工作时突发疾病死亡不能视同工伤

[核心提示]

劳动者的行为并非履行工作职责,劳动者在该行为中突发疾病死亡,不属于"在工作时间和工作岗位,突发疾病死亡"。是否履行工作职责直接决定着是否属于"工作时间和工作岗位",对突发疾病能否视同工伤具有决定性意义。

[案号]

一审:(2016)渝0119行初17号;二审:(2016)渝03行终95号

[基本案情]

况某系涉案学校(本案例中以下简称学校)的教师。2015年4月12日(星期日)早上6时25分左右,况某将带来的背篓放在校门外,进入学校将甑子拿出校门后,在返回学校拿筲箕的过程中突发疾病死亡。

2015年9月7日,工伤认定部门受理了况某亲属的工伤认定申请。次日,工伤认定部门向用人单位送达了《工伤认定举证通知书》。经调查,工伤认定部门于2015年10月30日作出《不予认定工伤决定书》,对况某的死亡不予认定为工亡。况某亲属不服,申请行政复议。行政复议机构作出维持《不予认定工伤决定书》的复议决定。况某亲属不服,提起行政诉讼。

法院查明:况某为学校2015年春季学期第六周的值周教师之一,值周时间为2015年4月6日到4月10日;该校周末没有学生在校;学校内有专门的垃圾池。

[审判过程与结果]

一审法院认为，2015年4月12日早上6时28分左右，况某背着背篓来到学校，拿完甑子后返回拿筲箕时突发疾病死亡。根据视频资料、垃圾池照片以及证人证言，在学校内有垃圾池的情况下，如果况某是了为处理垃圾，是没有必要将甑子和筲箕拿到校外的，所以况某来到学校的目的，并非原告诉称的"清理学校杂物，防止安全事故发生"。并且，况某虽是第六周的值周教师，但2015年4月12日是周末，学校无学生在校，结合本案证据可以认定况某2015年4月12日到校拿甑子和筲箕的行为并非履行工作职责。本案证据能够证明况某的死亡，不符合《工伤保险条例》第十五条第一款第（一）项"在工作时间和工作岗位，突发疾病死亡或者在48小时之内经抢救无效死亡"的规定，不应当视同工伤。原告主张况某是因工死亡与事实不符，不予支持。判决驳回了原告的诉讼请求。原告不服，提起上诉。

上诉人的主要理由是：被上诉人工伤认定部门的工伤认定程序违法。对王某的调查笔录，出现页码不连贯，表明被上诉人篡改笔录，弄虚作假，其作出工伤认定时所采信的所有笔录均不应被认可。被上诉人提交的调查笔录的被调查人均是学校的教职工，与学校有利害关系。被上诉人收集的证据不能作为认定事实的依据，第三人又未提供证据，应当依据上诉人提交的证据进行认定。况某作为当周值周教师，在学校无明文规定周末不值周的情况下，周日早上自觉到校，捡拾丢弃在操场上的废弃筲箕时突发疾病死亡，符合《工伤保险条例》第十五条第一款第（一）项规定的视同工伤情形。请求撤销一审判决，改判工伤认定部门作出的《不予认定工伤决定书》或发回重审。

被上诉人工伤认定部门答辩称，上诉人提出程序违法及一审判决违法认定的主张没有事实依据，属主观推断。提交的证据材料符合证据的"三性"要求。况某并非履行工作职责时突发疾病，事发当日也非工作时间。该学校值周老师、校领导以及学校保安和学校食堂厨师的证人证言，结合视频资料可以证实，况某第六周值周属实，但值周是履行星期一至星期五早上8时30分至下午15时30分的学校安全、清洁卫生方面的职责。星期五下午15时30分放学后，学生全部回家，只有学校保安留守学校，负责学校安全。一审判决认定事实清楚，证据确凿，适用法律法规正确，程序合法，请求二审法院驳回上诉，维持原判。

学校述称，该校教师上班时间是周一至周五的早上8时30分，周末是国家的法定休息日，周末也没有住校生，也没有领导安排况某去做这项工作。该校有专门的保洁人员，也有垃圾池，所有垃圾都是运到垃圾池后由专门人员运走。一审判决认定事实清楚，适用法律、法规正确，程序合法。请求二审法院驳回上诉，维持原判。

二审法院经审理查明的事实与一审判决认定的事实一致。

二审法院认为：本案的争议焦点在于况某的死亡是否在工作时间和工作岗位上突发疾病死亡。因工伤认定部门对王某的调查笔录存在不连贯，上诉人主张工伤认定部门提交的其他证据不真实，不应当予以采信的问题。经查，被上诉人工伤认定部门在认定工伤程序中作为中立的行政机关，对证人调查取得的证言之间能够相互印证，且与其他证据相吻合，一审对除王某外的调查笔录予以认定并无不当。根据工伤认定部门提交的对与况某一起值周领导陈某、值周老师吴某的调查笔录，结合学校出具的《关于况××同志突发疾病死亡的情况说明》，加之学校周末无住校生的事实，本案可以认定况某死亡当日并非值周时间。同时食堂厨师的证言也可以证实况某到校并不是为了履行工作职责。上诉人提交的证据不足以证明况某死亡当日属于在工作时间内，也不足以证明况某到校是为了履行工作职责。况某的死亡不符合《工伤保险条例》第十五条第一款第（一）项规定的视同工伤情形。故工伤认定部门作出的不予认定工伤决定，事实清楚，适用法律、法规正确。复议机构作出的复议决定正确合法。二审法院判决驳回上诉，维持原判。

[案例解析]

一、履行工作职责行为对于突发疾病视同工伤条款的意义

本案中，一、二审法院均以况某2015年4月12日死亡当时并非履行工作职责，因此其死亡情形不符合《工伤保险条例》第十五条第一款第（一）项规定情形，从而驳回原告撤销不予认定工伤决定的请求。但是，细究该条款规定的"在工作时间和工作岗位，突发疾病死亡或者在48小时之内经抢救无效死亡的"情形，并没有关于"履行工作职责"的规定，一、二审法院有没有错误解读条例规定呢？

突发疾病视同工伤的一个基本要件是"在工作时间和工作岗位突发疾病"，即要求突发疾病是在工作时间内和工作岗位上发生，而是否履行工作职责则是

决定是否属于工作时间和工作岗位的根本因素；履行工作职责的时间属于工作时间，履行工作职责的特定区域属于工作岗位，否则不属于。因此，履行工作职责是突发疾病视同工伤的更为基础的条件，一、二审法院的判决理由抓住了这一工伤类型认定的核心点。

在突发疾病视同工伤中，要深入分析是否为履行工作职责，主要有两种情形。

一是，劳动者并非履行正常的工作职责，工作时间和工作岗位判断存在困难；在劳动者正常履行工作职责时，如教师按照课程安排上课，其工作时间和工作岗位的判断较为容易，"履行工作职责"可不予考虑。但在类似本案情形下，不存在一般的工作时间和工作岗位，就需要进一步考量行为人是否为履行工作职责，并在此基础上判定工作时间和工作岗位。

二是，劳动者的行为与用人单位（雇主）的要求或意思相背离时，即劳动者的行为虽然表面上看属于"工作时间"和"工作岗位"，但是由于"工作"本身是否存在有较大争议，因此需要进一步探究劳动者是否系履行工作职责，并据此确定是否符合"工作时间"和"工作岗位"的要求。

突发疾病视同工伤条款虽然没有对"工作职责"作出要求，但是基于工伤的概念和基本理论，在认定实践中应当积极探寻"工作职责"是否存在，并将之作为分析"工作时间"和"工作岗位"的思维基础。

二、关于"履行工作职责"的证据及其判定

结合本案及相关理论来看，判定是否属于"履行工作职责"，可以考虑以下方面。

第一，行为目的的探查。劳动者行为目的是否是"履行工作职责"，对于确定其行为是否属于"履行工作职责"具有重要意义。对于劳动者所从事活动是否属于工作，主要有三种学说，即"雇主意思说""雇员意思说"和"客观说"；根据"雇员意思说"，如果雇员主观上系为雇主利益行事，纵其行为有违雇主之意思或客观上不利于雇主之利益，仍得为工作之范畴。[1]该理论因其范围过宽，不符合雇佣关系的本质要求，将使雇主承担巨大的风险，应以客观说为主，综合雇主主观意思和雇员主观意思斟酌确定行为人行为是否属于工作。[2]虽然雇员的行

---

[1] 王泽鉴. 民法学说与判例研究（第一册）[M]. 北京：中国政法大学出版社，2005：19-21.
[2] 向春华. 工伤理论与案例研究[M]. 北京：中国劳动社会保障出版社，2008：73-74.

为目的不是确定是否属于"履行工作职责"的唯一或主要因素，但是明了该目的内容对于确定行为是否属于"履行工作职责"仍具有重要意义：如果行为目的根本就不存在为雇主利益的意图，自然不属于"履行工作职责"；只有在行为目的系为雇主利益，且对此存在争议时，才需结合雇主意思与行为的客观表现进一步确定是否属于"履行工作职责"。

一般来说，行为目的以行为人直接表露的意思、意图而确定。而在类似本案情形，行为人已经死亡，直接的行为目的已经无法了解，"雇员意思说"自然也无适用之可能；对此种情形，就需要斟酌行为的客观表现、行为的环境因素以及证人证言等进行判定。

第二，行为的客观表现。劳动者的行为是否属于"履行工作职责"，外人很难知晓，特别是在劳动者已经死亡的情形下，更无法得知劳动者行为的真实意图。通过行为的客观表现推论行为人的主观状态，是分析行为目的的基本方法。客观行为所表现出来的"主观目的"，是从社会人的观念推知的，即具有正常智力的人员多认为甲行为代表乙目的，通常即可将乙目的确定为行为人的主观目的。《最高人民法院关于行政诉讼证据若干问题的规定》第六十八条规定，除非当事人有相反证据足以推翻的以外，对于"众所周知的事实""根据日常生活经验法则推定的事实"，法庭可以直接认定。这一规定表达的是同样意思。例如，劳动者将用人单位的窗户玻璃打碎，通常应认定为破坏用人单位财产的行为，不属于履行工作职责；但是如果劳动者证明房间内一氧化碳浓度对员工生命安全构成严重威胁，门窗又无法打开，那么打碎窗户玻璃的行为就不属于破坏单位财产，而可界定为"履行工作职责"的行为。当然就"客观说"而言，是否属于"履行工作职责"，仅就行为表现即可确定，而无须由此推论行为人的主观意图。但是，根据"客观说"判定行为是否属于"履行工作职责"，实际上仍是以一般的社会人对该行为的认知为依据的，与将该一般认知推论为行为人的主观意图再判定行为是否属于"履行工作职责"，本质上并无不同。

在本案中，况某是在星期日早上6时25分左右，将带来的筲箕放在校门外，进入学校将甑子拿出校门后，在返回学校拿筲箕的过程中突发疾病死亡。这些行为表现与工作最可能的联结在于：处理单位垃圾；通常不能得出其他的"工作目的"。申请人主张该行为系"清理学校杂物，防止安全事故发生"，也与该判断相符。但是在校内有垃圾池的情况下，如果况某行为目的是了为处理垃圾，是没有必要将甑子和筲箕拿到校外的。因此，法院判定况某的行为目的，并非"清理学校杂物，防止安全事故发生"。

第三，分析行为的客观环境。人的行为不仅受制于行为人的主观意图，同时还受制于客观环境。即，人的行为通常是在客观环境的制约下作出的，探寻行为目的需要结合客观环境因素的考量。在本案中，况某拿筲箕等到校外的行为，单就行为本身来看，有可能是为了"处理垃圾"，但是考虑垃圾池在校内这一客观因素，"处理垃圾"就很难成立。

第四，用人单位的要求和惯例。虽然"雇主意思说"所界定的工作范围过窄，严格限制了雇员之主观能动性，不符合日常商业规则[1]，但是雇主的意思在界定是否属于"履行工作职责"中仍然是具有意义的。如果行为符合雇主的意思，则通常宜界定为"履行工作职责"，无须进一步分析其他因素。如果行为不符合雇主的意思，则需要进一步分析行为的客观表现等，如果行为客观上亦无"为雇主"之意思，则不宜界定为"履行工作职责"。

对于用人单位的"主观意思"，不能单纯理解为用人单位的一般要求，还需要考虑用人单位的特别要求、一般惯例。就本案所涉问题而言，如果值班老师有周末到校值班的"惯例"，即便这不符合学校的一般要求，仍有可能构成"履行工作职责"。在本案中，法院根据该学校值周老师、校领导以及学校保安和学校食堂厨师的证人证言，结合视频资料，确定值周老师并无周末值周的"惯例"，况某周末到校并非值周，即并非"履行工作职责"，是比较充分的。

三、举证责任

在本案中，上诉人提出"被上诉人收集的证据不能作为认定事实的依据，第三人又未提供证据，应当依据上诉人提交的证据进行认定"，这实际涉及举证责任的分配问题，这一主张其逻辑上是可以成立的，即首先应当根据上诉人——申请人提供的证据进行工伤认定；在此基础上，考虑用人单位提供的证据及社会保险行政部门调查收集的证据。在本案中，虽然法院基本肯定了社会保险行政部门提供证据的有效性，但驳回原告诉讼请求的主要原因并非在此，而是"上诉人提交的证据不足以证明况某死亡当日属于在工作时间内，也不足以证明况某到校是为了履行工作职责"，即认为工伤认定申请人提供的证据不够充分，因此承担了不利后果。（向春华）

---

[1] 向春华. 工伤理论与案例研究 [M]. 北京：中国劳动社会保障出版社，2008：73.

24小时值班不等于24小时工作，认定在此期间突发疾病死亡均可视同工伤存在较大缺陷

[核心提示]

门卫由于岗位职责的特殊性，通常需要24小时值班。但是将24小时值班认定为24小时工作，即每日工作24小时，违背基本常识，违背劳动法规定。认定门卫在24小时的任何时间突发疾病死亡均可视同为工伤，在工作时间和工作岗位要求上存在较大缺陷。

[案号]

一审：（2014）茅箭行初字第60号；二审：（2015）鄂十堰中行终字第00043号；再审：（2015）鄂行申字第00481号

[基本案情]

2010年3月胡某经人介绍到涉案用人单位（本案例中以下简称单位）从事门卫工作。负责单位整个办公楼及家属楼安全防范工作、防火防盗工作，外来人员及车辆进出登记管理，维护单位门前的秩序等工作。因为胡某家离单位较远，单位为胡某值班方便，在值班室的内屋给他安排了住房，并且在值班室旁边搭建了一间厨房供其做饭之用。从案件视频可见，2014年3月9日（星期日）早上，胡某扫完了单位院落。当日15时某公安分局接到派出所的报案称：单位门卫室内有一男子死亡，15时25分，警方赶到现场进行勘查检验，认定死者胡某系意外猝死。胡某亲属于2014年6月4日申请工伤认定。在限期举证期间，单位主张胡某工作时间是值夜班，白天在值班室休息。3月9日下午胡某在值班室休息时去世，不应认定为与工作有关。单位提交了2013年部分月份工资单、

2014年1月到4月的考勤表、2014年1月到4月的工资单,2014年元旦、春节、清明节值班表,认为胡某加班均有考勤,并发放了加班工资。2014年3月9日属双休日,正常休息时间。单位的会议纪要明确"值班室门卫实行夜晚值班,值班时间为当天下午下班时间起至第二天上午上班时间止"。单位认为,胡某星期六及星期日可以住在这里,但值班时间仍为晚上。主要负责夜间办公大楼及家属楼安全检查,局家属楼来访车辆及人员的登记管理工作,遇重大情况及突发事件要立即报告社区就业服务中心负责人。证人魏某、鲍某、周某提供证词,称胡某只值夜班,法定节假日门卫正常休息。公安机关的《法医学尸体检验意见书》《现场勘验检查工作记录》和现场照片等证实公安机关于2014年3月9日15时接到报警称:"现场位于该楼西南侧门卫室,门卫室为单间结构,室内北侧南北向摆放了一张办公桌,桌西侧有一大班椅,椅上有一具尸体,尸体坐在大班椅上,背靠椅背,衣着整齐"。工伤认定部门对证人魏某、鲍某、周某作了调查笔录等证据。证人魏某系单位的保洁员,在笔录中明确其上班不打考勤,不知道胡某是否打考勤。证人鲍某系单位门卫,在工伤认定部门调查时称胡某上班不打考勤。证人周某在接受工伤认定部门调查时称"上白班周一至周五,休周六、周日,上夜班还要上周六和周日夜班,因胡某住在值班室后边,周六和周日白天他基本在那休息,门卫没有考勤,没有交接班手续"。工伤认定部门最终认定胡某为工亡。单位不服该工伤认定,提起行政诉讼。

[审判过程与结果]

一审法院认为,胡某在单位猝死于值班室的事实可以证实。单位虽然提供了证人周某、鲍某、魏某的证言,门卫岗位职责、考勤表等证据,但其提供的2014年3月份的考勤表上仍有胡某故后的考勤记录,此考勤表不符合常理,不能证实单位有严格的上下班等考勤制度,且证人在工伤认定部门依职权询问时承认胡某上班存在不打考勤的情况。根据该单位的《会议纪要》,门卫工作主要负责办公大楼及家属楼安全检查,局家属楼来访车辆及人员的登记管理工作。胡某居住在门卫值班室,由于门卫岗位职责的特殊性,一旦有人员或车辆进出,24小时内随时都要履行好登记管理职责,其工作时间和休息时间无法区分。其虽然系夜间值班人员,但双休日期间单位办公大楼及家属楼的安全检查工作仍系日常正常的单位安全保卫需要,胡某仍需履职。第三人提供的视频资料也证实胡某在病故当日上午仍打扫了单位院落,应视为胡某履行了单位值班工作任

24小时值班不等于24小时工作，认定在此期间突发疾病死亡均可视同工伤存在较大缺陷

务。故其在值班室内大班椅上猝死，应视为是在履行门卫工作职责时突发疾病死亡，符合在工作时间和工作岗位突发疾病死亡视同工伤的认定条件。工伤认定部门作出的被诉具体行政行为证据确凿，符合法定程序，适用法律正确。判决维持工伤认定决定。

单位不服，提出上诉，主要理由是：一审判决认定事实错误。胡某发病的时间不是其上班时间，胡某从事门卫保安工作，具体岗位在门卫室值班。按照工作安排，该门卫室共有二人值班，其中鲍某负责值白班，胡某负责值夜班。2014年3月9日是星期日，胡某属正常休息日，其发病时间不属于工作时间。

被上诉人工伤认定部门答辩称：胡某在2014年3月9日15时左右，在单位工作时猝死。胡某在工作时间和工作场所内，突发疾病死亡，依据《工伤保险条例》第十五条第（一）项的规定，认定其因工伤亡，事实清楚，适用法律正确。

一审第三人胡某亲属答辩称：胡某自从到单位担任门卫以来，上班时间一直是周一至周五值夜班，周六、周日全天值班。胡某去世当日，上午仍然打扫了单位的院落，还履行职责对外来车辆进行盘查登记。胡某死亡时正在值班。符合《工伤保险条例》中规定的"在工作时间和工作岗位"的条件。

二审法院经审理查明的事实与一审判决认定的事实一致。

二审法院认为：本案争议焦点是胡某是否在工作时间突发疾病死亡。根据一审第三人提供的监控视频可以证实：胡某在病故当日仍打扫了单位院落，对车辆的出入进行盘查登记，故其在值班室内大班椅上猝死，应属于在工作时间和工作岗位突发疾病死亡。上诉人诉称胡某系夜间值班人员，周日非工作时间的主张与事实不符，不予支持。二审法院判决驳回上诉，维持原判。

单位仍不服，申请再审。

再审申请受理法院认为，被申请人工伤认定部门认定工伤所依据的证据并不能充分证明胡某是在其工作时间突发疾病死亡。原审法院对《工伤认定决定书》予以维持原判的主要证据不足，裁定再审。

[案例解析]

虽然该案尚无最终结论，但是省高院的倾向性意见是比较明确的。将24小时值班均界定为工作时间，并据此判定在24小时内突发疾病死亡都属于在工作时间突发疾病死亡，是不恰当的。

一、值班不同于工作

首先需要明确的是,值班是否等同于工作,24 小时值班是否等同于 24 小时工作?

值班具有如下特征:其一,值班没有明确的生产和经营任务,从事的是事务性工作,如看门、接听电话等。其二,值班从事的为非本职工作,劳动强度较小。即使值班与劳动者的本职工作有关联,由于用人单位向劳动者提供专门的休息场所,劳动者在值班期间可以休息,因而也应当视为非本职工作。其三,值班劳动者虽可休息,但其休息权被附加了一定的限制。其四,值班也是一种劳动,应当发放劳动报酬。值班的工作强度虽小于日常工作,但是劳动者付出的劳动不容抹杀,单位应当支付劳动的对价。[1]

一般认为,值班和标准意义上的加班有重大差别,标准意义上的加班和正常劳动没有区别,是正常劳动的延续,在劳动形态上具有重复性。而值班并非正常劳动的延续,在形态上与正常劳动也有很大差别,例如,正常劳动是不会允许睡觉的,而值班则通常可以睡觉。《劳动法》第四十一条规定:"用人单位由于生产经营需要,经与工会和劳动者协商后可以延长工作时间,一般每日不得超过一小时;因特殊原因需要延长工作时间的,在保障劳动者身体健康的条件下延长工作时间每日不得超过三小时,但是每月不得超过三十六小时。"而值班则没有这个时间限制,经与劳动者协商,用人单位甚至可以安排劳动者全月整夜值班(如18时至次日8时),这并不违反劳动法律法规的强制性规定。[2]

北京市高级人民法院、北京市劳动争议仲裁委员会《关于劳动争议案件法律适用问题研讨会会议纪要》规定,下列情形中,劳动者要求用人单位支付加班工资的,一般不予支持:(1)用人单位因安全、消防、节假日等需要,安排劳动者从事与本职工作无关的值班任务;(2)用人单位安排劳动者从事与其本职工作有关的值班任务,但值班期间可以休息的。这一做法得到主流劳动法司法实践的认可,即对于值班虽然需要给付一定的报酬,该报酬可能涵盖于工资内,但是不能直接将值班时间作为工作时间,并据此主张加班工资。

因此从劳动法的司法实践来看,一般情形下,值班不同于工作,不能在两者之间画等号。从理论上来说亦如此,将值班等同于工作,就会导致24小时工

---

[1] 吴逢刚,冯海娟. 值班的界定及其劳动报酬的法律规制 [J]. 中国劳动. 2012 (10):13.
[2] 向春华. 值班能否主张加班工资 [J]. 中国社会保障. 2011 (10):64.

作（值班）的悖论，很明显，长期如一年每天24小时值班均为24小时工作，违背基本的社会常识，也绝对不可能是事实。

二、突发疾病视同工伤中工作时间和工作岗位的判定

在值班不同于工作、"24小时值班"时大部分时间并非工作时间的前提下，判断行为人是否属于工作时间和工作岗位，宜从劳动者实际实施的行为性质入手。如果劳动者系在从事工作（而不仅仅是值班），则属于工作时间和工作岗位；如果劳动者并非在工作，而系在休息，则不应确定为在从事工作，不存在探寻工作时间和工作岗位的问题。即要探寻工作时间和工作岗位的根源，在确定根源后，工作时间和工作岗位的确定自然迎刃而解。

根据以上分析，判断劳动者是否在从事工作或履行工作职责，就不能依据值班本身确定，而应当根据雇员意思、雇主意思和雇员行为的客观表现确定。一般来说，如果劳动者基于为用人单位利益的目的，客观上实施为用人单位利益的行为，即属于在从事工作/履行工作职责；如果劳动者在休息之中，则不属于在从事工作/履行工作职责。就本案来说，"胡某在病故当日上午仍打扫了单位院落"，该行为应视为工作；但其死亡时间是在下午15时左右，死亡地点为值班室内大班椅上（该地点同时为其休息地点），其死亡前并未在从事工作，不能以其上午的工作行为将其所有的值班中休息行为均界定为工作行为，这不符合前述值班与工作的区别。因此将胡某在值班休息时突发疾病死亡认定为从事工作或履行工作职责时突发疾病死亡，不符合事实与理论，本案证据并不能充分证明胡某是在工作时间突发疾病死亡的。

三、关于值班时间与值班期间内工作行为的举证责任及其对工伤认定的影响

本案中，用人单位、胡某亲属对于胡某的值班时间存在较大的争议。用人单位主张胡某工作时间是值夜班，白天在值班室休息，故胡某事发当日为休息时间，并提交了工资单、考勤表、值班表、会议纪要等证据。胡某亲属则主张胡某上班时间一直是周一至周五值夜班，周六、周日全天值班。因用人单位的考勤表不符合常理、与其他证据矛盾，一审法院未采纳用人单位的主张。

《劳动争议调解仲裁法》第三十九条第二款规定："劳动者无法提供由用人单位掌握管理的与仲裁请求有关的证据，仲裁庭可以要求用人单位在指定期限内提供。用人单位在指定期限内不提供的，应当承担不利后果。"由于用人单位对员工承担着管理职责，不仅负责安排具体的值班时间，而且对员工是否遵守

这些规定承担监管责任，因此用人单位对此应承担举证责任。在本案中，用人单位提供考勤表的行为也证实了这一点。由于用人单位举证不充分，应当承担举证不利后果，即其主张的值班时间安排不能成立。换句话说，劳动者在其他时间仍可能值班。

但是其他时间或 24 小时均可能值班的事实并不意味着劳动者 24 小时都在工作，已如前述。因此更为重要的问题是工作行为的证明问题。基于值班这一基本前提，以及劳动者可以在值班中睡觉、休息，用人单位并无对值班中工作时间的明确界定和管理，因此用人单位并不掌握劳动者在值班中全时段不间隙的工作行为状态。基于社会保险给付的性质，因此在通常情形下，申请人在申请工伤认定时，应对值班劳动者在突发疾病时是否在实施工作行为承担基本的举证责任[1]；用人单位就其掌握的内容，如车辆登记状况等承担举证责任；社会保险行政部门承担调查等职责。综合各方面证据，仍不能较为充分地确定劳动者在病发时实施工作的，应确定属于值班中的休息时间。

无论如何，对于值班，用人单位应当实行严格而规范的管理，这不仅是保护用人单位正当利益的需要，也是维护劳动者合法权益，体现雇主职责的需要，对于避免未来可能出现的争议也有助益。（向春华）

---

[1] 在值班中劳动者特定劳动行为存在的举证责任与劳动关系中劳动者一般劳动义务履行的举证责任存在根本的不同。就一般劳动给付义务而言，这是劳动者最基本的义务，是对劳动者最一般的要求，用人单位有受领该给付的权利和义务并据此确定工资奖金等报酬及福利待遇，用人单位有职责对劳动者是否提供了该项给付进行管理和监督，对管理和监督过程中发现的问题应承担证明义务，因此，劳动者一般无需对自己是否提供了劳动承担举证责任；如果用人单位否认劳动者提供了劳动，则应由用人单位承担举证责任，如出示考勤记录证明劳动者根本没有来单位，即举证责任倒置。而在值班中，劳动者既没有提供构成工作内容的劳动的一般义务，通常用人单位也未作此要求，因此用人单位没有职责对劳动者实施这一劳动行为进行管理和监督，因而用人单位也没有义务证明劳动者实施了这一特定劳动行为（或证明劳动者没有实施这一行为），即不应当实行举证责任的倒置。如果用人单位对劳动者在值班中的特定行为作了明确要求，则应承担相应的举证责任，如要求值班劳动者对进出车辆进行登记，那么在劳动者是否实施了车辆登记这一具体行为上，用人单位负有举证责任。是否实行举证责任倒置，关键在于用人单位是否负有监管特定行为及其过程并保留此项证据的义务。在值班与劳动关系一般义务的履行过程中，用人单位的职责和义务内容存在根本的区别，由此导致举证责任的不同。

"脑死亡"不应成为工伤认定中死亡判断标准

[核心提示]

原告主张以"脑死亡"作为劳动者死亡判断标准,并据此主张劳动者属于"在48小时内经抢救无效死亡"应视同工伤,没有法律依据,不应支持。

[案号]

一审:(2015)港行初字第00112号;二审:(2016)苏07行终158号

[基本案情]

李某的丈夫马某系涉案公司(本案例中以下简称公司)的职工。2015年2月12日18时许,马某在工作期间突发疾病,公司安排人送其回家。其家人于同日23时6分送至市二院抢救,入院诊断为:脑出血、脑干出血、右侧基底节区出血并破入脑室、脑疝、糖尿病、肺部感染。次日,医院发出病危重通知书。同年2月16日马某死亡记录载明入院时情况:患者因"言语不清,视物模糊半天,昏迷1小时余"入院;神志不清,深昏迷状态,对疼痛刺激无明显反应,GCS评3分,全身皮肤可见散发出血点,左侧前臂内侧可见豆粒大小出血斑;双瞳孔等大等圆,直径5.0毫米,光反射消失,角膜反射消失,自主呼吸消失,两肺呼吸音粗,可闻及少量湿性罗音;心率74次/分,律齐,未闻及病理性杂音,双侧腱反射、腹壁反射消失,提睾反射微弱,双侧霍夫曼氏征、巴氏征未引出;APACHEII评36分,病死率94.9%。头颅CT示:脑出血并破入脑室(桥脑出血?),右侧基底节区及右侧顶叶高密度灶,考虑出血。住院经过及抢救经过:入科后立即予呼吸机辅助通气,维持全身组织器官血氧供应,予以止血。

脱水降低颅内压，抗自山基、营养神经、改善细胞代谢等脑保护措施，控制血压，抑酸、化痰、抗感染，保护重要脏器功能，防治相关并发症，纠正水盐酸碱紊乱，维持内环境稳定等综合措施，后患者内环境较前呈一过性改善。患者系脑干出血，基底节区出血破入脑室，合并血液系统疾病，全身多脏器功能衰竭，无自主呼吸，血压需多种升压药物大剂量泵入维持，少尿，内环境紊乱，血流动力学极不稳定，患者处于疾病终末状态。患者生命体征及血流动力学极不稳定。患者 13 日凌晨 2 时左右渐出现心率下降（最低至 52 次/分），伴有血压下降（大剂量多巴胺、去甲肾上腺素、垂体后叶素、间羟胺作用下血压最低至 52/30 毫米汞柱），立即予盐酸肾上腺素运用、纠酸、葡萄糖酸钙运用拮抗高钾对心肌细胞损害作用、纠正电解质紊乱等综合措施，患者病情无改善，心率、血压逐渐下降，血氧饱和度测不出，至 2015 年 2 月 16 日 4 时 2 分心电监护示心电图呈直线，患者心跳停止，抢救无效，临床死亡。死亡原因：脑出血。

2015 年 4 月 1 日，李某对马某死亡向人力资源和社会保障局（本案例中以下简称人社局）申请工伤认定，并提交了工伤认定申请表等有关材料。人社局受理调查后于 2015 年 5 月 7 日依据《工伤保险条例》第十五条第（一）项之规定，作出《不予认定工伤决定书》，并于同日将该决定书送达当事人。李某不服，遂向法院提起行政诉讼。

[审判过程与结果]

一审法院认为，原告李某及公司对人社局认定的马某突发疾病、救治及死亡经过无异议，人社局认定事实清楚，证据确凿。根据《工伤保险条例》第十五条第一款第（一）项"职工有下列情形之一的，视同工伤：（一）在工作时间和工作岗位，突发疾病死亡或者在 48 小时之内经抢救无效死亡……"的规定，马某死亡超过了 48 小时，被告人社局据此认定马某不符合该情形而不予认定其为视同工伤，适用法律正确。李某关于马某入院后处于疾病终末状态，属于脑死亡，仅仅是上呼吸机等维持生命，并无实质性抢救治疗，人社局认定错误的主张，因抢救期间应以医院的入院记录和死亡记录载明的时间计算，且李某的主张无法律依据，不予采纳。关于李某主张马某疾病与其职业有关的观点，按照《职业病防治法》和《职业病诊断与鉴定管理办法》的规定，应当在被诊断、鉴定为职业病后，根据《工伤认定办法》第四条第一款的规定，提出工伤认定申请。因马某是否属于职业病未经诊断或鉴定，故对该观点，不予采纳。被告人社局受理李某的工伤认定申请后在60日内作出《不予认定工伤决定书》，并告知了当事人有申请复议和提起行政诉讼的权利，符合《工伤保险条例》有关程序规定。一审法院判决驳回李某的诉讼请求。

李某不服一审判决，提起上诉称，《工伤保险条例》的立法本意在于保护劳动者的合法权益，在没有法律明确规定的情况下，应当作出对劳动者有利的解释，"48小时"不应当机械、刻板的理解和运用，应当结合患者的病情和具体抢救措施综合认定。本案中，患者入院就转入重症医学科，并被确定为"处于疾病终末状态"，医院的抢救措施也仅仅是上呼吸机维持呼吸，患者死亡仅仅是时间长短的问题。综上，请求二审法院从《工伤保险条例》立法本意出发，结合本案具体情况，依法保护劳动者合法权益，请求依法改判，撤销被上诉人人社局作出的《不予认定工伤决定书》，责令被上诉人重新作出工伤认定。

被上诉人人社局答辩意见同一审答辩意见。

李某在一审举证期限内提供了其他法院支持"脑死亡"的行政判决书，证明依据脑死亡标准认定工伤在司法实践中已经有相关案例。

二审法院查明的案件主要事实与一审判决相同。

二审法院认为，《工伤保险条例》第十五条明确规定职工在工作时间和工作岗位，突发疾病死亡或者在48小时之内经抢救无效死亡的，视同工伤。本案中马某在公司突发疾病，从医院出具的记录看，马某于2015年2月12日23时入院治疗，于2015年2月16日4时死亡，经抢救无效死亡超过48小时，不符合《工伤保险条例》视同工伤的规定。上诉人主张马某入院后不久就处于脑死亡状态应当认定为视同工伤，上诉人未提供充分证据证明马某是在突发疾病后48小时内死亡。上诉人的上诉理由依法不能成立，不予采纳。综上，一审判决认定事实清楚，适用法律正确，依法应予维持。二审法院判决驳回上诉，维持原判。

［案例解析］

一、工伤认定司法实践中的"脑死亡"案例

在工伤认定中有个别案例采纳"脑死亡说"。该观点认为，关于死亡标准，我国并无法律上的明确规定，医学学术上存在"心肺死亡"和"脑死亡"的不同观点，《工伤保险条例》的立法本意在于保护劳动者的合法权益，在没有明确法律规定的情况下，应当作出对劳动者有利的解释。故"48小时之内经抢救无效死亡的",应当按照脑死亡的标准予以解释,并据此撤销了社会保险行政部门认定工伤的决定。[1]长沙案二审法院认为,长沙案中医院出具的《住院病人病情证明书》证明的"脑死亡"的时间认定及标准,与通行的《死亡证明书》证明的"心肺死亡"的时间及标准不一致,且在该案中两者相差较大,前者在48小时内,后者远超过48小时,但从保护工亡劳动者合法权益的立法目的而言,也并无不可。因为,如果48小时之内"脑死亡",仅靠呼吸机维持生命者,是放弃治疗还是继续抢救?如放弃治疗,明显有违人道,但是能够认定工伤;若继续抢救,一旦抢救无效,则无法认定工伤。所以,长沙案中二审法院认为,采纳"脑死亡"标准,于情于理于法更符合实际。从该案关键证据的证明力大小、死亡标准的人性化考量,结合工伤认定的立法原则,人社部门不予认定工伤不妥。原审法院撤销人社部门不予认定工伤决定,应予维持。[2]

笔者认为,长沙案法院判决理由背离了司法实践的一般标准,未深入分析死亡判定标准的学理与实践标准,未准确理解《工伤保险条例》的立法目的。正如本案一、二审法院所认为的,关于"脑死亡"的主张无法律依据,上诉人未提供充分证据证明马某是在突发疾病后48小时内死亡,即其主张马某入院后不久就处于脑死亡状态不符合法定的死亡判定标准。

二、对死亡的判定标准无立法的明确规定,但这绝不意味着司法机关可以随意采纳某种判定标准

目前,我国立法上确实未对何谓死亡即死亡的判定标准作出明确规定,但是这绝不意味着司法机关可以自行其是、随意确定死亡标准。死亡标准不仅对个人及利害关系人影响重大,甚至能决定其他公民的生与死,对于法律的正义实现、社会秩序的稳定均具有重要意义。

就我国司法实践看,在大量涉及公民死亡判定标准的刑事和民事案件中,司法机关并无争议。由此表明在工伤认定中,司法机关采纳另一套死亡判定标准是极其不恰当的。

三、刑法和民法中采用"心跳停止说"并无争议

"心跳停止说"又称"综合标准说",是我国刑法中判定死亡的通用标准。

---

[1]盘璇诉长沙市人力资源和社会保障局工伤认定案,(2014)芙行初字第41号行政判决书。
[2]盘璇诉长沙市人力资源和社会保障局工伤认定案,(2014)长中行终字第00230号行政判决书。

脑死亡的认定标准还具有不明确性，有的人虽然被医院宣告脑死亡，后来却恢复了健康，因此，在通常情况下，我国目前仍宜采取综合标准说，即自发呼吸停止、心脏跳动停止、瞳孔反射机能停止。[1]我国实践中仍以心脏停止跳动为生命终结的标志，任何人的生命权利在出生后和死亡前都受到刑法保护，不因对象的条件不同而有所区别。[2]

死亡标准对于确定行为的性质和罪行轻重具有重要影响。如果以"脑死亡"作为标准确定受害人已经死亡，那么行为人实施"伤害"尸体的行为仅构成毁坏尸体罪，刑事责任相对较轻；而在同一事实中，如果采用"心跳停止说"确定受伤害人尚未死亡，则行为人杀害受害人则构成故意杀人罪，可能要被判处死刑。因此在刑事案件死亡判定标准是确定的，不能采用"脑死亡"的标准。

在民事案件中，司法实践对于死亡标准也毫无疑义。关于死亡的时间，原则上以心脏跳动停止（呼吸断绝）为判断基准，唯自尸体摘取器官施行移植手术，其死亡得依脑死判定之。[3]在我国，一般是以心跳和呼吸均告停止为自然人的生理死亡时间。[4]

作为例外，《人体器官移植条例》规定进行活体器官移植时，采用"脑死亡"标准，故不应将脑死亡者作为杀人罪的对象。

四、个别案件采用"脑死亡说"违背法治原则

在工伤认定行政案件中采纳"脑死亡说"必然引发司法实践和社会实践的混乱和冲突，会引发诸多无法调和的社会冲突，违背基本的社会认知。

例如，对上述支持"脑死亡"的判决案例，对于同一死亡人员，医疗机构出具了《住院病人病情证明书》和《死亡证明书》，前者述及"脑死亡"的时间，后者则确定了"死亡时间"。很显然，医疗机构认为，"脑死亡"时间和"死亡时间"并非同一概念——即"脑死亡"并非死亡的确定标准，只有"心跳停止"时间才是"死亡时间"——死亡判定标准仍然是"心跳停止"。对于死亡的判断标准和死亡的准确时间，法官比医生更权威吗？法官可以代替医生作出判定吗？显然是不能的。

---

[1] 张明楷. 刑法学 [M]. 法律出版社, 2016: 847.
[2] 高铭暄, 马克昌. 刑法学（第五版）[M]. 北京: 北京大学出版社, 高等教育出版社, 2011: 461.
[3] 王泽鉴. 民法总则 [M]. 北京: 北京大学出版社, 2009: 115.
[4] 申卫星. 民法学 [M]. 北京: 北京大学出版社, 2013: 69.

基于医疗机构的死亡判定意见，可以确定，公安、民政等其他政府部门及其他社会主体均会以"心跳性质"确定的死亡时间作为涉案公民的死亡时间。那么如果有死者近亲属或其他利害关系人对该公民的户籍注销时间等提起诉讼，同一法院、同一法官也会以"脑死亡"为由撤销公安机关以及其他行政主体的行政行为吗？更进一步说，该法院在其他所有涉及公民死亡的案件中，均采纳"脑死亡"判定标准吗？几乎可以肯定，该法院不会这么做。不同法院，特别是同一法院、同一法官，在判断自然人是否死亡时，采用不同标准、得出不同结论，是极其不当的。

法治的基本要求是"同样事实，同样处置"，违背这一原则的，必然侵害和践踏法治。对于死亡如此重要的事实，不管立法有没有明确规定，死亡均应秉持同一处断标准，否则是对法治原则的违背，是对正义和公正的背离。

五、认为《工伤保险条例》立法本意在于保护劳动者的合法权益并依此对法律条款进行解释违背法律解释论和法律原理

在支持"脑死亡说"的案件中，司法机关的主要理由是，《工伤保险条例》立法本意在于保护劳动者的合法权益，因此在立法未作明确规定时，应按对劳动者有利的方式处置。

首先，这一立法目的的概括不符合法律目的理论。法院的这一解释方式被称为目的解释，但是，法院对目的解释的适用违背目的解释方法及其理论。任何法律均保护劳动者的合法权益，即便《刑法》《公司法》也是如此。难道我们可以说《刑法》《公司法》不保护劳动者合法权益吗？那么对于涉及劳动者权益问题，《刑法》《公司法》未作明确规定的，就可以按照有利于劳动者的原则作解释吗？显然是不能的。目的解释，不能用法律的一般价值作为具体规范的立法目的。

其次，在其他任何部门法的法律适用的目的解释中，均无如此宽泛地适用法的一般目的的。作为一种解释方法，目的解释有其一般的范式和理论，在各部门法中是通用的。在工伤保险法律适用的目的解释中，必须符合目的解释方法的基本要求。

再次，在法律没有明确规定时，以保护个人权益为出发点，导致侵害法治、损害法律的平等、公平与正义，这本身就是非正义的，它虽然使个案中个人利益得以最大化，却是以牺牲多数人、更为长久的人员的正当权益为代价的，即便从功利主义考量，也是不合理的。（向春华）

复议决定改变行政行为的，司法审查应限制于复议决定的合法性

[核心提示]

行政复议决定书撤销了工伤认定决定，这属于复议改变原行政行为的情形，当事人起诉行政复议决定，司法机关要审查复议决定的作出程序是否符合法律规定。社会保险行政部门作出工伤认定的过程中未听取用人单位意见，不能提供送达举证通知书、听取陈述申辩意见的证据，复议机关据此以社会保险行政部门的工伤认定程序违法为由，依法作出的复议决定并无不当，行政复议决定的程序合法。

[案号]

行政复议：行复决字（2015）05号；一审：（2015）并行初字第100号行政判决；二审：（2016）晋行终6号

[基本案情]

涉案公司（本案例中以下简称公司）是依法注册的从事装卸搬运服务工作的公司，其注册地在山西省晋中市。米某系公司雇用在太原火车站行包间从事装卸搬运工作的工人，2015年初在工作中受伤。2015年2月2日，太原市人力资源和社会保障局（本案例中以下简称太原市人社局）根据第三人米某亲属的申请，作出并人社审工伤认字（2015）0178号《认定工伤决定书》，认定米某受到的事故伤害为工伤。

公司认为米某应当向公司所在地晋中市人力资源和社会保障局提出工伤认定申请，且太原市人社局工伤认定的事实错误，适用法律不当，程序违法，于2015年3月20日向太原市人民政府申请行政复议。2015年5月22日太原市人

民政府以太原市人社局的工伤认定程序违法为由，作出晋政行复决字〔2015〕05 号行政复议决定：（1）撤销太原市人社局作出的并人社审工伤认字（2015）0178 号《认定工伤决定书》；（2）责令太原市人社局自收到本决定书之日起 60 日内重新作出具体行政行为。公司以太原市人社局无管辖权为由，提起诉讼。

[审判过程与结果]

一审法院认为，《山西省农民工参加工伤保险暂行办法》（晋政办发〔2006〕41 号），是根据《工伤保险条例》依法制定，是为维护农民工的工伤保险权益对《工伤保险条例》的细化。本案中原告公司未能提供其在公司注册地或生产经营地为米某参加工伤保险的相关证据，作为农民工的米某在受到交通事故伤害后，符合《山西省农民工参加工伤保险暂行办法》（晋政办发〔2006〕41 号）第七条第二款的规定，即"在本省或外省注册的用人单位，在本省和外省均未给农民工参加工伤保险，农民工在晋务工期间受到事故伤害或者患职业病的，应当向生产经营所在地统筹地区劳动保障行政部门、劳动能力鉴定机构，申请工伤认定、劳动能力鉴定"的规定，太原市人社局对米某的工伤认定符合上述规定。公司关于太原市人社局无管辖权的理由不能成立，一审法院不予支持。太原市人民政府以太原市人社局的工伤认定程序违法为由，依法作出的复议决定并无不当。依据《行政诉讼法》第六十九条的规定，一审法院判决驳回原告的诉讼请求。

公司上诉称，一审法院判决太原市人社局对米某提出的工伤认定申请有法定管辖权，属于适用法律错误。另外，一审判决对上诉人提出的其他理由未作认定，属于程序错误，依据《工伤认定办法》第十九条的规定，太原市人社局应当加盖工伤认定专用印章，一审法院对此未作出认定，遗漏了应审理的事项，程序上存在违法情形。综上所述，一审判决适用法律错误，程序违法，应当予以撤销并依法改判。

被上诉人太原市人民政府答辩称，答辩人以程序违法为由撤销了太原市人社局的工伤认定。关于管辖权问题，原则上应该是统筹地区管辖，但省政府就未上保险的农民工作出具体的规定，答辩人要执行上级规定。依照这个规定，米某的工作地就在太原，太原市人社局有管辖权。

一审时第三人米某亲属答辩称，依据 2004 年劳社部发〔2004〕18 号《劳动和社会保障部关于农民工参加工伤保险有关问题的通知》第三条的规定，太原市人社局对米某提出的工伤认定申请有法定管辖权。米某受到事故伤害的情形完全符合《工伤保险条例》第十四条第（六）项规定，且没有第十六条规定的不得认定为工伤的情形，米某的工伤认定事实清楚，法律依据正确。另外，根据山西省人民政府《关于印发山西省省直部门依法实施的行政许可项目目录的通知》（晋政发〔2005〕24号）第110项的规定，确认工伤认定为山西省（省直部门）依法实施的行政许可项目，该事项经山西省人民政府《关于公布省本级行政审批项目目录的决定》（晋政发〔2013〕6号）下放管理层级至设区的市级、县级人民政府人力资源社会保障行政部门审批。据此，工伤认定属于行政审批事项。太原市人社局根据《太原市行政审批管理办法》（太原市人民政府令第78号）第28条的规定，在作出工伤认定决定时使用行政审批专用章符合行政审批要求。综上所述，请求二审法院依法驳回上诉人的上诉请求，维持一审判决。

二审法院经审理查明的事实与一审法院查明的事实一致，依法对一审认定的事实予以确认。

二审法院认为，根据《行政诉讼法》第二十六条第二款的规定，"……复议机关改变原行政行为的，复议机关是被告"。在本案中，太原市人民政府作出的晋政行复决字（2015）05号行政复议决定书撤销了行政复议被申请人（太原市人社局）作出的并人社审工伤认字（2015）0178号《认定工伤决定书》，这属于复议改变原行政行为的情形，上诉人起诉太原市人民政府的行政复议决定符合法律规定。本案要审查复议决定的作出程序是否符合法律规定。太原市人社局作出工伤认定的过程中未听取用人单位意见，不能提供送达上诉人举证通知书，听取其陈述申辩意见的证据。太原市人民政府据此以太原市人社局的工伤认定程序违法为由，依法作出的复议决定并无不当，行政复议决定的程序合法。一审判决驳回上诉人的诉求并无不妥，应予维持。依照《行政诉讼法》第八十九条第一款第（一）项之规定，二审法院判决如下：驳回上诉，维持原判。本判决为终审判决。

[案例解析]

一、单独针对复议决定的起诉，司法机关应审查复议决定本身的合法性以及所涉行政行为的正当性，对于未涉及的行政行为的问题，不属于该案争议内容，不宜涉及

对比本案的一审判决和二审判决，基本区别在于，一审判决对社会保险行

政部门工伤认定的管辖权进行了分析判定，而二审法院则完全忽略了这一内容。

本案中，复议决定撤销了工伤认定决定。用人单位不服，起诉了复议机关。因而本案是针对行政复议决定这一具体行政行为的诉讼，而非针对工伤认定这一具体行政行为的诉讼。因此争议焦点是复议机关的决定是否合法，即复议机关认定的工伤认定部门的认定程序违法的判定是否符合事实，该判定是否符合法律规定，复议决定作出的程序是否合法。本案所牵涉的工伤认定行为可能存在多方面的问题，但是，由于本案是对复议决定而非对工伤认定决定进行审查，因此只应对复议决定所针对的工伤认定的决定问题进行分析评价，而不应当对工伤认定的各种问题进行审查；对于复议决定没有涉及的工伤认定的具体问题，在本行政诉讼案件中不应当进行分析和评价。

二、工伤认定的管辖权

对于工伤认定的管辖权这一问题，现行政策已有所明确。2016年人力资源和社会保障部印发了《关于执行〈工伤保险条例〉若干问题的意见（二）》（人社部发〔2016〕29号），在第七条中规定"用人单位注册地与生产经营地不在同一统筹地区的，原则上应在注册地为职工参加工伤保险；未在注册地参加工伤保险的职工，可由用人单位在生产经营地为其参加工伤保险"。早在2006年山西省印发了《山西省农民工参加工伤保险暂行办法》（晋政办发〔2006〕41号），其中第七条第二款规定"在本省或外省注册的用人单位，在本省和外省均未给农民工参加工伤保险，农民工在晋务工期间受到事故伤害或者患职业病的，应当向生产经营所在地统筹地区劳动保障行政部门、劳动能力鉴定机构，申请工伤认定、劳动能力鉴定"。太原市人力资源和社会保障局对米某的工伤认定符合政策规定。

值得思考的是，为什么一个案情简单且有政策依据的案件却经历了行政复议及两次法律诉讼。笔者认为归根到底是用人单位没有参保，想通过拖延时间等方式逃避其应履行的工伤保险责任。这种情况在未参保单位非常普遍，有些未参保单位宁愿出律师费，也不愿意支付自己职工的工伤保险待遇，这种行为令人发指。要想减少类似本案情形的发生，最根本的解决办法是全员参保，将所有职工纳入工伤保险制度的保障范围。（张军）

提起行政复议超过法定申请时限不予受理

[核心提示]

按照法律规定，申请行政复议的时限为60天。涉案公司法定代表人在《认定工伤决定书》送达回证上签收时间为2013年3月5日，2013年11月19日提出行政复议申请，超过《行政复议法》规定的提出复议申请的期限，且没有正当理由，复议机关决定不予受理合法，用人单位的诉讼请求及理由均不能成立。

[案号]

一审：（2014）榕行初字第1号行政判决；二审：（2014）闽行终字第109号

[基本案情]

涉案公司（本案例中以下简称公司）职工杨某因工作原因受伤。2013年2月22日，福州市人力资源和社会保障局（本案例中以下简称福州市人社局）作出榕人社晋险伤（决）字（2013）05号《认定工伤决定书》，认定第三人杨某所受到的事故伤害属于工伤，告知了相关救济途径。2013年3月5日，公司法定代表人吴某签收了该《认定工伤决定书》。2013年11月19日，公司提起行政复议申请。2013年11月21日，福州市人民政府以超过申请行政复议时限为由，作出不予受理行政复议申请的决定。公司不服，提起行政诉讼。

[审判过程与结果]

一审法院认为，根据《行政复议法》的授权，受理行政复议申请并作出决定是被告福州市人民政府的法定职责。原告公司是本案被诉榕政行复不（2013）18号《不予受理行政复议申请决定书》的行政相对人，其不服上述《不予受理行政复议申请决定书》，在法定的期限内提起诉讼，符合《行政诉讼法》的规定。《行政复议法》第九条第一款规定："公民、法人或者其他组织认为具体行政行为侵犯其合法权益的，可以自知道该具体行政行为之日起60日内提出行政复议申请。"福州市人社局于2013年2月22日作出榕人社晋险伤（决）字（2013）05号《认定工伤决定书》，于2013年3月5日向原告送达，并告知了其相应救济途径。原告收到《认定工伤决定书》后，直至2013年11月19日才向被告申请行政复议，已经超出申请行政复议60日的法定期限，且没有正当理由。被告作出不予受理行政复议申请的决定事实清楚，适用法律正确，程序合法。原告的诉讼主张及理由均不能成立。据此，依照《最高人民法院关于执行〈中华人民共和国行政诉讼法〉若干问题的解释》第五十六条第（四）项的规定，判决驳回原告公司的诉讼请求。

公司不服，向二审法院提起上诉称，福州市人社局作出榕人社晋险伤（决）字（2013）05号《认定工伤决定书》后未依法送达上诉人公司。被上诉人福州市人民政府主张福州市人社局已于2013年3月5日向上诉人的法定代表人吴某送达，但是上诉人的法定代表人吴某实际签收时间为2013年5月中旬，且送达回证上并没有加盖上诉人公司的印章。因此，福州市人社局的送达违反了《工伤认定办法》第十七条第二款关于工伤决定做出之日起20日内必须送达的规定。应视为其未送达。一审认定福州市人社局已于2013年3月5日向上诉人送达了工伤认定决定书，是错误的。被上诉人福州市人民政府决定不予受理上诉人的复议申请，属认定事实错误，证据不足，应当予以撤销。综上，一审判决认定事实和适用法律错误，请求撤销一审判决，撤销被诉榕政行复不（2013）18号《不予受理行政复议申请决定书》。

被上诉人福州市人民政府答辩称，榕政行复不（2013）18号《不予受理行政复议决定书》认定事实清楚，适用依据正确，在法定期限内作出且依法送达申请人，故程序也合法。一审判决正确，请求驳回上诉，维持原判。

被上诉人福州市人社局答辩称，福州市人社局于2013年2月22日作出榕人社晋险伤（决）字（2013）05号《认定工伤决定书》，于2013年3月5日送达上诉人，由上诉人公司法定代表人吴某签收，符合《工伤认定办法》第二十二条和《民事诉讼法》第八十五条的规定。即在工伤决定做出之日起20日内送达，由法人法定代表人签收。上诉人主张2013年5月中旬才签收榕人社晋险伤

（决）字（2013）05号《认定工伤决定书》没有事实根据。上诉人没有正当理由迟至2013年11月19日才向被上诉人福州市人民政府申请行政复议，超过了《行政复议法》第九条规定的60日申请期限。请求二审维持一审判决和被诉榕政行复不（2013）18号《不予受理行政复议申请决定书》。

被上诉人杨某同意上述两被上诉人的答辩意见。

经审理查明，被上诉人福州市人民政府在法定期限内向一审法院提供了以下证据和法律依据：（1）公司向福州市人民政府提交的《行政复议申请书》，证明公司于2013年11月19日向福州市人民政府申请行政复议；（2）公司向福州市人民政府提交的榕人社晋险伤（决）字（2013）05号《认定工伤决定书》，证明福州市人社局于2013年2月22日作出《认定工伤决定书》，并告知相关救济途径；（3）福州市人民政府向福州市人社局调取的《送达回证》，证明福州市人社局已于2013年3月5日将榕人社晋险伤（决）字（2013）05号《认定工伤决定书》送达公司；（4）福州市人民政府所作榕政行复不（2013）18号《不予受理行政复议申请决定书》；（5）《送达回证》（榕政行复送（2013）301号），证据（4）和（5）证明福州市人民政府依法作出《不予受理行政复议申请决定书》并向公司送达，认定事实清楚，适用法律正确，程序合法。法律依据：（1）《行政复议法》第九条、第十七条；（2）《行政复议法实施条例》第二十八条第（四）项。

第三人杨某在法定期限内向一审法院提交了一份证据，即福州市晋安区劳动争议仲裁委员会所作榕晋劳仲决（2013）023号裁决书，证明公司对于杨某的工伤事实和工伤认定是没有异议的。

上诉人公司、被上诉人福州市人社局均未向一审法院提交证据。

一审通过庭审举证、质证认定第三人杨某提交的证据与本案不具有关联性，不能作为本案认定事实的证据。被告福州市人民政府提交的证据均具有真实性、合法性、关联性，可以作为本案认定事实的依据。

二审庭审，上诉人公司对被上诉人福州市人民政府提供的证据（3）《送达回证》提出异议认为，上诉人的法定代表人吴某实际签收榕人社晋险伤（决）字（2013）05号《认定工伤决定书》不是送达回证上显示的2013年3月5日，而是2013年5月中旬，对其他证据的质证意见与一审相同。上诉人对一审认定的其他事实没有异议。其他当事人对证据的质证意见与一审相同，对一审判决认定的事实无异议。对于被上诉人提供的证据（3）《送达回证》，二审法院经审查认为，首先，《民事诉讼法》第八十五条规定，受送达人是法人的，应当由法人的法定代表人或者负责收件的人签收。上诉人公司为法人，法定代表人是吴某,二审庭审时上诉人也确认送达回证上其法定代表人"吴×"的签名是真实的。故上诉人关于送达回证上没有加盖其公司印章应视为没有送达的主张不能成立。其次,送达回证上吴某签收时间是2013年3月5日,上诉人主张实际送达时间为2013年5月中旬,但上诉人没有就该主张提供任何依据。因此,可以认定福州市人社局向上诉人公司送达榕人社晋险伤(决)字(2013)05号《认定工伤决定书》时间为2013年3月5日,上诉人对送达时间提出的异议也不能成立。

二审法院认为,本案焦点问题为上诉人公司就福州市人社局作出的榕人社晋险伤(决)字(2013)05号《认定工伤决定书》向被上诉人福州市人民政府提起行政复议申请是否超过法定申请期限。《行政复议法》第九条第一款规定,公民、法人或者其他组织认为具体行政行为侵犯其合法权益的,可以自知道该具体行政行为之日起60日内提出行政复议申请。从已采信的证据可以确认,福州市人社局于2013年2月22日作出榕人社晋险伤(决)字(2013)05号《认定工伤决定书》,于2013年3月5日向上诉人送达,并告知了其相应救济途径和期限。上诉人没有正当理由直至2013年11月19日才向被上诉人福州市人民政府申请行政复议,已经超出申请行政复议的法定60日期限,依法应当不予受理。被上诉人福州市人民政府于2013年11月21日作出被诉榕政行复不(2013)18号《不予受理行政复议申请决定书》并依法送达,符合《行政复议法》第十七条第一款规定的收到复议申请后5日内进行审查,并书面告知申请人的程序要求。综上,被上诉人福州市人民政府依据《行政复议法》第九条第一款、第十七条第一款和《行政复议法实施条例》第二十八条(四)项之规定作出榕政行复不(2013)18号《不予受理行政复议决定书》,事实清楚,证据确凿,适用法律正确且程序合法。一审判决驳回上诉人的诉讼请求合法正确,应予维持。上诉人的上诉理由不能成立,上诉请求不予支持。据此,二审法院依照《行政诉讼法》第六十一条第(一)项之规定,判决如下:驳回上诉,维持原判。本判决为终审判决。

 [案例解析]

这是关于行政复议时限问题的案例,本案当事人因为对法定时限规定缺乏足够重视,导致失去了行政复议的权利。通过这个案例,其实可以感受到我国已步入法治社会,国家权力和社会关系正在按照明确的法律秩序运行,并且是按照严格公正的司法程序，协调人与人之间的关系，解决社会纠纷。无论是作为政府部门还是公民都要养成自觉遵守法律法规，并且通过法律或司法程序解决政治、经济、社会和民事等方面的纠纷的习惯和意识。对于工伤保险来说，我们不仅仅要应对因工伤带来的法律纠纷，还会面临着对是否合规、是否依法行政的考量。法治社会下，对工伤保险工作提出了更严、更高的要求。在工伤认定方面，必须在法律规定的框架下开展工作，其中首要的是要严格遵守法律规定的各种时限。

一是申请工伤时限最长1年。《工伤保险条例》第十七条规定，职工发生事故伤害或者按照职业病防治法规定被诊断、鉴定为职业病，所在单位应当自事故伤害发生之日或者被诊断、鉴定为职业病之日起30日内，向统筹地区社会保险行政部门提出工伤认定申请。遇有特殊情况，经报社会保险行政部门同意，申请时限可以适当延长。用人单位未按前款规定提出工伤认定申请的，工伤职工或者其近亲属、工会组织在事故伤害发生之日或者被诊断、鉴定为职业病之日起1年内，可以直接向用人单位所在地统筹地区社会保险行政部门提出工伤认定申请。

二是工伤认定时间最长为60日。《工伤保险条例》第二十条规定，社会保险行政部门应当自受理工伤认定申请之日起60日内作出工伤认定的决定，并书面通知申请工伤认定的职工或者其近亲属和该职工所在单位。社会保险行政部门对受理的事实清楚、权利义务明确的工伤认定申请，应当在15日内作出工伤认定的决定。

三是申请行政复议时效为60日。《行政复议法》第九条第一款规定，公民、法人或者其他组织认为具体行政行为侵犯其合法权益的，可以自知道该具体行政行为之日起60日内提出行政复议申请。（张军）

起诉具体行政行为的期限应以知悉
而非送达作为起算点

[核心提示]

行政相对人或利害关系人应在具体行政行为作出后的法定期限内提起行政诉讼，超过该期限，法院不予受理。《行政诉讼法》是以相对人是否知道或应当知道行政行为的内容作为确定起诉期限的标准，没有对应当送达而未送达的情况作出特殊规定，起诉期限的起算标准系"知道该行政行为"，因此不应将起算标准确定为行政行为的送达时间。

[案号]

一审：（2015）东行初字第 00100 号；二审：（2016）苏 06 行终 300 号

[基本案情]

丁某、钱甲、钱乙、费某系工亡职工钱某的近亲属，钱某生前系如皋市涉案服饰有限公司（本案例中以下简称服饰公司）职工。2010 年 7 月 29 日，钱某从服饰公司下班回家途中发生交通事故，经抢救无效死亡。2010 年 12 月 13 日，如皋市人力资源和社会保障局（本案例中以下简称如皋市人社局）作出工伤认定，认定钱某所受伤害为工伤。2011 年 3 月 4 日，如皋市社会医疗保险管理处（本案例中以下简称如皋市医保处）根据《工伤保险条例》的相关规定对工亡职工钱某的近亲属所享受的工伤保险待遇作出审核，共计审批 205 127.01 元（其中医疗费 4 024.11 元、一次性工亡补助金 176 100 元、丧葬补助金 17 610 元、钱某之子钱乙自 2010 年 8 月至 2010 年 10 月抚恤金 1 167.3 元、丁某自 2010 年 8 月至 2011 年 3 月抚恤金 3 112.8 元、钱甲自 2010 年 8 月至 2011 年 3 月抚恤金

3 112.8 元），上述款项通过银行转账至服饰公司账户。2011 年 3 月 18 日，费某从服饰公司领取了上述款项。

丁某不服如皋市人社局作出的工伤认定，向如皋市人民法院提起行政诉讼，要求撤销工伤认定。如皋市人民法院于 2013 年 1 月 7 日立案受理后，于 2013 年 4 月 2 日作出（2013）皋行初字第 0015 号行政判决，判决驳回丁某的诉讼请求，同时在该判决书中认定了以下事实：（1）钱某发生交通事故死亡后，服饰公司的工作人员陈某于 2010 年 8 月 6 日通知钱某的丈夫费某提交工伤认定所需资料，费某将资料提交给陈某后，陈某于 10 月 13 日向如皋市人社局提交了制式的工伤认定申请表，申请工伤认定。其后，服饰公司为钱某的近亲属申办工伤保险待遇。2011 年 3 月 18 日，费某从服饰公司领取了 205 127.01 元工伤保险待遇金。（2）丁某于 2012 年 6 月 21 日查询得知如皋市人社局于 2010 年 12 月 13 日作出了上述工伤认定，认为如皋市人社局提前作出工伤认定导致其不能享受政策调整后的一次性工亡补助金标准，故向如皋市人民政府申请行政复议，如皋市人民政府经审查后于 2012 年 8 月 25 日作出维持原工伤认定的复议决定。丁某对如皋市人民法院作出的上述判决不服，遂提起上诉，南通市中级人民法院于 2013 年 8 月 1 日作出（2013）通中行终字第 0071 号行政判决，认为一审判决认定的事实清楚，适用法律正确，丁某认为被诉工伤决定违法的上诉理由缺乏事实和法律依据，判决驳回上诉，维持原判。丁某对二审判决不服，向南通市中级人民法院申请再审，南通市中级人民法院经审查于 2013 年 11 月 11 日作出（2013）通中行监字第 0057 号行政裁定，驳回丁某的再审申请。

丁某于 2015 年 1 月 23 日再次就工伤保险待遇争议提起行政诉讼。

丁某等认为，虽然如皋市人社局于 2010 年 12 月 13 日作出工伤认定决定，但他们实际获悉该工伤认定是 2012 年 6 月 21 日，即如皋市人社局并未在 2011 年 1 月 1 日前将涉案工伤认定书送达给相对人，故工伤认定程序在 2011 年 1 月 1 日前尚未完成，如皋市医保处依据 2004 年 1 月 1 日起施行的《工伤保险条例》核定一次性工亡补助金系适用法律法规错误，如皋市医保处应当依据 2011 年 1 月 1 日起施行的《工伤保险条例》核定一次性工亡补助金为上一年度全国城镇居民人均可支配收入的 20 倍。丁某等原告遂对如皋市医保处提起行政诉讼。原告主张，费某于 2011 年 3 月 18 日向服饰公司领取 205 127.01 元工亡待遇是事实，但并非向如皋市医保处领取，故原告对如皋市医保处作出的审批行政行为的具体内容并不知晓。

法院查明，从 2011 年 4 月开始，如皋市医保处根据 2011 年 3 月 4 日钱某近亲属第一次申报工伤保险待遇时提供的丁某、钱甲的身份证复印件、银行卡复印件等材料，按月将供养亲属抚恤金发放至丁某、钱甲的银行卡中，丁某、钱甲从 2011 年 7 月 12 日开始不定期从其二人账户上提取供养亲属抚恤金。

[审判过程与结果]

一审法院认为，《最高人民法院关于执行〈中华人民共和国行政诉讼法〉若干问题的解释》（本案例中以下简称司法解释）第四十一条规定，行政机关作出具体行政行为时，未告知公民、法人或者其他组织诉权或者起诉期限的，起诉期限从公民、法人或者其他组织知道或者应当知道诉权或者起诉期限之日起计算，但从知道或者应当知道具体行政行为内容之日起最长不得超过 2 年。费某于 2011 年 3 月 18 日从服饰公司领取 205 127.01 元，并在付款凭证上签字，对此，其他三人也予以认可，在该份付款凭证上明确记载了费某领取的是"钱某工伤保险"；丁某、钱甲也从 2011 年 7 月 12 日开始不定期从二人专门用于发放抚恤金的银行账户上领取抚恤金，从以上事实至少可以说明，原告应当知晓只有当工伤保险行政部门已就钱某的近亲属所享受的工伤保险待遇作出审核后，原告才能依法享受到相关待遇。根据（2013）皋行初字第 0015 号行政判决查明的事实"丁某于 2012 年 6 月 21 日查询得知如皋市人社局于 2010 年 12 月 13 日作出了工伤认定，其认为如皋市人社局提前作出工伤认定导致其不能享受政策调整后的一次性工亡补助金标准……申请行政复议"，由此说明，丁某于 2012 年 6 月 21 日获知涉案工伤认定书后，已经知晓其享受的一次性工亡补助金系依据 2004 年 1 月 1 日起施行的《工伤保险条例》作出，并非依据 2011 年 1 月 1 日起施行的《工伤保险条例》相关规定作出，否则其不会以此为由申请行政复议。对此，原告在本案起诉状中也陈述"2012 年 6 月 21 日丁某通过查询方才得知如皋市医保处于 2011 年 3 月 4 日作出了工伤保险待遇审核认定，其工伤待遇系按照 2004 年施行的《工伤保险条例》规定作出的审核，发放了 60 个月的一次性工亡补助金"，原告的陈述与法院查明的事实相互印证，再次说明即使原告从 2011 年开始领取工伤保险待遇时不知道涉案行政审批行为的内容，那么在 2012 年 6 月 21 日其已知晓如皋市医保处于 2011 年 3 月 4 日作出了工伤保险待遇审核，其待遇系按照 2004 年 1 月 1 日起施行的《工伤保险条例》相关规定作出，故原告从 2012 年 6 月 21 日就知道或者应当知道涉案行政行为的内容，本案的起诉期限从 2012 年 6 月 21 日开始起算，原告 2015 年 1 月 23 日提起行政诉讼，已经超过了知道或者应当知道行政行为内容之日起最长不得超过 2 年的起诉期限。丁某因不服如皋市人社局作出的工伤认定而提起行政诉讼，经过一审、二审、再审审查，均被法院驳回，从其复议、诉讼的理由和目的看，系希望通过撤销涉案工伤认定，对应享受的一次性工亡补助金按照修改后的《工伤保险条例》重新作出审核。对此，如皋市人民法院一审、南通市中级人民法院二审和再审审查均在法律文书中对此问题作出回应，认为丁某等人是否应当按照新的政策享受一次性工亡补助金的问题，属于工伤保险待遇的范畴，不属于撤销工伤认定案件的审查范围，原告可以另寻其他救济途径。但丁某在该案诉讼期间及再审申请被驳回后并未选择向人民法院提起以如皋市医保处为被告的关于要求重新审核工伤保险待遇的行政诉讼。综上，一审法院认为原告的起诉已经超过法定起诉期限且无正当理由，裁定驳回原告的起诉。

四原告不服，提起上诉称：（1）起诉期限从相对人知道行政行为时起算，行政行为作出时必须以书面形式告知相对人行政行为的内容和起诉期限，否则就不能视为相对人知道行政行为的内容。本案中，费某从服饰公司领取赔偿款并不能代表其知道行政行为内容，且其他上诉人对工伤待遇审核的情况一无所知。（2）丁某就工伤认定先后提起行政复议和行政诉讼，被耽误的时间不应计算在起诉期限内，本案期限应当从2013年8月1日终审判决作出时起算。（3）一审判决适用法律错误，本案应当适用《最高人民法院关于执行〈中华人民共和国行政诉讼法〉若干问题的解释》第四十二条关于5年的起诉期限。请求二审法院撤销一审裁定，指令一审法院继续审理本案。

二审法院经审理查明的事实与一审裁定认定的事实一致。

二审法院认为：司法解释第四十二条规定，公民、法人或者其他组织不知道行政机关作出的具体行政行为内容的，其起诉期限从知道或者应当知道该具体行政行为内容之日起计算。对涉及不动产的具体行政行为从作出之日起超过20年，其他具体行政行为从作出之日起超过5年提起诉讼的，人民法院不予受理。第四十三条规定，由于不属于起诉人自身的原因超过起诉期限的，被耽误的时间不计算在起诉期间内。因人身自由受到限制而不能提起诉讼的，被限制人身自由的时间不计算在起诉期间内。以上规定含义是：行政机关作出行政行为时告知诉权的，起诉期限从相对人知道诉权时起算；作出行政行为时未告知诉权的，起诉期限从相对人知道行政行为内容起不超过2年；作出行政行为时既未告知诉权又未告知内容的，从作出行政行为之日起超过5年的，法院不予受理。

第一，《行政诉讼法》是以相对人是否知道或应当知道行政行为的内容作为确定起诉期限的标准，而没有对应当送达而未送达的情况作出特殊规定，起诉期限的起算标准系"知道该行政行为"，而不是将起算标准定位为行政行为的送达。本案中，虽然涉案工伤认定决定未直接向上诉人送达，但生效裁判文书并未就此否定工伤认定决定的效力，费某于2011年3月18日从服饰公司领取205 127.01元"钱某工伤保险"，丁某、钱甲亦从2011年7月12日开始不定期领取抚恤金，丁某于2012年6月21日查询得知如皋市人社局作出工伤认定后提起行政复议和行政诉讼，根据以上事实，上诉人至迟于2012年6月即知道了被诉行政行为的内容及工伤保险待遇的审核标准依据的是2004年起实施的《工伤保险条例》而非2010年修改后的《工伤保险条例》。上诉人直至2015年提起诉讼，已超过2年的起诉期限。

第二，司法解释规定的不属于起诉人自身的原因超过起诉期限，是指被限制人身自由等客观原因无法起诉，而非因相对人主观原因无法起诉的情形。本案中，丁某因不服工伤认定决定提起行政诉讼，并不影响其就工伤保险待遇问题起诉，故丁某就工伤认定的诉讼期间，不属于司法解释规定的被耽误的期间。

综上，一审裁定认定事实清楚，审判程序合法，适用法律正确，应予维持。二审法院裁定驳回上诉，维持原判。

[案例解析]

一、《行政诉讼法》是以相对人是否知道或应当知道行政行为的内容作为确定起诉期限的标准，而没有对应当送达而未送达的情况作出特殊规定，起诉期限的起算标准系"知道该行政行为"，而不是将起算标准定位为行政行为的送达

虽然具体行政行为作出后，应当送达相对人，这是行政主体的基本法律义务，但是，公民、法人或者其他组织认为行政机关和行政机关工作人员的行政行为侵犯其合法权益，对该行政行为申请行政复议或提起行政诉讼，并非以送达为依据。就权益被侵害来说，并非送达才能产生侵害；未进行送达，侵害同样可能发生。例如本案，如果工伤认定及工亡待遇的核定是错误的，虽然工伤认定决定及待遇核定决定未送达工亡职工家属，但是工亡职工家属按照实际核定的待遇领取，则"侵害"即已发生。就权利保护来说，"每个人都是自己权利的守护神"，在知道自己权利被侵害时，都应当积极寻求法律救济；知道自己的

权利被侵权,却怠于行使法律赋予的救济权利,是对自己权利的放弃,将产生法律的不利后果,这正是法律设置诉讼时效/起诉期限制度的意义所在。因此,对行政行为的复议或起诉,应当以"知道"而非行政行为的送达为起诉期限的起算点。行政主体未告知或未规范告知所作行政行为的,起诉期限从公民、法人或者其他组织自知道或者应当知道作出行政行为之日起计算。[1]

从法律规定来看,更为简单明了。原《行政诉讼法》第三十九条规定:"公民、法人或者其他组织直接向人民法院提起诉讼的,应当在知道作出具体行政行为之日起三个月内提出。法律另有规定的除外。"修订后的《行政诉讼法》(自2015年5月1日起施行)第四十六条第一款规定:"公民、法人或者其他组织直接向人民法院提起诉讼的,应当自知道或者应当知道作出行政行为之日起六个月内提出。法律另有规定的除外。"

需要注意的是,修订后的《行政诉讼法》对起诉期限作了新的规定,但是原司法解释的相关规定在不冲突的前提下仍可适用。

二、其他诉讼案件的进行通常不妨碍本诉讼案件起诉时限的计算

原《行政诉讼法》规定因为不可抗力或者其他特殊情况耽误法定期限的,在障碍消除后可申请法院延长期限。对于特殊情况,司法解释作了明确规定。本案中,二审法院也对上诉人作了详细说明。由于当事人自己未及时行使诉权而导致起诉期限耽误,不能中止起诉期限。

修订后的《行政诉讼法》第四十八条规定:公民、法人或者其他组织因不可抗力或者其他不属于其自身的原因耽误起诉期限的,被耽误的时间不计算在起诉期限内;公民、法人或者其他组织因前款规定以外的其他特殊情况耽误起诉期限的,在障碍消除后十日内,可以申请延长期限,是否准许由人民法院决定。这与原有规定无本质区别。

工伤认定行政诉讼与工伤保险待遇行政诉讼系两种独立的行政诉讼,在两种行政行为均已发生法律效力的背景下,对工伤认定行为的诉讼既不能停止工伤保险待遇核定行为的效力,也不能构成对工伤保险待遇核定行为起诉期限的中止,仅仅提起工伤认定诉讼会对诉讼权利产生不利影响。从程序上来说,更为可取的做法是,同时提起两种诉讼,由法院对待遇核定诉讼中止审理。

---

[1] 叶必丰. 行政法与行政诉讼法(第3版). 北京:高等教育出版社,2015:225.

三、工伤保险待遇申领手续的规范以及定期待遇的直接发放具有重要意义

本案中，行政主体无论是在工伤认定争议中的胜诉还是在工伤保险待遇核定争议中的胜诉，与两项工作是分不开的。一是，通过用人单位提交的工伤认定申请资料和首次发放工伤保险待遇的资料上均有工亡职工亲属的签字；二是，工伤保险定期待遇通过银行账户直接发放给工亡职工亲属，且银行交易记录显示相对人已经从账户提取了相应待遇。这些事实充分证明，一方面，行政主体实际上已经间接告知了相对人的权利内容即行政行为的内容；另一方面，相对人对行政行为的内容已经明知。由此，相对人要否定其已经知道或者应当知道行政行为的内容，已不能成立。无论是工伤认定还是工伤保险待遇的申领和发放，需要告知相对人或由相对人签字的，一定要予以规范并妥善保存，在这方面，司法机关或公证机关的做法值得借鉴。例如，他们甚至要求当事人在所有提交文件或资料上均要签字并注明真实性。而通过银行账户直接发放供养亲属抚恤金、伤残津贴等，不仅有利于更好保护工伤职工及其供养亲属的权益，也可避免工伤保险经办机构可能产生的风险和矛盾。（向春华）

"未依法送达行为"违法但后果轻微仍然有效

[核心提示]

工伤认定部门应当告知第三人申请变更其用人单位，并向当事人送达《工伤认定申请受理决定书》。工伤认定部门在重新作出涉案的工伤认定时，未依此办理，程序违法。但工伤认定部门经过调查已查明相关事实，且原告对此也予以认可，故工伤认定部门未另行向原告送达《工伤认定申请受理决定书》而作出工伤认定，对原告权利不产生实际影响，属于程序轻微违法。根据《行政诉讼法》规定，工伤认定决定不予撤销。

[案号]

一审：（2015）衡中法行初字第34号；二审：（2015）湘高法行终字第612号

[基本案情]

2013年3月20日，第三人赖某以其"2012年10月24日上午10时许在'××国际名车馆'作业时被高压气枪冲伤左眼，几近失明"为由，向被告人力资源和社会保障局（本案例中以下简称人社局）提出工伤认定申请。被告于当日受理第三人的申请后，向"××国际名车馆"邮寄送达了《工伤认定受理决定书》及《协助调查通知书》，并在调查和搜集相关证据后，于2013年5月17日作出了用人单位为"××国际名车馆"的《认定工伤决定书》，确认赖某受到的事故伤害，属于工伤认定范围，予以认定为工伤。同年12月26日，被告人社局发现该《认定工伤决定书》中用人单位存在错误后，向原告直接邮寄送达一份"补正说明"，将该《认定工伤决定书》中用人单位补正为"××汽车服务有限公司"（本案例中以下简称汽车服务公司）。原告汽车服务公司遂以被告"以'补正说明'的方式将《认定工伤认定书》确认到原告名下的行为，损害了原告的合法权益，程序违法"为由，起诉请求予以撤销被告作出的该《认定工伤认定书》。

法院经审理后于 2014 年 10 月 16 日作出行政判决，判决撤销被告人社局 2013 年 5 月 17 日作出的《认定工伤决定书》的具体行政行为；责令被告人社局在判决生效后 60 日内重新作出具体行政行为。2014 年 11 月 25 日，被告人社局以原告作为用人单位，重新作出《认定工伤决定书》，认定赖某在原告车间作业时左眼被高压气枪冲伤所造成的伤害，属于工伤认定范围，予以认定工伤。原告对此不服，向市人民政府申请行政复议。市人民政府 2015 年 3 月 18 日作出《行政复议决定书》，决定维持人社局作出的《认定工伤决定书》。原告不服复议决定，遂提起诉讼。

诉讼中，原告对于第三人赖某与原告之间存在劳动关系，赖某所受到的伤害系工作时间、工作地点、因工作原因造成等事实无异议。

[审判过程与结果]

一审法院认为，《工伤认定办法》第二条规定，社会保险行政部门进行工伤认定按照本办法执行。该办法并未规定，社会保险行政部门进行工伤认定应当给予用人单位陈述和申辩权，故原告提出的"被告作出的《认定工伤决定书》，剥夺了原告的陈述和申辩权，损害了原告的合法权益"的诉求缺乏法律依据，不予支持；第三人向被告人社局申请工伤认定时所称的用人单位为"××国际名车馆"，被告在受理第三人的申请后，已经通过调取第三人的工资凭据等方式，知晓了第三人系与原告存在劳动关系，则应当告知第三人申请变更原告为其用人单位，并向原告送达《工伤认定申请受理决定书》。被告人社局在重新作出涉案的工伤认定时，未依此办理，程序违法。但被告经过调查已查明原告与第三人之间存在劳动关系，赖某所受到的伤害系工作时间、工作地点、因工作原因造成的等事实，且原告对此也予以认可，故被告在未另行向原告送达《工伤认定申请受理决定书》而做出工伤认定，对原告权利不产生实际影响，属于程序轻微违法。根据《行政诉讼法》第七十四条第（二）项的规定，对被告人社局作出的《认定工伤决定书》不予撤销。综上所述，原告的诉讼请求缺乏事实与法律依据，不予支持。一审法院判决驳回原告的诉讼请求。

汽车服务公司不服一审法院判决，上诉称：被上诉人人社局没有依法进行新的行政案件立案程序，未通知当事人行使陈述和申辩权违法；一审适用 2015

年5月1日实施的《行政诉讼法》错误。请求撤销一审判决,并依法改判。

被上诉人人社局二审未提交答辩状。

一审第三人赖某答辩称:一审认定事实清楚,适用法律正确,程序合法;上诉人针对工伤认定的程序问题,已经两次提起行政复议、两次提起行政诉讼,致使该案自2013年发生一直拖延,耗时已超过3年。请求依法驳回上诉人的上诉请求。

二审法院认为,根据《工伤保险条例》第十四条第(一)项的规定,职工在工作时间和工作场所内,因工作原因受到事故伤害的应当认定为工伤。赖某是上诉人汽车服务公司的职工,2012年10月24日在工作时间、工作场所内,因工作原因受到事故伤害。其于2013年3月20日向被上诉人人社局申请工伤认定,人社局受理后,进行了调查核实。人社局第一次作出的工伤决定,因程序违法,被法院判决撤销,并责令重作。为此,人社局又作出了本案所诉的新认定工伤决定,该决定纠正了此前认定工伤决定的错误,并认定赖某在汽车服务公司车间作业时受到事故伤害,属于工伤。上诉人没有举证证明赖某不是工伤。人社局作出的新认定工伤决定,有事实和法律根据。上诉人对人社局第一次认定工伤决定不服提起诉讼,到本案的认定工伤决定作出,上诉人充分行使了陈述和申辩权。本案一审审理过程中修改后的《行政诉讼法》已实施。根据"实体从旧,程序从新"的原则,一审适用修改后的《行政诉讼法》有关程序规定,并无不当。上诉人的上诉理由不能成立,不予支持。二审法院判决驳回上诉,维持原判。

[案例解析]

一、社会保险行政部门对用人单位的告知义务与用人单位的陈述、举证责任

《行政诉讼法》第二十五条规定:"行政行为的相对人以及其他与行政行为有利害关系的公民、法人或者其他组织,有权提起诉讼。"行政行为的相对人即行政相对人,是指行政法律关系中与行政主体相对应的另一方当事人,即行政主体的行政行为影响其权益的个人或组织。在工伤认定这一行政行为中,认定结论对受伤劳动者及其家庭、用人单位的权益影响甚大,直接关系到权利的享受与义务的承担,因此,遭受"工伤"事故伤害的劳动者或其近亲属、用人单位都是社会保险行政部门所作出的工伤认定行政行为的相对人。行政主体在作

出行政行为之前，必须保障行政相对人参与行政过程发表意见的权利，行政主体有告知行政相对人行政行为的事实、理由和依据的义务，并告知行政相对人依法享有的权利，行政相对人有权进行陈述和申辩。[1]

在工伤认定中，除申请人外，社会保险行政部门还应当告知其他行政相对人受理工伤认定申请的情况以及举证等权利和义务。如果行政主体未履行此等义务，属于程序上重大瑕疵，将会导致工伤认定行为被撤销。从此项义务的法律依据来看，虽然《工伤保险条例》以及《工伤认定办法》（人力资源社会保障部令第8号）都未明确规定用人单位的陈述和申辩权利，但是，《工伤保险条例》第十九条第二款规定"职工或者其近亲属认为是工伤，用人单位不认为是工伤的，由用人单位承担举证责任"，《工伤认定办法》第十七条规定"职工或者其近亲属认为是工伤，用人单位不认为是工伤的，由该用人单位承担举证责任。用人单位拒不举证的，社会保险行政部门可以根据受伤害职工提供的证据或者调查取得的证据，依法作出工伤认定决定"，根据这些规定，用人单位对工伤的事实等负有举证责任。举证责任实际涵盖了对于工伤认定的观点（证明目的）以及证明其观点的证据的提供，因此实质上赋予了用人单位陈述和申辩的权利。除了这些规定以外，前述行政法基本理论也是用人单位享有陈述、申辩和举证权利的法律基础。因此就本案而言，一审法院认为现行法规或规章并未规定社会保险行政部门进行工伤认定应当给予用人单位陈述和申辩权，故原告提出的"被告作出的认定工伤决定书，剥夺了原告的陈述和申辩权，损害了原告的合法权益"的诉求缺乏法律依据，这一判决理由是不恰当的。二审法院通过主张"上诉人充分行使了陈述和申辩权"实际上肯定了用人单位享有陈述和申辩的权利。

用人单位履行举证责任、行使陈述和申辩权利的前提是，社会保险行政部门向用人单位告知了工伤申请的事实以及举证责任。如果社会保险行政部门未履行这一义务，将会导致用人单位此项权利受损，属于程序上的重大瑕疵，工伤认定结论将会被撤销。

在本案中，人社部门最初作出的工伤认定行为是以"××国际名车馆"为用人单位的，并向该单位送达了《工伤认定受理决定书》及《协助调查通知书》，履行了告知义务。但是，该用人单位实际上并不存在。人社部门在发现工伤认定的用人单位主体错误后在随后的补正说明中将该《认定工伤决定书》中用人单位补正为原告汽车服务公司，但是并未向原告送达《工伤认定受理决定

---

[1] 闫国智. 行政法与行政诉讼法 [M]. 济南：山东大学出版社，2002：31.

书》及《协助调查通知书》，由于原告与"××国际名车馆"非同一主体，因此不能认为人社部门已经向原告履行了告知义务。由此导致原告举证、陈述和申辩权利不能实现。这是第一次行政诉讼人社部门败诉的根本原因。

二、行政行为程序轻微违法不一定被撤销

2015年修订后的《行政诉讼法》第七十四条第一款第（二）项规定，行政行为程序轻微违法，但对原告权利不产生实际影响的，人民法院判决确认违法，但不撤销行政行为。在对原告权利没有实际影响的基础上，这一规定对于原告可能存在的滥用诉权以及节省行政、诉讼资源具有积极意义。

在本案中，第一次工伤认定中人社部门对用人单位的补正包括受理通知、协助调查通知没有送达用人单位，第二次工伤认定中，人社仍然没有向用人单位送达这些文书，为何第一次工伤认定被撤销而第二次工伤认定被维持，即为何第一次属于严重瑕疵而第二次属于"程序轻微违法，但对原告权利不产生实际影响"？主要原因在于，第一次工伤认定中的未送达无法确定用人单位已经知悉这些权利，且用人单位并未有相应的陈述和申辩；而在第二次工伤认定中，由于用人单位已经对争议案件起诉过被告，已经知晓本案事实，并且已经作了相应的陈述和申辩，用人单位已经行使了法律赋予的权利；在其未作相反陈述且无新的证据推翻之前的陈述的前提下，二审法院认为"上诉人充分行使了陈述和申辩权"是比较恰当的。

虽然本案最终没有被撤销，但是程序的重要性还是应当引起社会保险行政部门的重视。程序不当，认定结论即便被维持仍有可能被确认违法。而且在类似案件中，认定结论仍有可能被撤销，例如，用人单位提供了新的证据，可能需要重新审视工伤事实，那么由于社会保险行政部门未履行告知义务，导致用人单位无法在工伤认定程序中提交该证据，那么在行政诉讼中用人单位提交该类比较重要的证据即可能表明程序瑕疵，"对原告权利产生实际影响"，从而导致认定结论被撤销。

三、工伤认定决定中劳动者和用人单位应确定无误

作为工伤认定行为的行政相对人，劳动者和用人单位的主体资格尤为重要。基于法律的严谨性，必须确保工伤认定中劳动者和用人单位的名称准确。就法律程序而言，错一个字就意味着不同的法律主体，就意味着法律行为的重大瑕疵，应当力戒出现此类错误。（向春华）

复议机关、法院不受理对劳动能力鉴定结论的异议

[核心提示]

劳动能力鉴定委员会不是具有法定行政职权的行政机关或行政机构，其作出的劳动能力鉴定结论，无论是作出主体，还是行为内容都不符合具体行政行为的标准，实质是技术鉴定结论。行政复议机关、法院不受理对劳动能力鉴定结论的异议。

[案号]

一审：(2014)沈中行初字第00176号；二审：(2014)辽行终字第297号；再审：(2015)行监字第95号

[基本案情]

省劳动能力鉴定委员会2013年12月13日向袁某作出《致残程度再次鉴定结论通知单》（本案例中以下简称《通知单》），评定袁某伤残程度为四级伤残。袁某对该结论不服，于2014年2月17日向省人民政府申请行政复议。省人民政府于2014年2月18日作出《告知书》，内容包括："《工伤保险条例》第二十四条第一款规定：省、自治区、直辖市劳动能力鉴定委员会和设区的市级劳动能力鉴定委员会分别由省、自治区、直辖市和设区的市级社会保险行政部门、卫生行政部门、工会组织、经办机构代表以及用人单位代表组成。因此，省劳动能力鉴定委员会不具有行政主体资格，该复议事项不属于《行政复议法》规定的处理事项。"省人民政府于当日向袁某送达了该份《告知书》。袁某不服，于2014年6月3日起诉至一审法院。

[审判过程与结果]

一审法院认为,《行政复议法》第二条规定:"公民、法人或者其他组织认为具体行政行为侵犯其合法权益,向行政机关提出行政复议申请,行政机关受理行政复议申请、作出行政复议决定,适用本法。"本案中省劳动能力鉴定委员会不具有行政主体资格,其作出的《通知单》并非具体行政行为,因此原告袁某申请的复议事项不属于《行政复议法》规定的复议范围。被告省人民政府在2014年2月17日收到原告提出的复议申请后,于当日作出《告知书》并送达原告,符合《行政复议法》第十七条的规定。原告的诉讼请求没有法律依据,不予支持。依照《最高人民法院关于执行<中华人民共和国行政诉讼法>若干问题的解释》第五十六条第(四)项的规定,判决驳回原告的诉讼请求。

袁某不服,提起上诉称,根据《劳动和社会保障行政复议办法》第六条规定"对县级以上劳动保障行政部门的具体行政行为不服的,可以向上一级劳动保障行政部门申请复议,也可以向本级人民政府申请复议",其请求复议事项属于行政复议范围,请求撤销省人民政府作出的《告知书》并承担本案的诉讼费。

被上诉人省人民政府答辩称,省劳动能力鉴定委员会不具有行政主体资格,该鉴定结论也不属于《行政复议法》规定的复议范围。依据《行政复议法》第十七条第一款,决定不予受理,并书面告知了原告。请求法院依法驳回上诉。

二审法院经审理查明的事实与一审一致。

二审法院认为,《工伤保险条例》第二十四条第一款规定:"省、自治区、直辖市劳动能力鉴定委员会和设区的市级劳动能力鉴定委员会分别由省、自治区、直辖市和设区的市级社会保险行政部门、卫生行政部门、工会组织、经办机构代表以及用人单位代表组成。"因此,省劳动能力鉴定委员会不具有行政主体资格,其作出的《通知单》也不属于具体行政行为。《行政复议法》第二条规定:"公民、法人或者其他组织认为具体行政行为侵犯其合法权益,向行政机关提出行政复议申请,行政机关受理行政复议申请、作出行政复议决定,适用本法。"因此,行政复议的对象应当是具体行政行为,而上诉人袁某对省劳动能力鉴定委员会办公室作出的《通知单》申请行政复议,不符合行政复议的受理范围。被上诉人作出不予受理《告知书》,一审法院驳回上诉人的诉讼请求并无不当。二审法院判决驳回上诉,维持原判。

袁某仍不服,申请再审。

再审法院经审查认为，公民、法人或者其他组织只有对具体行政行为不服，才能依法申请行政复议。如果申请复议的对象不是具体行政行为，则不能申请行政复议。具体行政行为，行为的主体是行政机关或者法律、法规授权的组织；行为的内容是行使行政职权的活动。劳动能力鉴定委员会作出的劳动能力鉴定结论，无论是作出主体，还是为行为内容都不符合具体行政行为的标准，实质是技术鉴定结论。根据《工伤保险条例》第二十四条、第二十五条规定，劳动能力鉴定委员会由社会保险行政部门、卫生行政部门、工会组织、经办机构代表以及用人单位代表组成。劳动能力鉴定委员会建立医疗卫生专家库，列入专家库的医疗卫生专业技术人员应当具有医疗卫生高级专业技术职务任职资格、掌握劳动能力鉴定的相关知识。设区的市级劳动能力鉴定委员会收到劳动能力鉴定申请后，应当随机抽取 3 名或者 5 名专家组成专家组，由专家组提出鉴定意见。设区的市级劳动能力鉴定委员会根据专家组的鉴定意见作出工伤职工劳动能力鉴定结论。从上述规定可以看出，劳动能力鉴定委员会实际是一个对专业技术问题进行综合决策的机构，不是行政机关或者法律、法规授权的组织；决策的内容是依据专家组提出的意见对伤残职工的伤残等级这一专业技术性问题作出判断，而非行政职权活动。所以，《工伤保险条例》第二十六条还规定，省、自治区、直辖市劳动能力鉴定委员会作出的劳动能力鉴定结论为最终结论。《人力资源社会保障行政复议办法》第八条第（三）项也明确规定，公民、法人或者其他组织对劳动能力鉴定委员会的行为不服，不能申请行政复议。据此，省人民政府对袁某就省劳动能力鉴定委员会作出的《通知单》申请行政复议不予受理，于法有据，原审判决驳回原告诉讼请求并无不当。应当指出的是，根据《行政复议法》第十七条规定，行政复议机关对不符合行政复议法定受理条件的，应当决定不予受理，并书面告知申请人。因此，行政复议机关应当制作《不予受理决定书》送达申请人。省人民政府以通知形式书面告知申请人，作出不予受理决定的形式不妥，应予纠正。再审法院裁定驳回袁某的再审申请。

[案例解析]

一、劳动能力鉴定的性质

劳动能力鉴定是以专家鉴定为基础的法定的专业技术鉴定，包括三个层面：第一，它是以专家鉴定为基础和前提，专家鉴定意见在最后的鉴定结论中得到充分的体现。第二，劳动能力鉴定最终形成的是专业技术鉴定，即劳动能力鉴定委员会在专家的医学鉴定的基础上，进一步斟酌其他领域的专业意见而最终形成鉴定结论。第三，劳动能力鉴定是法定的专业技术鉴定，鉴定机构的组成，申请人、鉴定人、辅助鉴定人、鉴定的程序等都是由法律法规或规章明确规定的，不同于一般司法鉴定机构仅仅规定其资格。法定性决定了劳动能力鉴定的独特性和专职性，其他鉴定机构、鉴定程序均不能取代。

二、劳动能力鉴定及其结论不受司法管辖

从行政复议、行政诉讼来说，正如再审法院所阐述的，行政复议和行政诉讼审查的对象是具体行政行为。根据《工伤保险条例》第二十四条、第二十五条规定可知，劳动能力鉴定结论是劳动能力鉴定委员会作出的，而劳动能力鉴定委员会并非行政主体；劳动能力鉴定属于法定的专业技术鉴定，实质上是由技术专家（医学专家）和社会专家（心理专家、法律专家、就业测评专家等）等作出的专业技术意见，不属于行使国家职权的行为，不是具体行政行为。再审法院指出，劳动能力鉴定结论实质是技术鉴定结论，是比较中允的。进行劳动能力鉴定不仅需要丰富的医疗知识，还必须掌握劳动能力鉴定的相关知识，判断劳动能力的丧失或减少程度或等级，还需要从心理障碍、年龄、职业、再就业等多领域进行判定。[1]对于技术鉴定，只能采用技术手段、技术方法进行检验，无法进行法律事实评价，因此不应成为法律的评价对象，行政复议机关、法院不应受理对劳动能力鉴定结论的异议。"对上述专业鉴定结论的公正性提出的异议当然存在，一般情况下，当事人只能对相关事宜申请再次鉴定，并且这种再次鉴定只能是第二次鉴定，不允许第三次。"[2]

三、对劳动能力鉴定结论的救济程序

由于鉴定主体和鉴定对象、鉴定条件的差异，会影响鉴定结论的准确性与科学性。而鉴定结论对于工伤职工及其家庭的影响甚大，需要对鉴定进行有效的制约和救济。主要分三个方面：

第一，在鉴定体系上对鉴定结论进行审查和救济。《工伤保险条例》第二十三条规定，劳动能力鉴定由设区的市级劳动能力鉴定委员会进行初次鉴定；第

---

[1] 向春华. 劳动能力鉴定理论与实务 [M]. 北京：中国劳动社会保障出版社，2008：72
[2] 郑尚元. 工伤保险法律制度研究 [M]. 北京：北京大学出版社，2004：110–111

二十六条规定，申请鉴定的单位或者个人对设区的市级劳动能力鉴定委员会作出的鉴定结论不服的，可以在收到该鉴定结论之日起 15 日内向省、自治区、直辖市劳动能力鉴定委员会提出再次鉴定申请。省、自治区、直辖市劳动能力鉴定委员会作出的劳动能力鉴定结论为最终结论。根据《工伤保险条例》规定，鉴定满 1 年后可以申请再次鉴定。这些制度为纠正初次劳动能力鉴定结论可能存在的疏漏或错误创造了较好的条件。

第二，通过违法责任追究，对劳动能力鉴定结论进行外部的审查与救济。

第三，通过内部制约和控制机制，对劳动能力鉴定结论进行内部的审查与救济。[1]（向春华）

---

[1] 向春华. 劳动能力鉴定理论与实务 [M]. 北京：中国劳动社会保障出版社，2008：158-159

退休时不能享受一次性工伤医疗补助金

[核心提示]

实行一次性工伤医疗补助金和一次性伤残就业补助金，均是为提出解除劳动关系、未达到法定退休年龄的工伤职工在寻找到新的工作前的一种补偿，使他们基本生活开支有必要的保障，有能力医治疾病。因此将工伤保险基金支付的一次性工伤医疗补助金的支付对象限定为未达到退休年龄的工伤职工，更为合理。劳动者办理退休手续且依法享受基本养老保险待遇后，因基本生活已经有了保障，不能适用《工伤保险条例》第三十七条规定的情形享受一次性工伤医疗补助金。

[案号]

一审：（2014）昆行初字第0056号；二审：（2014）苏中行终字第00242号

[基本案情]

刘某系昆山市某水泥制管有限公司退休人员。2012年12月22日，刘某因工作中发生挤压事故致左小腿受伤。2013年2月22日，昆山市人力资源和社会保障局认定刘某所受伤害为工伤。2013年11月23日，苏州市劳动能力鉴定委员会出具刘某伤残等级为九级的鉴定结论。2014年4月12日，刘某填写一次性医疗补助金待遇申领表，提交给昆山市社保中心。2014年4月17日，昆山市社保中心作出《关于刘××信访事项的答复意见》（本案例中以下简称《答复意见》），称"工伤职工达到法定退休年龄，办理了退休手续，合同终止，不符合《工伤保险条例》第三十七条第（二）款规定，因此不能享受一次性工伤医疗补助金和一次性伤残就业补助金"。2014年4月28日，刘某再次向昆山市社保中心提交书面申请,要求昆山市社保中心支付一次性医疗补助金人民币 60 620 元。昆山市社保中心予以拒绝。刘某不服,提起诉讼。

刘某于 2013 年 3 月因达到法定退休年龄而办理了退休手续,由昆山市社保中心对其发放养老金。

[审判过程与结果]

一审法院认为,本案的争议焦点是,原告刘某办理退休并享受基本养老保险待遇后是否还能申请工伤保险基金支付一次性工伤医疗补助金。《工伤保险条例》第三十七条规定,职工因工致残被鉴定为七级至十级伤残的,劳动、聘用合同期满终止,或者职工本人提出解除劳动、聘用合同的,由工伤保险基金支付一次性工伤医疗补助金,由用人单位支付一次性伤残就业补助金。实行一次性工伤医疗补助金和一次性伤残就业补助金,均是为提出解除劳动关系、未达到法定退休年龄的工伤职工在寻找到新的工作前的一种补偿,使他们基本生活开支有必要的保障,有能力医治疾病。由于一次性医疗补助金由工伤保险基金支付,而工伤保险基金是由依法参加社会保险的用人单位缴纳的工伤保险费等资金组成的基金,客观上目前强制用人单位缴纳的工伤保险费的对象也是用人单位未达到法定退休年龄的职工,因此将工伤保险基金支付的一次性工伤医疗补助金的支付对象限定为未达到退休年龄的工伤职工,更为合理。刘某虽被鉴定为九级伤残,但其办理退休手续且依法享受基本养老保险待遇后,因基本生活已经有了保障,不能适用《工伤保险条例》第三十七条规定的情形享受一次性工伤医疗补助金,故对刘某的主张不予采纳。一审法院判决驳回原告刘某的诉讼请求。

刘某上诉称:根据《劳动合同法实施条例》第二十三条的规定,用人单位依法终止工伤职工的劳动合同的,除依照《劳动合同法》第四十七条的规定支付经济补偿外,还应当依照国家有关工伤保险的规定支付一次性工伤医疗补助金和伤残就业补助金。根据《工伤保险条例》第三十六条第二款第(二)项的规定,经工伤职工本人提出,该职工可以与用人单位解除或者终止劳动关系,由工伤保险基金支付一次性工伤医疗补助金。第三十七条规定,职工因工致残被鉴定为七级至十级的,劳动聘用合同期满终止,或者职工本人提出解除劳动、聘用合同的,由工伤保险基金支付一次性工伤医疗补助金。同时,根据《关于实施新〈工伤保险条例〉有关问题的处理意见》第七条规定,从 2011 年 1 月 1

日起，五级至十级工伤职工与用人单位解除或终止劳动关系，仍按原省规定的标准，享受由工伤保险基金支付一次性工伤医疗补助金，由用人单位支付一次性伤残就业补助金。因此，法律上没有规定职工在退休前发生的工伤，达到退休年龄后不可以享受一次性医疗补助金。因此，一审法院适用法律错误，请求二审法院撤销一审判决，并判决被上诉人昆山市社保中心履行支付上诉人一次性医疗补助金的义务。

被上诉人昆山市社保中心辩称，用人单位因工伤职工达到法定退休年龄而为其办理了退休手续，双方的劳动合同终止，不符合《工伤保险条例》第三十六条、第三十七条规定的"劳动合同期满终止或职工本人提出解除劳动合同、聘用合同"等情形。被上诉人收到上诉人要求支付一次性医疗补助金申请后，于2014年4月17日出具《答复意见》，告知其不予支付的理由和相关依据。因此，被上诉人已经履行了法定职责。上诉人的诉讼请求没有事实和法律依据，请求二审法院依法驳回上诉人的上诉请求。

二审法院经审理查明的事实与一审判决认定的事实一致。

二审法院认为，《社会保险法》第三十八条第（七）项规定职工因工伤而终止或者解除劳动合同时，应当享受一次性医疗补助金，按照国家规定从工伤保险基金中支付；《工伤保险条例》第三十七条第（二）款规定，职工因工致残被鉴定为七级至十级伤残的，劳动、聘用合同期满终止的，由工伤保险基金支付一次性工伤医疗补助金，由用人单位支付一次性伤残就业补助金。

本案争议焦点为，上诉人刘某办理退休并享受基本养老保险待遇后是否还能申请工伤保险基金支付一次性工伤医疗补助金。上诉人认为，其因工致残达到九级伤残，享受养老保险待遇起与用人单位解除了劳动关系，符合《工伤保险条例》第三十七条规定申请支付一次性工伤医疗补助金的条件，被上诉人昆山市社保中心应当支付上诉人医疗补助金款项。被上诉人认为，上诉人达到法定退休年龄，即与用人单位终止了劳动合同，与用人单位已不存在劳动关系，因此不符合《工伤保险条例》规定的"劳动合同期满终止或职工可以与用人单位解除或者终止劳动关系"的情形，不应享受一次性医疗补助金。二审法院认为，实行一次性工伤医疗补助金和一次性伤残就业补助金是因为工伤职工在伤病治愈或医疗终结后，有可能伤病发生变化需要治疗，而且可能会在今后的求职就业中与非工伤人员相比存在一定的困难。由此可见，从立法精神看，一次性工伤医疗补助金和一次性伤残就业补助金，是为提出解除劳动关系，未达到退休年龄的工伤职工在寻找到新的工作前的一种补偿，使他们基本生活开支有必要的保障。而职工达到法定退休年龄之后,在依法享受养老保险待遇的同时,工伤保险关系不因退休而终止,因治疗工伤所需费用仍然可以从工伤保险基金中支付。因此,将一次性工伤医疗补助金的支付对象限定为未达到退休年龄的工伤职工,更为合理。本案中,刘某虽被鉴定为九级伤残,但其与用人单位的劳动关系因退休而终止,刘某在办理退休并依法享受基本养老保险待遇后,基本生活已经有了保障,其因工致残的后续相关医疗待遇,依照原江苏省劳动保障厅《关于实施〈工伤保险条例〉若干问题的处理意见》(苏劳社医〔2005〕6号)规定依然能够享受,工伤保险关系并未终止,但工伤保险关系的存续并不能成为上诉人在达到法定退休年龄后仍能要求社保基金支付一次性工伤医疗补助金的依据。因此,上诉人的上诉理由不能成立,不予采纳。被上诉人对上诉人提出的工伤保险基金支付一次性工伤医疗补助金的申请作出不予支付的审核决定符合法律规定,一审判决予以维持并无不当。二审法院判决驳回上诉,维持原判。

 [案例解析]

一、是否符合享受一次性工伤医疗补助金条件的举证责任

社会保险给付请求权系指被保险人或受益人要求社会保险给付义务人积极为一定行为之请求权。[1]作为待遇申请人,应当证明自己的请求符合法律规定,只有在其请求符合法律规定的前提下,即具有请求权基础,其请求才能得到支持。无请求权基础即无请求权。对于请求权基础的举证责任应当由申请人承担,必须遵循"谁主张,谁举证"的基本原则。在本案中,刘某上诉以"法律上没有规定职工在退休前发生的工伤,达到退休年龄后不可以享受一次性医疗补助金"主张享受一次性工伤医疗补助金,既不符合请求权基本理论,也违背举证原则,不能成立。

二、现行立法关于享受一次性工伤医疗补助金的条件

刘某情形不符合现行法律给付一次性工伤医疗补助金的条件。一次性工伤医疗补助金是针对工伤人员劳动关系解除终止而给付的一项工伤保险待遇。《工

---

〔1〕 向春华. 社会保险请求权与规则体系[M]. 北京:中国检察出版社,2016:48.

伤保险条例》第三十七条对于七级至十级工伤人员仅规定了支付一次性工伤医疗补助金的两种情形：劳动、聘用合同期满终止；职工本人提出解除劳动、聘用合同。

在劳动法中，劳动合同的解除、终止有其严格的界定，两者属于不同的法律概念。不同的原因构成不同的解除、终止类型，各有不同的法律后果。因此，不能将一种解除、终止类型与其他解除、终止类型混同。《劳动合同法》第四十四条规定的劳动合同终止类型包括：劳动合同期满终止、劳动者开始依法享受基本养老保险待遇终止等。这些终止类型与第三十六条、第三十七条、第三十八条等规定的劳动合同解除完全不同。《工伤保险条例》虽然没有明确规定适用《劳动合同法》的规定，但是基于两种法律的密切关联，以及劳动保障法的理论，对《工伤保险条例》规定的劳动合同解除、终止应当适用《劳动合同法》的规定。因此在本案中，刘某因为领取基本养老金而终止劳动合同不符合《工伤保险条例》规定的享受一次性工伤医疗补助金的条件。

三、文义解释与立法目的解释的适用关系

任何法律的适用过程，都是法律的解释过程，即分析现实中的具体行为和请求是否符合法律规则的一般的抽象规定。从《工伤保险条例》规定的享受一次性工伤医疗补助金的条文文字分析申请人是否符合该条款规定，属于法律的文义解释。本案中，法院通过分析一次性工伤医疗补助金的设立目的来分析刘某的诉求是否符合该制度目的，属于立法目的解释。在本案中，法院比较准确地分析了该项制度的目的，值得肯定。但其思维方式仍值得推敲。

文义解释相对于目的解释是更为基本的法律解释的方法。在任何一个法律规范的适用中，都需要进行文义解释，但不一定都需要目的解释。其基本关系是，如果文义解释能够较好地解决法律适用问题，不存在歧义，不会引发与基本原则等的冲突，则无须再适用包括目的解释在内的其他解释方法；如果文义解释仍无法填补法律的漏洞，或者解释的结果可能违背基本原则或社会基本价值，则需要进一步斟酌立法目的。在本案中，根据文义解释完全可以解决刘某的诉求是否应当支持的法律问题，因此在没有充分进行文义解释的基础上主要适用目的解释，不尽妥当。较好的做法是，先根据《劳动合同法》等对《工伤保险条例》规定的解除和终止含义进行文义解释；在此基础上再适当进行目的解释，就比较完美了。

四、一次性工伤医疗补助金的缺陷及其改革

从本案工伤人员的诉求来看,一次性工伤医疗补助金制度存在很大的缺陷,基本上没有达到制度设立的目的,反而诱导了人们对于利益的过分追求。

在本案中,工伤人员虽然不能获得一次性工伤医疗补助金,但是工伤医疗的权益可以终生得到保障,因此并不存在工伤医疗需求无法满足的问题。在这一背景下,工伤人员仍然坚持主张该项待遇,显然不是为了解决未来的工伤医疗保障需求,而是为了获得一笔"额外"福利性资金,以增进个人财产利益,这样的需求显然与制定该制度的目的背道而驰。同时鉴于该项制度存在的多种问题,笔者认为应当尽快取消这一待遇项目。[1](向春华)

---

[1] 向春华. 社会保险请求权与规则体系 [M]. 北京:中国检察出版社,2016:452-458.

未参保单位应按照法定标准支付工伤职工待遇

[核心提示]

用人单位未给职工缴纳工伤保险费，职工发生工伤事故后，用人单位应依照《工伤保险条例》第六十二条第二款"依照本条例规定应当参加工伤保险而未参加工伤保险的用人单位职工发生工伤的，由该用人单位按照本条例规定的工伤保险待遇项目和标准支付费用"之规定，向职工支付工伤保险待遇。

[案号]

一审：（2014）寒民初字第183号；二审：（2014）潍民一终字第1112号

[基本案情]

2013年7月21日至2013年8月15日，冯某在涉案公司（本案例中以下简称公司）从事车间操作工，双方约定前十天工资为每天100元，之后每天130元。工作期间，公司未给冯某办理工伤保险。2013年8月15日，冯某在行车吊运钢筋结构构件时，不慎致圆管滚落砸伤脚部，经潍坊市中医院诊断为右足拇趾粉碎性骨折。公司于2013年9月14日向潍坊滨海经济开发区劳动人事局提出关于冯某的工伤认定申请，该局于同年11月13日作出潍滨劳工伤认字（2013）第13279号《认定工伤决定书》，认定冯某为因工受伤。2013年11月29日，潍坊市劳动能力鉴定委员会作出潍劳鉴（2013）第13120390号《鉴定结论通知书》，确认冯某的劳动功能障碍程度为九级，生活自理障碍程度为无生活自理障碍。后冯某向潍坊滨海经济开发区劳动争议仲裁委员会申请仲裁，要求公司向其一次性支付所有的补助金、工资、护理费、补偿金及其他有关费用。该仲裁委员会于 2014 年 4 月 2 日作出潍滨劳仲裁字（2014）第 4 号裁决书，裁决：一、公司支付冯某一次性伤残补助金、一次性医疗补助金、一次性就业补助金、停工留薪期工资共计 105 426 元；二、双方解除劳动关系；三、冯某其他仲裁请求不予支持。公司不服上述裁决，在法定期限内起诉至法院，要求不向冯某支付上述款项。

另查明，公司于 2013 年 10 月 22 日向冯某支付生活费 500 元，冯某于 2013 年 11 月 27 日从公司处借款 500 元，冯某表示同意将上述两笔款项从工伤赔偿金中扣除。山东省潍坊市统计局公布的 2012 年度全市在岗职工平均工资为 40 965 元，月平均工资为 3 413.75 元。公司、冯某双方均认可冯某停工留薪期为 3 个月。

[审判过程与结果]

一审法院认为，潍坊滨海经济开发区劳动人事局作出的潍滨劳工伤认字（2013）第 13279 号《认定工伤决定书》载明，冯某在行车吊运钢筋结构构件时，不慎致圆管滚落砸伤脚部，该局根据《工伤保险条例》第十四条第（一）项之规定，认定冯某系因工受伤，对此法院予以确认。本案中，公司未给冯某办理工伤保险，故冯某依法享有的工伤保险待遇应由公司支付。潍劳鉴（2013）第 13120390 号《鉴定结论通知书》确认冯某的劳动功能障碍程度为九级，生活自理障碍程度为无生活自理障碍，对此法院予以采信。冯某于 2013 年 8 月 15 日受伤后，未再向公司提供实际劳动，应认定双方的劳动关系已于 2013 年 8 月 16 日解除。按照《山东省贯彻〈工伤保险条例〉实施办法》的规定，工伤职工被鉴定为九级伤残的，一次性工伤医疗补助金的标准为 7 个月，一次性伤残就业补助金的标准为 12 个月，以解除或终止劳动合同时统筹地区上年度职工月平均工资为基数。综上，公司应向冯某支付一次性工伤医疗补助金 23 896.25 元（3 413.75 元/月 × 7 个月）、一次性伤残就业补助金 40 965 元（3 413.75 元/月 × 12 个月）。《工伤保险条例》第三十七条规定："职工因工致残被鉴定为七级至十级伤残的，从工伤保险基金按伤残等级支付一次性伤残补助金，九级伤残为 9 个月的本人工资"，故公司应向冯某支付一次性伤残补助金 32 400 元（3 600 元/月 × 9 个月）。冯某停工留薪期虽未经劳动能力鉴定委员会确认，但公司、冯某均认可其停工留薪期为 3 个月，予以支持，确认冯某的停工留薪期工资为 10 800 元（3 600 元/月 × 3 个月）。潍政发〔2011〕37 号文件规定工伤职工市内住院期间伙食补助费标准为每天12元定额,潍坊市中医院住院病历载明冯某实际住院22天,故冯某的住院伙食补助费应为264元(12元/天×22天)。冯某主张住院伙食费为440元,对超出部分不予支持。冯某主张交通费500元,劳动能力鉴定费144元,但未提供证据予以证明,对此不予采信。冯某主张护理费9 000元,虽提交了护理人谢某工作单位出具的工资证明,但未提交谢某因护理而扣发工资的相关证据,对其主张的护理费不予支持。冯某主张解除劳动合同经济补偿金3 900元,于法无据,不予支持。公司于2013年10月22日向冯某支付生活费500元,冯某于2013年11月27日从公司处借款500元,冯某表示同意将上述两笔款项从工伤赔偿金中扣除,对此予以支持。冯某于2013年8月29日向公司借款500元,但其未同意将该项款项从工伤赔偿款中扣除,该借款与本案不属同一法律关系,故本案对此不予一并审理。

综上,公司应向冯某支付一次性工伤医疗补助金23 896.25元、一次性伤残就业补助金40 965元、一次性伤残补助金32 400元、停工留薪期工资10 800元、住院期间伙食补助费264元,共计108 325.25元,扣除已支付的1 000元,尚应向冯某支付107 325.25元。依照《劳动争议调解仲裁法》第六条,《工伤保险条例》第十七条、第三十条、第三十七条,《山东省贯彻〈工伤保险条例〉实施办法》第二十五条第二款、第二十九条,《民事诉讼法》第六十四条、第一百四十二条之规定,一审法院判决如下:公司支付冯某一次性工伤医疗补助金、一次性伤残就业补助金、一次性伤残补助金、停工留薪期工资、住院期间伙食补助费等共计107 325.25元,于判决生效后10日内支付。如果未按判决指定的期间履行给付金钱义务,应当依照《民事诉讼法》第二百五十三条之规定,加倍支付迟延履行期间的债务利息。

一审判决后,公司不服,上诉称:请求依法判令公司不向冯某支付一次性伤残补助金、一次性医疗补助金、一次性就业补助金、停工留薪期工资;诉讼费用由冯某承担。

被上诉人冯某答辩称:一审法院认定事实清楚,适用法律正确,要求依法驳回上诉,维持原判。

二审法院审理查明的事实与一审一致。

二审法院认为,本案中被上诉人冯某之伤已经潍坊滨海经济开发区劳动人事局作出的潍滨劳工认字(2013)第13279号《认定工伤决定书》确认为因工受伤,且潍坊市劳动能力鉴定委员会作出的潍劳鉴(2013)第13120390号《鉴定结论通知书》确认冯某之伤为劳动功能障碍程度为九级,生活自理障碍程度为无生活自理障碍。双方对劳动合同解除并无异议,公司未给冯某办理工伤保险,故冯某向公司主张工伤待遇符合法律规定,一审判决认定事实清楚,适用法律正确,依法予以维持。

综上,依据《民事诉讼法》第一百六十九条、第一百七十条第一款第(一)项、第一百七十五条之规定,二审法院判决如下:驳回上诉,维持原判。本判决为终审判决。

[案例解析]

这是未参保企业与职工就工伤保险待遇给付问题发生的纠纷。用人单位主张不支付其职工冯某一次性伤残补助金、一次性医疗补助金、一次性就业补助金、停工留薪期工资,只负责冯某的医疗费。这听起来是笑谈的事,但在现实中确有发生。

在我国工伤保险制度设计中,用人单位及职工参加工伤保险,由工伤保险基金承担工伤赔付责任;没有参加工伤保险的用人单位及职工,由用人单位承担工伤赔付责任。这样的制度设计,源于我国工伤保险制度是从企业保险过渡而来。在企业保险阶段,工伤赔付责任由企业承担。现阶段我国已经实行工伤社会保险,但是由企业保险向工伤社会保险转换需要一个较长的过渡时期。在这个过渡期内,虽然《社会保险法》《工伤保险条例》规定工伤保险属于强制性保险,用人单位应依法参保,但是由于我国法律强制力不足,仍有一部分用人单位不主动自觉参保。这种情况下,为了保护广大职工的工伤保险权益,督促用人单位承担起工伤保障责任,法律规定如用人单位没有参加工伤保险,由用人单位按照《工伤保险条例》规定的待遇标准支付职工的工伤待遇。所以,对于用人单位来说,无论是参保还是不参保,都不能逃避支付工伤职工工伤保险待遇的责任,只不过是参保企业通过社会保险的形式,将自身企业的风险转由工伤保险基金承担,减少了经济赔付压力和事务性负担,而未参保企业要将所有的职业风险和事务性负担全部由自己承担。

本案中,用人单位不想承担法律规定的工伤保险待遇给付责任,是得不到法院支持的,败诉是必然的。(张军)

未进行参保登记不能成立一般工伤保险关系，工伤保险基金不予支付相应待遇

[核心提示]

为职工向社会保险经办机构申请办理社会保险登记，以及自行申报、按时足额缴纳社会保险费，是用人单位应履行的两项法定义务，此两项义务的完成，是建立社会保险法律关系的必要条件。《工伤保险经办规程》是人力资源和社会保障部为指导《社会保险法》《工伤保险条例》的执行而制定的规范性文件，其中第八条和第十条要求用人单位在为其职工办理社保登记时需填报申报名册、提供身份证、劳动合同等材料，是对《社会保险法》第五十八条第一款中规定的用人单位申办登记义务的操作性规定，并未限制用人单位的权利或增加用人单位的义务。

[案号]

一审：（2015）杭萧行初字第112号；二审：（2016）浙01行终135号

[基本案情]

赵某于2014年2月进入涉案公司（本案例中以下简称公司）工作。2014年1月至6月，公司向萧山地税局申报缴纳工伤保险费，其中，除2014年4月申报的缴费人数为6人之外，其余月份均是7人。2014年6月6日，萧山区人力资源和社会保障局（本案例中以下简称萧山区人社局）作出《认定工伤决定书》，认定赵某2014年5月28日在公司工作时受伤的情形属于工伤。经浙江省劳动能力鉴定委员会鉴定，赵某的伤情构成七级伤残。2015年4月15日，萧山区社保中心对公司申报赵某工伤保险待遇的申请作出《工伤保险业务经办告知

书》，认为赵某2014年5月28日发生工伤时在萧山区没有参加工伤保险，不符合工伤保险基金支付条件，故决定不予支付。公司不服该决定，于2015年5月14日向萧山区人社局申请行政复议，萧山区人社局于次日受理，并于2015年5月17日将《行政复议答复通知书》和公司的申请材料副本送达萧山区社保中心。萧山区社保中心于2015年5月21日向萧山区人社局提交答辩和证据材料。2015年7月6日，萧山区人社局作出《行政复议决定书》，维持了萧山区社保中心的不予支付决定，并将该决定书送达公司和萧山区社保中心。公司不服，遂诉至法院。

[审判过程与结果]

一审法院认为：《社会保险法》第五十八条第一款规定"用人单位应当自用工之日起三十日内为其职工向社会保险经办机构申请办理社会保险登记。未办理社会保险登记的，由社会保险经办机构核定其应当缴纳的社会保险费。"人力资源和社会保障部《工伤保险经办规程》(本案例中以下简称《经办规程》)第八条规定"用人单位依法为其职工办理社会保险登记时，需填报《参加社会保险人员登记变动申报名册》并提供以下证件和资料：（一）居民身份证原件及复印件；（二）劳动合同等用工手续；（三）省、自治区、直辖市经办机构规定的其他证件和资料。"根据《经办规程》第九条第一款和第二款的规定，在对用人单位的参保申报审核通过后，经办机构应当为首次参加社会保险的职工个人建立社会保险关系，核发社会保障卡。本案中，赵某于2014年2月进入公司工作，于2014年5月28日发生事故受伤。在此期间，公司没有在萧山区社保中心为赵某办理过工伤保险方面的社会保险登记，也未按照《经办规程》第八条的规定填报《参加社会保险人员登记变动申报名册》、提供赵某身份证等相应证件和资料，从而萧山区社保中心无从审核赵某的参保资料，并为其建立社会保险关系。萧山区社保中心据此认定公司职工赵某未在萧山区参加工伤保险，并将不予支付的决定以告知书的形式通知了公司，该行为认定事实清楚，适用法律正确，程序合法。萧山区人社局作为萧山区社保中心上一级主管部门，具有作出被诉复议决定职权。萧山区人社局受理公司复议申请后，通知萧山区社保中心参加复议，审查了复议双方当事人的证据，在法定期限内作出被诉复议决定，该复议决定认定事实清楚，适用法律正确，程序合法。关于公司主张的缴纳社会保险费后，工伤保险法律关系就立即生效的观点，一审法院认为，从《社会保险法》和《经办规程》的规定看，工伤保险这一社会保险关系是一种具体的法律关系，参保的主体必须是明确和特定的，即使有缴费的事实，但在用人单位没有填写《参加社会保险人员登记变动申报名册》、未提供参保人员身份资料的情况下，仍然无法明确具体参保人员的身份，特定人员的社会保险关系无法得以建立，公司提供的缴费凭据和考勤表不能起到使参保人员特定化的作用，故公司的这一主张缺乏事实和法律依据，不予支持。一审法院判决驳回公司的诉讼请求。

公司上诉称：一审判决认为企业缴纳了工伤保险费用，而没有按照《经办规程》的规定填报花名册和参保人员身份资料就不构成社会保险关系的观点错误。职工工伤保险赔偿的依据是企业有无为职工缴纳工伤保险费，只要缴纳了工伤保险费用，工伤保险关系也就成立了。《社会保险法》或《工伤保险条例》均未提到企业要为职工申报花名册等内容，申报花名册等内容不是工伤保险关系成立的必要条件。缴纳工伤保险费是构成享受工伤保险待遇的支付要件，只要企业缴纳了工伤保险费，社保部门就应支付工伤保险待遇。《经办规程》不是部门规章，更不是行政法规，其制定的目的不是限制企业权利，增加企业义务。即使企业没有按照《经办规程》的要求履行相关义务，但只要为职工缴纳了工伤保险费，工伤职工就可以享受工伤保险待遇。在工伤保险经办过程中，企业只需在网上如实申报职工人数即可，并不需要填报花名册等其他手续就可以办理工伤保险手续。在企业申报之后，征缴机关就会在企业账户中自动按照申报的人数划扣工伤保险费。划扣就视为工伤保险关系已经成立。上诉人公司在按规定向被上诉人萧山区社保中心申报完职工情况后，被上诉人既没有提出异议，更没有书面回复，还按照上诉人申报的情况划扣了工伤保险费，应视为认可上诉人的参保行为，工伤保险关系已经生效。虽上诉人未按《经办规程》的规定填报花名册，未提供参保人员身份资料，但庭审过程中赵某对劳动关系建立的时间并无异议，一审法院对相关证据均予以认定，因此缴费凭据和工资表完全能起到参保人员特定化的作用。被上诉人允许当地企业单项缴纳工伤保险费的目的是为了解决小微企业的用工成本，所以工伤保险费只需企业自行网上申报即可，然后由地税部门代扣。在企业如实按职工人数缴纳工伤保险费，地税部门也代为征缴后，被上诉人却以未申报花名册为由拒绝支付，是推卸责任。请求撤销一审判决，撤销《工伤保险业务经办告知书》和《行政复议决定书》，认定赵某所负工伤符合工伤保险基金支付条件。

被上诉人萧山区社保中心答辩称：上诉人对工伤保险法律关系存在错误理

解。根据《社会保险法》第五十八条,《经办规程》第八条、第十条等规定,工伤保险这一社会保险关系是一种具体的法律关系,参保主体必须明确、特定。在用人单位没有按照工伤保险业务经办流程填写《参加社会保险人员登记变动申报名册》,没有提供参保人员身份资料的情况下,无法明确具体参保人员的身份,特定人员的社会保险关系当然无法得以建立。本案中,上诉人公司提供的缴费凭据和考勤表亦不能起到使参保人员特定化的作用,无法确定上诉人所缴纳的工伤保险费是为赵某参保,故上诉人的主张没有事实和法律依据。上诉人向被上诉人提交材料要求由工伤保险基金支付赵某的工伤保险待遇,经核查,赵某除了2007年8月15日至2008年3月19日期间由另一公司为其参加工伤保险外,并未在该区参加任何社会保险,也从未在上诉人处参加过工伤保险,因此赵某不符合由工伤保险基金支付工伤保险待遇的条件,不能列入该区工伤保险基金支付范围。被上诉人作出的《工伤保险业务经办告知书》合法合理。上诉人的诉请于法无据,请求依法予以驳回。

被上诉人萧山区人社局答辩称:被上诉人作出行政复议决定职权法定,程序合法。复议决定认定事实清楚,适用法律正确。

被上诉人赵某答辩称:对原判决无异议。

二审法院认为,一审法院对证据的采信符合法律规定。

二审法院认为:《社会保险法》第五十八条第一款规定"用人单位应当自用工之日起30日内为其职工向社会保险经办机构申请办理社会保险登记。"第六十条第一款规定"用人单位应当自行申报、按时足额缴纳社会保险费,非因不可抗力等法定事由不得缓缴、减免。"据此,为职工向社会保险经办机构申请办理社会保险登记,以及自行申报、按时足额缴纳社会保险费,是用人单位应履行的两项法定义务,此两项义务的完成,是建立社会保险法律关系的必要条件。《经办规程》是人力资源和社会保障部为指导《社会保险法》《工伤保险条例》的执行而制定的规范性文件,其中第八条和第十条要求用人单位在为其职工办理社保登记时需填报申报名册、提供身份证、劳动合同等材料,是对《社会保险法》第五十八条第一款中规定的用人单位申办登记义务的操作性规定,并未限制用人单位的权利或增加用人单位的义务。萧山区社保中心根据《社会保险法》第五十八条,《经办规程》第八条、第十条的规定,以公司是否将赵某的名字填写于《参加社会保险人员登记变动申报名册》、是否提供赵某的身份资料作为参保人员身份资料,作为判断工伤保险关系建立与否的必要条件,适用法律正确。上诉人公司提出的只要缴纳了工伤保险费,工伤保险关系就已成立的理由不符合《社会保险法》第五十八条第一款的规定。萧山区社保中心查明公司并未向萧山区社保中心提交过任何材料为赵某申请办理社会保险登记,赵某从未在该公司处参加过工伤保险的事实后,作出赵某的工伤不符合工伤保险基金支付条件,不予列入萧山区工伤保险基金支付的《工伤保险业务经办告知书》,符合《工伤保险条例》第六十二条第二款的规定。萧山区人社局的复议决定程序合法。上诉人的上诉理由不能成立,对其上诉请求不予支持。二审法院依照《行政诉讼法》第八十九条第一款第(一)项之规定,判决驳回上诉,维持原判。

[案例解析]

一、一般参保模式下工伤保险关系与社会保险关系的同一性及其成立条件

《社会保险法》的规定过于原则,仅仅依靠该法,是无法推进和运行社会保险制度的。例如,该法第十条规定"职工应当参加基本养老保险,由用人单位和职工共同缴纳基本养老保险费",第三十三条规定"职工应当参加工伤保险,由用人单位缴纳工伤保险费,职工不缴纳工伤保险费",第三十五条规定"用人单位应当按照本单位职工工资总额,根据社会保险经办机构确定的费率缴纳工伤保险费"。但是,用人单位怎么为职工办理参保,费率是多少,哪个社保机构负责,单位需要提供什么材料,职工需要提供什么材料,按什么程序办理,各自的期限是多少,均没有明确规定。由于没有这些规定,那么仅仅依靠该法,根本无法实施。因此必须依靠社会保险主管部门颁布的大量规范性文件。

一般参保模式是指按照单位工资总额以及劳动者个人上年度月平均工资作为缴费基数缴纳社会保险费而参加社会保险的模式。

一般参保模式下工伤保险关系为社会保险关系的一部分,在通常情形下两者具有种属关系。在我国多数地区,实行"五险统征"[1],在此,工伤保险随同其他各项社会保险一起办理参保手续并缴费,工伤保险关系与其他社会保险关系同时建立。在未实行统征的地区,两者法律关系建立的时间不同。无论是同时成立,还是先后成立,工伤保险关系实即属于社会保险关系的一部分,劳动者的工伤保险权利为社会保险权利的部分内容。

---

[1] 生育保险已经确定并入基本医疗保险。

一般参保模式下工伤保险关系与社会保险关系的成立条件基本相同，尤其是在劳动关系存续时以职工身份参保缴费的状况下。基本条件有三个：一是进行参保登记，即申报被保险人的身份资料；二是被保险人与用人单位之间存在劳动关系；三是用人单位为个人缴纳了社会保险费。[1]

就本案而言，主要涉及第一个条件，即被保险人身份资料的申报。社会保险的基本原理与商业保险是相同的，是针对被保险人提供的应对社会风险的保障方案。其基本模式是，在投保人缴纳保费（社会保险费）之后，对具体的被保险人出现的法定的保险事故由保险人（社保机构）承担给付责任。就具体的社会保险关系而言，其主体都是特定的，即投保人为A投保，只有A才能成为被保险人，其他任何人都不可能成为被保险人。因此，只有当被保险人确定以后，保险（社会保险）关系才能够成立。在商业保险中，被保险人是通过保险合同确定的。《保险法》第十二条第五款规定："被保险人是指其财产或者人身受保险合同保障，享有保险金请求权的人。"在社会保险中，是通过申报即参保登记确定被保险人的。仅有缴费，但没有进行参保登记，没有按照工伤保险业务经办流程填写《参加社会保险人员登记变动申报名册》，没有提供参保人员身份资料的情况下，无法明确具体被保险人的身份，特定人员的社会保险关系当然无法得以建立。

就申报个人资料的依据来看，除了上述法院已经指出的以外，《社会保险费申报缴纳管理规定》第四条规定，用人单位应当按月在规定期限内到当地社保机构办理缴费申报，申报事项包括职工名册及职工缴费情况；第五条规定，用人单位代职工申报的事项包括职工姓名、社会保障号码、用工类型、联系地址、代扣代缴明细等，也应当属于合法的法律依据。

二、一般参保模式下个人资料申报作为工伤保险关系成立的实践必要性

从实践来看，在一般参保模式下，只有申报具体的被保险人资料，并明确缴费系为具体的被保险人而行，才有可能确定具体的个人为被保险人。一方面，用人单位未依法参保的现象仍然大量存在，很多企业仅仅为部分职工参保。例如，某企业实际职工100人，而仅为其中20人参保。如果该企业仅仅缴纳了20个人的社保费，但没有申报具体20个人的名单等资料，如果认为无须申报具体职工资料即可确定社会保险关系，那么应该确定该企业中的哪20个人已经参保？

---

[1] 这三个条件是针对职工身份参保而言的。

显然根本无法确定。另一方面，用人单位的人员是永远变动的，劳动关系的确定并不一定以实际劳动的提供为必要条件。如果认为无须申报具体职工资料即可确定社会保险关系，那么将导致无限多的与用人单位并无实际劳动关系的人员纳入社保，因为单位可以随时提供证据确认该人员属于单位职工。这将导致参保一人，可保亿人的荒谬结果。

需要提出的是，特殊方式参保（如项目参保）情形下工伤保险关系的成立有其特殊性，无论是参保还是工伤保险关系的成立，并不需要先行固定到具体的人员。（向春华）

煤矿及项目参保未实名制是否影响工伤保险待遇

[核心提示]

工伤保险有不同的缴费方式,缴费方式的不同影响着工伤保险关系的认定。煤矿企业以每月生产煤的吨数为基准缴纳工伤保险费,在这种方式中,与作为缴费依据的总产量的生产有关的职工都属于已参保人员,即在核算的总产量之内,实际参与了这些总产量生产劳动的职工都已经建立了工伤保险关系。未报送参保人员名单不能否认煤矿企业已为该企业职工参加工伤保险的这一事实,职工在此期间发生工伤的,应依法享受工伤保险待遇。

[案号]

一审:(2015)冷行初字第40号;二审:(2016)湘13行终29号

[基本案情]

杨某、刘某、李某系某市涉案用人单位煤矿(本案例中以下简称用人单位煤矿)井下职工。2013年11月14日,用人单位煤矿发生煤井瓦斯爆炸事故,造成包括杨某、刘某、李某在内的5名职工当场死亡。2013年11月15日、11月16日,用人单位煤矿分别同杨某、刘某、李某的近亲属签署了一次性赔偿协议,并已全部履行完毕,取得了杨某、刘某、李某的近亲属向工伤保险经办机构主张工伤保险待遇的授权。根据该市政办〔2006〕8号文件的规定,该市范围内煤矿企业缴纳工伤保险费的方式为根据煤矿的产煤量,由煤炭税费统征部门按月代征,该煤矿当年应缴纳的工伤保险费已及时足额缴纳。但在用人单位煤矿与杨某、刘某、李某的劳动关系存续期间,未向该市工伤保险经办机构(本案例中以下简称工伤保险经办机构）申报杨某、刘某、李某为工伤保险参保职工。2015 年 6 月 24 日，社会保险行政部门作出《认定工伤决定书》，分别认定刘某、杨某、李某为工亡。2015 年 8 月 24 日，用人单位煤矿向工伤保险经办机构提出书面申请，请求支付杨某、刘某、李某的工伤保险待遇。同月 26 日，工伤保险经办机构作出《来信来访答复函》，以杨某、刘某、李某不是该市工伤保险参保人员为由，拒绝支付上述 3 名工亡职工的工伤保险待遇。用人单位煤矿不服，遂提起行政诉讼。

[审判过程与结果]

一审法院认为，根据该市文件的规定，煤矿企业缴纳工伤保险费的方式为根据煤矿的产煤量由煤炭税费统征部门代收，煤矿企业以每月生产煤的吨数为基准缴纳工伤保险费，而不是以煤矿的职工人数为基准缴纳工伤保险费，即只要煤矿企业按照产煤量缴纳了工伤保险费，就视为煤矿的职工全员参保。且该市劳社发〔2006〕187 号文件第七条虽规定"煤矿企业应及时做好异动人员的申报工作，工伤保险经办机构应做好煤矿企业从业人员的登记和建档工作，从业人员凭实名享受工伤保险待遇"，但该条规定由煤矿企业报送参保人员名单，其实际只是一项管理性要求，并不影响工伤保险关系的成立。本案中原告用人单位煤矿虽未按该条规定申报其职工杨某、刘某、李某为工伤保险参保人员，但并不影响杨某、刘某、李某已参加工伤保险这一事实。《工伤保险条例》第三十九条规定，职工因工死亡，其近亲属按照规定从工伤保险基金领取丧葬补助金、供养亲属抚恤金和一次性工亡补助金。本案中用人单位煤矿在规定期限内持相关资料，向被告工伤保险经办机构申报办理杨某、刘某、李某的工伤保险待遇，且已垫付了杨某、刘某、李某的工伤保险待遇，取得其近亲属向被告主张工伤保险待遇的授权，被告理应支付用人单位煤矿已垫付的工伤保险待遇。综上，被告作出的《来信来访答复函》证据不足，于法无据，应予撤销。一审法院判决撤销被告工伤保险经办机构作出的《来信来访答复函》，被告应在判决生效之日起 30 日内，重新作出行政行为。

工伤保险经办机构上诉称：一审判决认定事实错误。上诉人工伤保险经办机构与被上诉人用人单位煤矿申报的杨某、刘某、李某不存在参保关系。因杨某、刘某、李某未与被上诉人订立劳动合同，被上诉人没有为杨某、刘某、李某进行上岗前体检和建立劳动健康档案，更没有在上诉人处申报杨某、刘某、李某为工伤保险参保职工。故杨某、刘某、李某不是工伤保险参保人员,不能享受工伤保险待遇,他们的工伤保险待遇应由作为用人单位的被上诉人承担。请求撤销一审判决,支持上诉人的上诉请求。

被上诉人用人单位煤矿辩称,杨某、刘某、李某与被上诉人劳动关系成立,被上诉人按产煤量向上诉人交纳了工伤保险费,杨某等3人与上诉人的工伤保险参保关系成立。请求二审法院驳回上诉,维持原判。

二审查明的案件事实与一审法院认定的事实一致。

二审法院认为,工伤保险有不同的缴费方式,而缴费方式的不同影响着工伤保险关系的认定。《工伤保险条例》第十条第三款规定,对难以按照工资总额缴纳工伤保险的行业,其缴纳工伤保险费的具体方式,由国务院社会保险行政部门规定。该市依据有关规定制定的文件规定,煤矿企业缴纳工伤保险费的方式为根据煤矿的产煤量由煤炭税费统征部门代收,煤矿企业以每月生产煤的吨数为基准缴纳工伤保险费。那么,在这种特殊工伤保险中,与作为缴费依据的总产量的生产有关的职工都属于已参保人员,即在该核算的总产量之内,实际参与了这些总产量生产劳动的职工都已经建立了工伤保险关系。地方文件虽规定煤矿企业应报送参保人员名单,但并没有未报送参保人员名单不算参保的规定,其实际上只是对煤矿企业组织参保工作的管理性要求,煤矿企业没按规定报送参保人员名单,显然不妥,但不能否认煤矿企业已为该企业职工投保工伤保险的这一事实。本案中,社会保险行政部门已认定刘某、杨某、李某为工亡。那么,用人单位煤矿按产煤量向工伤保险经办机构足额交纳了与杨某、刘某、李某劳动关系存续期间的工伤保险费,杨某、刘某、李某与工伤保险经办机构的工伤保险参保关系成立。因此,工伤保险经办机构以杨某、刘某、李某不是工伤保险参保人员为由,作出的《来信来访答复函》事实不清,证据不足,于法无据。一审判决予以撤销正确,应予维持。二审法院判决驳回上诉,维持原判。

[案例解析]

一、矿山及项目参加工伤保险的必要性与特殊性

由工伤保险基金支付工伤保险待遇的前提是参加了工伤保险并履行了缴费义务。2003年颁布的《工伤保险条例》第十条第二款规定:"用人单位缴纳工

伤保险费的数额为本单位职工工资总额乘以单位缴费费率之积。"根据法律的强制性和便利性要求，工伤保险的此种参保缴费通常和养老、医疗、失业等社会保险实行"统征统缴"，这种缴费方式比较适用于具有稳定劳动关系的劳动者。而在煤矿、建筑施工等农民工比较集中的企业，这种参保和缴费方式难以适用。一方面，这些企业/行业的农民工流动性较大，为避免转移的麻烦而不愿参保。另一方面，"五险统征"费率较高，农民工基于当期收益的考虑比较排斥；用人单位基于成本考虑，也"乐于"不参保。由此导致这些高风险行业的农民工工伤保险参保率较低，无法有效化解工伤事故对农民工及其家庭的巨大威胁。

基于以上难点，实践中各地提出了不以劳动关系为基础的特殊缴费方式，如建筑施工企业以承建项目参保，在该项目工作的农民工或其他非稳定就业人员都直接纳入工伤保险统筹范围；煤矿企业以"吨煤"为基数参保缴费，在煤矿企业工作的农民工或其他非稳定就业人员都直接纳入工伤保险统筹范围。从而有效解决了一般工伤保险制度针对这些行业覆盖难的问题。2006年原劳动和社会保障部颁布《关于实施农民工"平安计划"加快推进农民工参加工伤保险工作的通知》（劳社部发〔2006〕19号）规定，在保持工伤保险制度框架的前提下，结合矿山、建筑企业的生产经营特点，采用切合实际的统筹方式、灵活有效的缴费方式、可选择的待遇支付方式等，加快推进高风险企业参加工伤保险。

上述实践和政策的发展最后演化为立法条款。2010年年底，修订后的《工伤保险条例》第十条第三款规定："对难以按照工资总额缴纳工伤保险费的行业，其缴纳工伤保险费的具体方式，由国务院社会保险行政部门规定。"随后，人力资源和社会保障部制定并颁布了《部分行业企业工伤保险费缴纳办法》（人力资源社会保障部令第10号）。该办法第五条规定："小型矿山企业可以按照总产量、吨矿工资含量和相应的费率计算缴纳工伤保险费"。此外，建筑施工项目参保作为保障建筑业农民工工伤保险权益的一项国家战略也被立法确认和保护。

此种特殊参保方式与一般参保方式最大的区别在于：一是，一般参保方式必须申报职工个人资料，必须最终落实到具体个人的参保。而特殊行业的特殊参保方式在申报参保缴费时并无须提供个人资料，只要以特定方式履行了缴费义务，未来的特定范围内的特定人群都"自动"属于参保人员。二是，缴费方式不同。一般参保方式是以工资基数按月扣费，而特殊参保方式实行"趸缴"制，并不直接与工资挂钩，通常亦非按月缴费。

二、工伤保险关系的概念、内容及其成立

工伤保险关系可分为广义和狭义两种。广义的工伤保险关系为属概念，其下位概念包括工伤保险费征缴关系，个人与工伤保险经办机构的工伤保险待遇关系，个人与用人单位的工伤保险待遇关系等。狭义的工伤保险关系仅指被保险人及其收益人与工伤保险经办机构之间的权利义务关系。本文采用后一概念即狭义的工伤保险关系。在被保险人与工伤保险经办机构之间的工伤保险关系成立后，发生了保险事故——被保险人遭受工伤伤害或死亡，工伤保险经办机构即应承担保险给付责任。因此工伤保险关系的成立条件和时间就非常关键。

两种不同的参保方式下，参加工伤保险与否的基本形态有重大差别。以一般方式参加工伤保险时，由于其是以被保险人——具体职工的参保作为判断参保的依据，如果具体的职工未参保，则不能说用人单位已经参保或完成参保。在该种情形下，就用人单位方面而言，只有在申报了具体职工个人信息、缴费工资等，并履行了缴费义务之后，才算完成了参保义务；就具体职工而言，必须将其个人信息（包括缴费工资）申报至工伤保险经办机构，并由用人单位为其个人缴纳工伤保险费之后，职工与工伤保险经办机构之间的工伤保险关系才成立。

而在特殊参保方式下，参加工伤保险与否并不直接与具体的职工关联。在以"吨煤"形式参保时，煤矿企业只要以每月生产煤的吨数为基准缴纳工伤保险费，即已完成参保行为，无须申报具体的职工名单、缴费工资等信息[1]，在煤矿企业工作的农民工及就业人员即已纳入工伤保险统筹。在"项目"参保形式下，建筑施工企业或发包单位为在建、拟建项目一次性趸缴工伤保险费，那么参保行为即已完成，该参保行为的完成亦无须申报具体职工的信息和缴费工资，事实上在这个时候通常尚不存在这些信息，那么在建项目后期、拟建项目在未来的整个期间的农民工及其他就业人员均纳入工伤保险统筹。

由于参保形式和要求的区别，工伤保险关系的成立时点也存在重大差别。在一般参保形式下，参保为个人参保，同时要求申报个人信息资料，因此参保行为完成的同时，工伤保险关系即成立；在特殊方式参保下，参保行为完成时，尚未确定的职工自然不可能在此种参保下形成与工伤保险经办机构的工伤保险关系，参保完成与工伤保险关系的建立存在分离。在特殊方式参保下，工伤保

---

[1] 实名制的要求对参保行为的完成无直接关联。

险关系的成立宜以法定雇佣关系的确定为判断基准,即法定雇佣关系一旦确定,工伤保险关系即成立。法定雇佣关系包括两种形式:一是用人单位与劳动者通过书面劳动合同或口头协议、实际行为所确定的雇佣关系;二是虽然用人单位与劳动者之间无直接的雇佣关系,但根据强制性法律规则由用人单位承担雇佣及工伤责任的。[1]之所以强调雇佣关系而非劳动关系,系因为在这种特殊的参保形态中,并不一定要求被保险人与用人单位之间具备劳动关系,非劳动关系亦可。

需要指出的是,本案中法院认为"与作为缴费依据的总产量的生产有关的职工都属于已参保人员,即在该核算的总产量之内,实际参与了这些总产量生产劳动的职工都已经建立了工伤保险关系"这个说法是不准确的。作为概括式整体参保,对于具体劳动者来说,即便其没有参与总产量的具体生产劳动,甚至还没有实际向用人单位提供劳动,例如在第一天上班途中,其就已经与工伤保险经办机构建立了工伤保险关系,应当纳入工伤保险统筹保护。因此,此种工伤保险关系的建立,无须以具体劳动的提供为条件,而应以雇佣关系的确定为条件。

三、特殊方式参保时实名制对工伤保险关系及工伤保险待遇的影响

结合本案,在特殊方式参保时,存在一个重要问题:工伤保险关系的建立是否以实名制申报为基本条件,即是否要求只有实名制申报后,具体的劳动者才能与工伤保险经办机构建立工伤保险关系,而非在法定雇佣关系确定即"自动加入"工伤保险而建立工伤保险关系?

对此,笔者同意法院的上述基本观点,在特殊参保方式下,实名制不影响工伤保险关系的建立。具体理由如下:

首先要指出的是,虽然地方政策规定"煤矿企业应及时做好异动人员的申报工作,工伤保险经办机构应做好煤矿企业从业人员的登记和建档工作,从业人员凭实名享受工伤保险待遇",这一规定仅将实名制与工伤保险待遇享受关联,并未将实名制作为工伤保险关系成立的条件,亦即二审法院所认为的"但

---

[1] 即用人单位违法发包、转包、分包的导致不具备用工主体资格的组织或者自然人招用的劳动者,应由具备用工主体资格的用人单位承担用工及工伤保险责任。法律依据包括原劳动和社会保障部《关于确立劳动关系有关事项的通知》(劳社部发〔2005〕12号)、人力资源和社会保障部《关于执行〈工伤保险条例〉若干问题的意见》(人社部发〔2013〕34号)、最高人民法院《关于审理工伤保险行政案件若干问题的规定》(法释〔2014〕9号)。

并没有未报送参保人员名单不算参保的规定"。在工伤保险关系已经成立的前提下，以用人单位未实名制为由排除工伤人员的工伤保险待遇，既与《工伤保险条例》的规定不符，在理论上也很难以成立。在目前的法律和政策框架下，特殊方式参保时实名制是否影响工伤保险关系的成立，并无明确规定，因此行政与司法的自由裁量空间较大。除了实用价值以外，讨论实名制是否影响工伤保险关系的成立，对于立法和政策完善具有重要意义。

第一，从具体参保缴费的过程来看，用人单位缴费后即已完成投保人的参保缴费义务，用人单位或项目的现有劳动者以及未来的劳动者在雇佣关系确定后即可"自动加入"工伤保险。不管是当下还是未来到用人单位、项目工作的劳动者，不能认为其还未参保。如果一方面认定劳动者已经参加了工伤保险，另一方面又认为其尚未建立工伤保险关系，存在逻辑上的矛盾。对于具体的劳动者来说，其参保即等于工伤保险关系的建立。特殊参保方式下未申报具体劳动者的实名，不影响该劳动者的参保，自然也不影响工伤保险关系的成立。

第二，从特殊参保方式的实施目的来看，该种参保方式系要解决稳定就业下以劳动关系为参保的基础条件所导致的以非稳定就业为重要形态的农民工等人员难以参保，难以被工伤保险覆盖的难题。该种参保方式对特定人群的覆盖不要求一定存在劳动关系，不要求具体到特定的劳动者——覆盖对象具有不确定性，不要求提供具体劳动者的具体信息[1]——这也是该种参保方式覆盖对象具有不确定性所决定的。因此就特殊参保方式的实施目的来看，并不要求实名制。换句话说，要求实名申报后才能参保和建立工伤保险关系，将导致大量农民工等无法获得工伤保险的覆盖和保障，有违这一特殊政策的目的。

第三，从特定劳动者权利保护角度来看，要求申报劳动者的实名后才能参保和建立工伤保险关系，才能纳入工伤保险统筹，才能获得工伤保险保障，则意味着大量的农民工等人员的权益依然无法得到保护，将产生较为严重的社会问题。

第四，从实名制实施的特点来看，一方面，用人单位通常是在劳动者实际提供劳动之后才实名申报，如果要求将实名申报前置到提供劳动之前，现实中很难达到；另一方面，这些行业用工很不规范，存在大量的在未告知用人单位时直接由包工头组织或"批准"即提供劳动的现象，用人单位无法掌握准确的用工人员状况，更不要说要求用人单位提前掌握并申报这些人员的具体信息，

----

[1] 这是就覆盖而言，与覆盖之后要求实名申报，不是同一概念。

而这恰恰是实施特殊参保方式对这些人员实现全覆盖政策的重要意义之一。现实状况决定了无法完全实施实名制，更无法在用工前完全实施实名制。实名制自身存在的缺陷和不适应不应当成为阻止劳动者参保并建立工伤保险关系的障碍。

在工伤人员工伤保险关系已经成立的前提下，工伤保险基金拒绝支付工伤保险待遇，必须符合《工伤保险条例》第四十二条规定的"丧失享受待遇条件的""拒不接受劳动能力鉴定的""拒绝治疗的"情形之一。以未实名制为由拒付待遇，缺乏上位法依据，不适当地限缩了工伤人员的权利，合法性不足。

实名制不影响工伤保险关系的成立，也不能作为支付工伤保险待遇的抗辩事由，但其存在仍具有重要意义。

实名制的功能主要有三点：一是，便于进行工伤认定。如果不实行实名制，出于对工伤保险利益的追求，包工头或相关负责人员，通过在事故后提交虚假花名册、考勤表、工资分配表等证明材料，可以比较容易地骗取工伤认定和工伤保险待遇，而社会保险行政部门、经办机构要查清事实，费时费力也不一定能弄个水落石出。申报实名后，已申报人员的雇佣关系没有疑义，可以减少调查压力；对于未申报实名的人员，可以重点进行调查。二是，有利于进行参保统计，便于工伤保险经办工作的实施。不进行实名统计，"参保人数"都是拟定的，与事实存在出入，不利于社保机构掌握用人单位的实际参保状况，不利于推进费率调整、工伤预防等工作，对于整体工伤保险事业的发展有不利影响。三是，有利于具备用工主体资格的发包、承包单位对于转承包等行为中劳动者情况的掌握，为未来可能产生的工资等争议提供证据支持。

笔者认为特殊行业用人单位未依照规定进行实名申报的，可以通过劳动保障监察、提高工伤保险费率等手段和措施予以纠正和遏制，不宜与工伤保险待遇给付挂钩。（向春华）

社保机构未尽到登记义务可推定用人单位申报参保名单中包含系争工伤人员

[核心提示]

社保机构对用人单位提交的参保人员名单未尽到合理审慎登记签收的法定义务,故在各方当事人均不能举证证明参保人员名单真实内容时,应由社保机构承担因怠于履行审核签收法定职责所致举证不能的法律后果,推定用人单位提交的参保人员名单中含有系争工伤人员。系争工伤人员在参保的建筑工程项目中发生工伤,符合由工伤保险经办机构核定支付相应工伤保险待遇的法律法规规定。

[案号]

一审:(2013)綦法行初字第00098号;二审:(2014)渝五中法行终字第00252号;再审:(2015)渝高法行提字第00007号

[基本案情]

涉案水利公司(本案例中以下简称水利公司)属于建筑施工企业,其承建某建设用地复垦项目。水利公司述称,于2012年10月31日就复垦项目向重庆市工伤保险中心(本案例中以下简称工伤保险中心)申报参加建筑工地农民工工伤保险,并提交了《建筑工地农民工工伤保险申报表》(本案例中以下简称《申报表》),申报参保人数为43人,工伤保险中心审核同意后,双方签订了《建筑企业工地农民工工伤保险参保协议》,并按要求提交了参保资料,足额缴纳了工伤保险费,该协议于2012年11月1日生效,有效保期至2013年1月15日复垦项目工程竣工时止。协议约定在参保工地内,已向工伤保险中心实名申报的本地农民工，在有效保期内发生的工伤事故，按规定核发工伤待遇。同年12月17日14时，职工杨某与代某在施工过程中，墙体突然倒塌，致杨某死亡和代某受伤。当月19日，水利公司与杨某的近亲属达成处理协议，水利公司一次性赔偿杨某的近亲属65万元，此款已全部支付完毕。2013年3月11日重庆市人力资源和社会保障局（本案例中以下简称人社局）作出《认定工伤决定书》，认定杨某属于工亡；同年3月15日人社局作出另一份《认定工伤决定书》，认定代某属于工伤。6月19日，水利公司与代某签订了《人民调解协议》，一次性支付代某工伤待遇12万元。此后，水利公司即向工伤保险中心申请核发该两名工伤职工的工伤待遇。

工伤保险中心于2013年7月11日对水利公司作出《关于××水利公司职工杨××、代××不能报销待遇的答复》（本案例中以下简称《答复》），认定水利公司承建的复垦项目于2012年10月31日在工伤保险中心参加建筑工地工伤保险，并于次月12日缴纳了建筑工地工伤保险费，但水利公司在12月17日（含当日，即杨某和代某工伤事故发生日）前，并未向工伤保险中心如实申报该两名职工的参保资料。根据《工伤保险条例》第十条和该统筹地区政府工伤保险实施办法的规定，水利公司的杨某、代某两名职工，在受伤时不属于参保职工，工伤保险中心不应支付该两名职工工伤待遇，该两名职工的工伤待遇由水利公司自行承担。

水利公司不服上述《答复》，遂诉至法院，要求撤销上述《答复》，并判决工伤保险中心支付工伤保险待遇。

[审判过程与结果]

被告工伤保险中心辩称，原告水利公司属于建筑企业，于2012年10月31日申报了建筑工地工伤保险，当日即对其工地使用人员进行了第一次参保申报，提供了参保人员信息电子文档，其申报的参保人员中没有杨某、代某两人的名字，且直到2012年12月17日前也没有对上述两人进行参保申报。《重庆市人民政府关于印发重庆市工伤保险实施办法的通知》（渝府发〔2012〕22号）第三条规定，参加工伤保险实行实名制且必须按时申报。第五十二条规定，新参加工伤保险的用人单位和个人，从受理申报当月起缴纳新参保人员工伤保险费，受理申报次日起享受工伤保险待遇。《重庆市人力资源和社会保障局关于印发〈重庆市社会保险统一征缴管理工作规范（试行）〉的通知》（渝人社发〔2011

258号）第十三条规定，新增人员属于工伤保险参保对象的，参保单位应于其报到的当日进行参保登记和缴费申报。当日不能按照规定进行完整申报的，可先通过传真等快捷方式申报《重庆市参加社会保险人员基本情况表》，然后在10个工作日，按规定向公共业务办公室补报新增人员详细资料。2012年12月17日原告两名职工发生事故，并已被认定为工伤，但按照前述规定，该两人受伤时，并非工伤参保职工，故其工伤待遇不能由工伤保险基金支付。被告所做的书面答复并无不当，原告要求撤销无理，请求法院驳回原告的诉讼请求。

为证明自己的主张，被告工伤保险中心提交了被告按原告于2012年10月31日和次年1月2日及8日分别报送的参保人员电子文档而制作的《重庆市参加社会保险人员基本情况表》（本案例中以下简称《情况表》）三份，证明水利公司报送参保人员名单中，没有杨某和代某。原告水利公司提交了《复垦项目民工人员名单》一份，加盖有原告公司的公章，时间是2012年10月，拟证明其提交的参保人员名单中，有杨某和代某的名字。

经庭审质证，法院认为，被告举示的《情况表》和原告举示的《复垦项目民工人员名单》，双方均拟证明是参保时首次提交的参保人员名单，被告提交的证据中登记的人数共计22人，原告提交的名单中登记的人数43人，且被告的名单中没有杨某和代某的名字，而原告提交的名单虽然有此两人的名字，但该名单上并无被告确认的签章，且被告也否认该名单系参保时原告向其提交的，故原告提交的《复垦项目民工人员名单》不能证明系其首次向被告提交的参保人员名单；而被告提交的《情况表》，虽然原告也否认，但因参保人员名单系由原告制作，而交由被告存档，故在没有充分证据证明该存档证据与原提交的不一致时，应采信该证据；原告提交的证人证言，欲证明其在经办工伤保险事宜时，向被告提交的参保人员名单中有杨某和代某两人，但因该证人与原告存在利害关系，故该证据欲证明其主张不够充分；工伤职工代某的证言，因其当庭作证时，证词中有前后矛盾之处，其证言不能采信；被告提交的其余证据系其作出行政行为时的政策法规依据。原告提交的其余证据系该两名工伤职工发生工伤事故后的相关资料，被告对此无异议，因与本案讼争的是否应由被告支付工伤待遇无关，故不作为本案的证据。

经审理，法院确认，原告水利公司属于建筑施工企业，其承建建设用地复垦项目，并为此于2012年10月31日向被告工伤保险中心提交了《申报表》，申报建筑工地工伤保险，该申报表上所记载的人数是43人，是被告根据原告参保工程的总造价计算出应交保险费后，再推算的可参保人数，原告是按照被告计算出的人数填写，而并非当时实际参加工程项目施工的人数。此后，双方签订了《建筑企业工地农民工工伤保险参保协议》，该协议第五条明确了保险费的核定方式，即按工程总造价的0.3%一次性缴纳工伤保险费。原告按此标准缴纳了保险费，并提交了参保人员名单。2012年12月17日，原告的两名工人杨某、代某在其工地工作时发生了工伤事故，杨某因工死亡，代某受伤，该两人均被认定为工伤。工伤事故发生后，原告对该两名工伤职工进行了救治，并分别与之达成了赔偿协议，且已按协议履行。原告在向被告申请支付该两名职工的工伤待遇时，被告以工伤事故发生时，原告并未对该两名职工进行参保登记，故他们并非工伤保险参保职工，因此，其工伤待遇由原告自行承担。原告以其参保时所提交的名单中有该两名职工的名字为由不服被告的《答复》，并诉至法院请求判决撤销该《答复》。

法院认为，根据《重庆市人民政府关于印发重庆市工伤保险实施办法的通知》（渝府发〔2012〕22号）第三条和第五十二条的规定，参加工伤保险实行实名制且必须按时申报。受理申报次日起享受工伤保险待遇。《重庆市人力资源和社会保障局关于印发〈重庆市社会保险统一征缴管理工作规范（试行）〉的通知》（渝人社发〔2011〕258号）第十三条规定，新增人员属于工伤保险参保对象的，参保单位应于其报到的当日进行参保登记，当日不能完整申报的，可先通过传真等快捷方式申报《重庆市参加社会保险人员基本情况表》，然后再补报详细资料。原告的工人在其参保项目的工地上发生了工伤事故，并被认定为了工伤，应当享受工伤待遇。原告在向工伤职工支付了工伤待遇后，要求被告核定和向其支付该两名工伤职工的工伤待遇，但原告在庭审中提交的参保人员名单系其自己制作的，且名单上没有被告的签章或确认，而证人证言的证明力较弱，不能予以有效佐证，即不能充分证明原告在该工伤事故发生前，已向被告进行了该两名职工的参保登记，并通过有效方式申报了该两名职工的《重庆市参加社会保险人员基本情况表》，原告向被告申请核定并支付工伤待遇，被告答复不予支付工伤待遇并无不当，原告请求撤销被告的《答复》无法律依据，其诉讼请求法院不予支持。一审法院判决维持被告作出的《答复》。

水利公司不服，提起上诉，其主要理由有：第一，一审对部分事实认定有误。一审没有查明被上诉人工伤保险中心办理社会保险时应遵守的规范。一审认定被上诉人提交的名单是上诉人水利公司首次提交的参保名单。被上诉人称上诉人提供的是电子档名单，但没有证据且不能保证上诉人的名单与电子档一致。一审对上诉人提供的名单不予认可系认定事实错误。一审认定工伤保险申报表上记载的43人是推算出的人数，而非实际参保人数，没有任何法律依据。一审认为证人与被上诉人存在利害关系，不予采信证据系认定事实不清。第二，一审在举证责任分配上显失公平。不应由上诉人来承担对名单真实性的举证责任。第三，一审适用法律不当，判决有失公平。上诉人作为建筑施工企业参加工伤保险与其他类型企业参保有其自身特殊性，只要按规定缴纳了保费，工伤事故发生在参保工地和有效期内即使参保人没有及时提供参保人员名单，也属一般瑕疵，应当享受相应的工伤待遇。

被上诉人工伤保险中心答辩称，43人的人数是按人均保费推算出的一个数字，不是实际的参保人数。参加工伤保险依法必须实名制。

二审法院经审查，一审法院对各方当事人所举证据的采信结果正确。因工伤保险申报表系工伤保险中心制作，故一审法院认定工伤保险申报表上所记载43人，水利公司是按照工伤保险中心计算出的人数填写，而并非当时实际参加工程项目施工的人数的事实有误，予以纠正，对该事实不予认定。一审法院认定的其余事实二审法院予以确认。

二审法院认为，根据《重庆市人民政府关于印发重庆市工伤保险实施办法的通知》（渝府发〔2012〕22号）第三条和第五十二条的规定，参加工伤保险实行实名制且必须按时申报。受理申报次日起享受工伤保险待遇；同时双方签订的工伤保险参保协议也规定了实名申报参保等内容。上诉人水利公司虽在一审中提供了自己制作的参保人员名单（43人）、工资表以及证人出庭作证等证据，但因上诉人水利公司提供的工资表上代某以及部分人员前后签名明显不一致，证人证言前后不一致，所以不能直接否定工伤保险中心提供的参保人员名单（22人），即不能有效证明上诉人水利公司在该工伤事故发生前，已向工伤保险中心进行了两名受伤职工的参保登记，或通过有效方式申报该两名职工参加工伤保险。综上所述，一审法院判决并无不当，上诉人水利公司请求撤销工伤保险中心的《答复》的理由不能成立，其上诉请求法院不予支持。二审法院判决驳回上诉，维持原判。

水利公司仍不服，向重庆市高级人民法院申请再审。其再审理由是：第一，二审判决对举证责任分配错误。行政诉讼中被告对行政行为的合法性负举证责任，原工伤保险中心未举证证明载明22人的《情况表》即是当天水利公司向其提交的参保名单，事实上水利公司当天提交的是43人的《复垦项目民工人员名单》。二审判决主观认定原工伤保险中心提交的参保名单真实，并要求水利公司提供证据对其进行否定，将应当由被告承担的举证责任转由原告承担违反法律规定。第二，二审判决认定事实不清，未查清原工伤保险中心应当遵守的工作规范。《重庆市社会保险征缴工作规范》第十二条规定参保单位必须提供《重庆市参加社会保险人员基本情况表》，该表备注要求此表一式两份，经登记审核后，登记单位和社会保险公共业务管理办公室各一份。该规范第三条、第十四条规定经办机构认为材料齐全的才能受理。原工伤保险中心一旦审核通过则说明水利公司提交的参保资料符合要求。证人证言和其他证据之间能够形成证据链，代某仅在陈述其提供身份证参保的时间上前后不同，却符合一般普通人日常生活常理，对其证言均应采信。第三，一、二审判决适用法律不当。《重庆市工伤保险实施办法》第三条仅是原则性规定，并未规定所有情况下未实名申报均应拒绝支付工伤待遇。水利公司作为建筑施工企业按照建筑施工项目参保，保险费按工程总造价的0.3%缴纳，与参保人员名额的多少无关。即使参保单位未及时提供参保人员名单，也属一般瑕疵，从公平公正角度出发应享受工伤待遇。请求撤销一、二审判决，依法再审改判。

社保局（原工伤保险中心）再审答辩称，根据《重庆市工伤保险实施办法》规定参加工伤保险实行实名制，并规定新参加工伤保险的用人单位和个人，从受理申报次日起享受工伤保险待遇。《重庆市社会保险征缴工作规范》第十三条规定，新增人员属于工伤保险参保对象的，参保单位应于其报到的当日进行参保登记和缴费申报；当日不能按照规定进行完整申报的，可先通过传真等快捷方式申报《重庆市参加社会保险人员基本情况表》，然后在10个工作日内按规定向公共业务办公室补报新增人员详细资料。水利公司于2012年10月31日按建筑施工项目申报工伤保险时，提供的参保人员信息表中只有22人的基本信息，并不包括杨某、代某两人的名字，且直到2012年12月17日工伤事故发生前也未对该两人进行参保申报，故对其工伤待遇不应由工伤保险基金支付。对于《申报表》中43人的记载，系原工伤保险中心按照缴费额除以人均缴费额计算出来的数据，供统计所用，并非参保的实际人数。原工伤保险中心举示的载明22人的2012年10月31日《情况表》系水利公司当日向原工伤保险中心提交并由原工伤保险中心存档。水利公司举示的43人的《复垦项目民工人员名单》虚假。请求法院依法驳回水利公司的再审申请。

再审法院确认：原工伤保险中心提供举示的2012年10月31日《情况表》上无水利公司或其经办人签章，无原工伤保险中心审核签收情况记载，亦无其他证据佐证，其真实性、合法性无法确认，不予采信。水利公司在一审庭审中举示的杨某、代某两人的《认定工伤决定书》真实、合法，且与本案有关联，法院予以采信。再审法院对其余证据的分析认定与二审相同。

再审法院审理查明，原工伤保险中心提交的证据不能证明2012年10月31日《情况表》系水利公司向原工伤保险中心提交并经审核的相关事实，不能证明杨某、代某两人不在参保人员名单之列。一、二审判决认定杨某、代某两人不在参保人员名单内的事实不当，予以纠正。

再审法院认为，本案中双方当事人的争议焦点为：核发工伤保险待遇所依据的基础事实即水利公司申报的参保人员名单中是否包含有杨某、代某两人。《重庆市社会保险征缴工作规范》第十三条规定，参保单位新增人员属于工伤保险参保对象的，参保单位应申报《重庆市参加社会保险人员基本情况表》。该表格样式中载明有参保单位经办人签章、社会保险公共业务管理办公室审核经办人签章等内容；备注中载明此表由参保单位填写，一式两份，经登记审核后，登记单位和社会保险公共业务管理办公室各一份。本案中，原工伤保险中心在收取水利公司提交申报的参保人员名单时并未严格按照前述工作规范进行审核签收，其在诉讼中举示的2012年10月31日《情况表》上无水利公司或其经办人签章，无原工伤保险中心或其经办人签章，亦无其他证据佐证审核签收该表的事实，该表明显违反申报审核形式要件的规范要求，故不足以证明水利公司当时向原工伤保险中心提交参保人员名单的客观真实状况。水利公司在诉讼中举示的《复垦项目民工人员名单》亦不符合《重庆市社会保险征缴工作规范》载明的《重庆市参加社会保险人员基本情况表》格式要求，其上并无原工伤保险中心或其经办人签章，即使结合证人证言亦不足以证明水利公司于2012年10月31日向原工伤保险中心提交了上述《复垦项目民工人员名单》。综上，原工伤保险中心和水利公司举示的证据均未能证明参保人员名单中是否包含了杨某、代某两人。根据1989年《行政诉讼法》第三十二条、《最高人民法院关于行政诉讼证据若干问题的规定》第六条之规定，行政机关作为被告对行政行为的合法性承担举证责任，原工伤保险中心对《答复》认定的水利公司未实名申报杨某、代某的事实承担举证责任；加之原工伤保险中心未按前述工作规范对水利公司提交的参保人员名单尽到合理审慎登记签收的法定义务，原工伤保险中心举示的参保人员名单因形式要件明显缺失导致其内容真实性无从考证，故在各方当事人均不能举证证明参保人员名单真实内容时，应由原工伤保险中心承担因怠于履行审核签收法定职责所致举证不能的法律后果，推定水利公司提交的参保人员名单中含有杨某、代某两人，且此种认定更有利于充分保障工伤保险参保单位及其职工的合法权益。杨某、代某在参保的建筑工程项目中发生工伤，符合由工伤保险经办机构核定支付相应工伤保险待遇的法律法规规定。原工伤保险中心作出《答复》时审核认定水利公司未对杨某、代某进行实名申报的事实证据不足，一、二审法院判决维持《答复》系认定事实不清，法院对此予以纠正。水利公司的申请再审理由成立，予以支持。再审法院判决撤销一、二审法院行政判决，撤销原工伤保险中心于2013年7月11日作出的《答复》，责令社保机构于本判决生效之日起60日内履行核定杨某、代某两人工伤保险待遇的法定职责。

[案例解析]

一、参保登记的证明责任

本案中主要争议问题是，作为用人单位的水利公司何时申报杨某、代某两人的参保名单。用人单位主张是2012年10月31日即已申报，而社保机构则主张直至2013年1月8日用人单位报送参保人员名单中仍没有该两名职工，即直至该时间用人单位仍未申报。根据《重庆市工伤保险实施办法》的规定，这一事实关系到系争案件中工伤职工的待遇应否纳入工伤保险基金支付。

对于该事实的判定，再审法院的意见是比较中肯的，即由于双方的证据都没有对方的签字确认亦事实上被对方否认，导致没有充分的证据确认该两名工伤职工名单的实际申报时间，使得在法律上这一实际申报时间无从确定。在这一事实现状的基础上，法院仍然需要在法律上对这一事实进行界定，否则无法评定回答工伤保险中心的行政行为合法与否。

对此，再审法院推定用人单位的主张成立，即由行政主体承担举证不能的法律后果。此举证责任的分配，与一、二审法院截然不同。再审法院的理由有两点：一是，根据原《行政诉讼法》及最高法院相关规定，行政机关作为被告对行政行为的合法性承担举证责任，原工伤保险中心对《答复》认定的水利公司未实名申报杨某、代某的事实承担举证责任。二是，原工伤保险中心未按工作规范对水利公司提交的参保人员名单尽到合理审慎登记签收的法定义务，使得相关证据因形式要件明显缺失导致其内容真实性无从考证，应由原工伤保险中心承担因怠于履行审核签收法定职责所致举证不能的法律后果。

笔者认为第一个理由虽然是现行行政诉讼立法所规定，但这是我国行政诉讼法的重大缺陷之一，仅仅适用于传统的管制型行政即秩序行政，而不适用于福利行政即行政/社会给付行为。道理很简单，假设水利公司从来没有申报职工的参保资料，社保机构也从来没有水利公司的申报资料，那么从程序上来说，社保机构必然会拒绝水利公司的诉求；而按照该举证责任规定，就需要由社保机构对拒绝给付这一行政行为的合法性承担举证责任，即要证明水利公司确实从未申报过职工的参保资料，虽然这是历史事实，但是社保机构如何能确证这一事实？根本做不到。那么按照这一举证规定，就意味着任何参保人员可就任何伤病老残死亡主张社会保险给付。因此，这个理由是不成立的。

第二个理由实际上是要求社保机构承担过错责任，其逻辑推论是：社保机构负有参保登记职责——社保机构怠于履行该职责导致被保险人损害——社保机构应当承担责任。任何人都要为自己的过错承担责任，行政主体更是如此。当社保机构由于管理不善等过错导致被保险人名单申报时间不明时，只能由社保机构承担责任。基于过错责任推定在事故发生时系争工伤职工名单已经申报有充分的法理基础。

二、参保登记资料等社保档案保管的重要性

本案凸显了社会保险参保登记资料等社保档案管理的重要性。这不仅关系到被保险人及利害关系人的权益保护问题，也会对社保基金和社保机构构成重大影响。不管是主观原因（如履行职责不力、管理不善）还是客观原因（如不可抗力）导致社保档案资料灭失，并由此导致被保险人权益不明的（如缴费期限、缴费额度不确定），社保机构极可能因此承担举证不力的后果，即要支持被保险人及利害关系人的诉求，从而导致基金的不当支出，社保机构及责任人员需要承担法律乃至政治责任。一般而言，对于养老、医疗保险参保缴费记录比较重视，从本案来看，各个险种的参保登记均应善尽职责，并妥善保存相应的资料。

三、惯例作为行政法源

在本案中，对于用人单位最初申报的参保人数也存在争议，社保机构主张最初填报的43人为估算，且为社保机构估算由用人单位填写。一审法院支持了这一意见，二审法院则推翻了这一意见，再审法院对此未作分析，从其表达来看，似乎更倾向于二审法院意见。

如果考察一下建筑施工项目参保登记的实践、历史和操作过程，社保机构可以充分证明这其实是个惯例。这就涉及类似惯例能否作为行政行为依据的问

题。对此，成文法未作明确规定，而学理上认为是可以的。如果我们采取"在行政管理或者公共治理中能否起到规范作用"的标准来判断，无论是成文法源、不成文法源，还是硬法、软法，它们所包含的规范、规则都无疑能起到规范作用，只不过是在规范的领域、范围、对象、效力、程度和后果等方面有所差别而已。[1]行政惯例，即行政机关在行政过程中某种习惯性"做法"的沉积，作为现代行政法法源的惯例，既可以成为形成法律规范的原材料，也可以作为论证行政、司法适用法律规范正确性的论据，还可以补充法律规范的漏洞。[2]只是在司法判决中，行政惯例不能直接作为判决依据。行政习惯和惯例等非制定法法源虽然在司法、执法实践中有重要影响，但不能在法律文书中直接作为依据引用。[3]

如果"43人为估算"这一主张被确认，即意味着用人单位关于"这一参保人数为实际参保人数包括系争工伤职工"的主张就不属实，而社保机构主张"最初实际参保人数仅为22人"的成立可能性就大大增强。（向春华）

---

[1] 余凌云. 行政法讲义（第2版）[M]. 北京：清华大学出版社，2014：18-19.
[2] 章剑生. 现代行政法基本理论（第2版）[M]. 北京：法律出版社，2014：149-150.
[3] 姜明安. 行政法与行政诉讼法（第6版）[M]. 北京：北京大学出版社、高等教育出版社，2015：58.

伤残等级提高后确定伤残津贴应具有合理性

[核心提示]

工伤人员伤残等级提高后需要支付伤残津贴的,应当依据新的伤残等级核定伤残津贴。完全以工伤发生前的本人工资确定该种伤残津贴标准缺乏合理性。

[案号]

行政复议:晋煤复决字(2013)2号;一审:(2013)并行初字第15号;二审:(2014)晋行终字第11号

[基本案情]

魏某系涉案煤矿井下采掘工。2005年12月被诊断为"煤工尘肺"一期职业病。2006年5月,原晋城市劳动和社会保障局认定魏某为工伤。2007年4月,魏某被鉴定为七级伤残,山西省煤炭工业社会保险中心(本案例中以下简称省煤炭社保中心)核定一次性伤残津贴为38 832元。2012年4月,魏某再次复查被诊断为"煤工尘肺"二期,并被鉴定为四级伤残,同年9月,魏某所在单位给其下达了离岗通知,同年10月,省煤炭社保中心以魏某患职业病之前12个月平均工资的75%(即2004年12月至2005年11月)为基数,为其核定伤残津贴每月为2 427元,并从2012年9月起执行。魏某不服该工伤保险待遇核定,向山西省煤炭工业厅提起行政复议。2013年7月1日,山西省煤炭工业厅作出晋煤复决字(2013)2号行政复议决定,维持了省煤炭社保中心的工伤保险待遇核定。魏某遂向法院提起行政诉讼,要求省煤炭社保中心按照其2012年被诊断为四级伤残之前12个月平均工资的75%为基数,核定工伤保险待遇。

[审判过程与结果]

一审法院认为,原告魏某是2005年12月被确诊患职业病的,被告省煤炭社保中心以魏某2005年12月患职业病前12个月平均月缴费工资为基数,为其核定伤残津贴并无不妥。魏某被确诊患职业病至被鉴定为四级伤残一直在工作岗位工作,其要求按2012年4月鉴定为四级伤残前12个月平均月缴费工资为其核定伤残津贴没有法律依据。依据《最高人民法院关于执行〈中华人民共和国行政诉讼法〉若干问题的解释》第五十六条第(四)项的规定,一审法院判决驳回魏某的诉讼请求。

魏某上诉称,上诉人在第一次患职业病后继续在原单位工作,职业病的加重是由所从事的工作直接导致,应享受相应的伤残待遇,且计算上诉人的伤残待遇应考虑社会经济水平和本人工资的发展变化,而不应固定适用首次确诊职业病前12个月的本人平均工资。被上诉人省煤炭社保中心按照上诉人2005年12月患职业病前12个月平均月缴费工资为基数核定上诉人的伤残津贴是错误的。一审法院认为省煤炭社保中心的工伤待遇核定并无不妥,显属认定错误。请求二审法院撤销一审判决,依法予以改判。

被上诉人省煤炭社保中心答辩称,上诉人魏某在未发生新工伤的情况下,仅以原有工伤伤情加重,伤残等级提高为由,主张按照2012年被诊断为四级伤残之前12个月平均工资的75%为基数,核发其伤残津贴,于法无据。省煤炭社保中心按照《工伤保险条例》《山西省实施〈工伤保险条例〉试行办法》的规定,为上诉人核定工伤保险待遇并无不妥。一审法院认定事实清楚,适用法律正确。请求二审法院维持一审判决,驳回上诉人的上诉。

经二审庭审质证,双方对对方提交的证据的真实性未提出异议。合议庭认为,各方提交的证据符合行政诉讼证据规定的采信标准,可以作为本案的定案依据。

二审法院认为,上诉人魏某在同一单位工作期间先后被诊断为"煤工尘肺"一期、二期职业病,且两次职业病都有诊断机构出具的职业病诊断证明书。魏某第二次职业病诊断虽未经工伤确认,但其在首次患职业病后继续在原单位工作,职业病的加重与所从事工作有着直接的因果关系,从职业病诊断的效力特性及存在工伤事实的情况看,魏某所患"煤工尘肺"二期职业病属再次发生工伤的情形。被上诉人省煤炭社保中心应依照《工伤保险条例》第四十五条"职工再次发生工伤,根据规定应当享受伤残津贴的,按照新认定的伤残等级享受伤残津贴待遇"的规定,为魏某核定工伤保险待遇。省煤炭社保中心应根据魏某被复查鉴定为四级伤残情况,依照《工伤保险条例》第三十五条的规定,核定其工伤保险待遇。省煤炭社保中心以魏某首次认定工伤前12个月的本人工资为基数核定魏某的伤残津贴及未对魏某一次性伤残补助金进行核定,缺少法律依据。一审判决适用法律错误,应予改判。故二审法院依据《行政诉讼法》第五十四条第(二)项第二目、第六十一条第(二)项之规定,判决如下:

一、撤销山西省太原市中级人民法院(2013)并行初字第15号行政判决;

二、撤销省煤炭社保中心2012年10月10日对魏某的工伤保险待遇核定;

三、省煤炭社保中心应于本判决生效后30日内按照2012年魏某伤残等级复查鉴定前的本人工资为基数,重新核定上诉人魏某的工伤保险待遇。

本判决为终审判决。

[案例解析]

本案的争议在于工伤职工魏某两次诊断为职业病,第一次是2005年诊断为"煤工尘肺"一期,第二次是2012年诊断为"煤工尘肺"二期,第二次诊断后的伤残津贴核算是以2006年首次认定工伤前12个月工资为计发基数还是以2012年复查鉴定前12个月工资为计发基数?本案存在一定的特殊性,如果是事故伤害,这个问题就比较好处理,二次受伤应属于再次发生工伤。但是对于尘肺病来说这个问题就有些复杂了,存在着边界难以划分的问题。从医学角度看,尘肺病属于不可逆疾病。一般情况下,随着本人年龄增长、身体状况改变等,尘肺病会越来越加重,魏某的尘肺病从2006年到2012年病情发生改变,应该属于正常情况。但是本案的二审法院没有按照魏某的尘肺二期是尘肺一期病情加重导致的思路去审理,其原因在于魏某被诊断为尘肺一期后,仍继续在原岗位工作,直到再次复查被诊断为"煤工尘肺"二期,鉴定为四级伤残,其所在单位才下达离岗通知。二审法院认为,魏某首次患尘肺病后继续在原单位工作,病情加重与所从事工作有着直接的因果关系,从职业病诊断的效力特性及存在工伤事实的情况看,魏某所患"煤工尘肺"二期职业病属再次发生工伤的情形。所以,按照《工伤保险条例》第四十五条规定"职工再次发生工伤,根据规定应当享受伤残津贴的,按照新认定的伤残等级享受伤残津贴待遇"。

从魏某的案例可以看出,判断职业病病情变化是伤残等级改变还是再次发生工伤,主要是看职业病的加重与所从事工作是否有直接的因果关系,而不是一概而论。从保护劳动者职业健康的角度讲,职工一旦诊断出职业病(尤其是尘肺病),用人单位应尽早将其调离原岗位,进行妥善安置,以避免病情进一步加重。(张军)

实际工资高于约定工资时应以实际工资作为工伤保险待遇计发基数

[核心提示]

当实际工资高于劳动合同约定工资标准时，应以劳动者的实际工资作为伤残津贴的计发基数，以实际工资扣除加班工资作为停工留薪期工资。

[案号]

一审：（2013）甬北民初字第221号

[基本案情]

王某自2009年2月进入涉案公司（本案例中以下简称公司）从事清舱工作。王某的工资形式为计件工资，月平均工资为4 009元，每月8日和28日分两次现金领取（分别为1 310元的基本工资和约2 699元的计件工资）。2011年12月28日，王某在清理船底黄沙的工作中受伤，致右脚踝骨骨折。后被送至宁波市第六医院住院治疗12天。2012年1月30日，经宁波市江北区人力资源和社会保障局认定，王某为工伤。2012年11月30日，宁波市劳动能力鉴定委员会鉴定王某的伤残等级为九级。因就工伤赔偿事宜王某与公司多次协商无果，王某提出上诉，要求法院判令：一、公司支付王某一次性伤残补助金36 081元（4 009元/月×9个月＝36 081元）；二、公司支付王某停工留薪期工资41 293元（4 009元/月×10.3个月＝41 293元）；三、公司支付王某一次性伤残就业补助金和一次性工伤医疗补助金共计23 824元（2 978元/月×8个月＝23 824元）；四、公司支付王某住院伙食补助费125元（25元/天×5天）、鉴定费300元、医疗费312元、交通费42元；五、公司与王某从2012年12月26日起解除劳动关系。

[审判过程与结果]

被告公司答辩称：对王某与公司建立劳动关系的时间、王某的工作岗位以及受伤的事实均无异议，对王某关于一次性伤残就业补助金、一次性工伤医疗补助金、鉴定费和交通费的支付请求也无异议，且同意与王某解除劳动合同，但对王某的其他几项诉讼请求，被告提出：一是一次性伤残补助金应按照合同约定的王某基本工资1 685元/月计算；二是停工留薪期工资的计算期间过长，月工资标准过高，停工留薪期应为3个月，月工资应为1 310元；三是王某请求的住院伙食补助费被告已经支付；四是王某主张的医疗费系王某自己造成，公司不应承担。综上，公司诉请判令：公司支付王某一次性伤残补助金15 165元（1 685元/月×9个月）、停工留薪期工资3 930元（1 310元/月×3个月）、一次性伤残就业补助金11 910元（2 977.50元/月×4个月）、一次性工伤医疗补助金11 910元（2 977.50元/月×4个月），合计42 915元，扣除已经支付王某的21 000元，公司还应支付21 915元。

原告王某答辩称：一是公司没有按照王某的实际工资数额为王某缴纳工伤保险费，缴费基数不足的责任应由公司承担，公司应按照王某的实际工资数额向王某赔付一次性伤残补助金；二是关于停工留薪期工资，对停工留薪期有医院的病休证明为证，对停工留薪期月工资标准应以王某的实际工资数额为准，而非基本工资；三是公司没有支付王某第二次住院的住院伙食补助费，王某请求的医疗费系因治疗工伤产生，公司应该支付；四是公司已经支付王某21 000元属实，其中16 000元系停工留薪期工资，5 000元系借款；五是公司尚有2 000元押金没有退还王某。综上，请求法院依法支持王某的诉讼请求。

经审理，法院查明以下案件事实：

一、原告王某和被告公司双方无争议事实

王某自2009年2月进入公司工作，从事清仓岗位。2011年12月28日，王某在船底清理黄沙时，右脚踝被吊机抓斗碰伤，致右脚踝骨骨折。2012年1月9日王某被送至宁波市第六医院住院治疗，于2012年1月16日出院，住院治疗7天；2012年10月19日王某再次入院进行内固定物拆除，于2012年10月24日出院，住院治疗5天。2012年1月30日王某经宁波市江北区人力资源和社会保障局认定为工伤；2012年11月30日，王某经宁波市劳动能力鉴定委员会鉴定为伤残九级。王某发生工伤后，公司共计向王某付款21 000

元，其中包含了 16 000 元的停工留薪期工资和 5 000 元借款，另公司已向王某支付了 8 天住院伙食补助费。公司认可尚有 300 元鉴定费、42 元的交通费及 312 元治疗工伤的医疗费未向王某支付。王某和公司确认双方劳动关系于 2012 年 12 月 26 日解除。对以上事实，王某和公司双方均予以认可，另王某提供了病历本、出院记录、《工伤认定决定书》《职工丧失劳动能力鉴定表》、医疗费发票、鉴定费发票和交通费发票为证，公司对以上证据的真实性均无异议，法院予以确认。

二、原告王某和被告公司双方有争议事实

（一）原告王某工伤前 12 个月月均工资为多少？

王某主张，其工资为计件工资，每月 8 日和 28 日分两次现金领取，分别为 1 310 元的基本工资和约 2 699 元的计件工资，其工伤前 12 个月月均工资为 4 009 元。对其主张的事实，王某提供了以下证据材料为证：（1）工资条两页，用以证明王某工资包括基本工资和计件工资，每月 8 日和 28 日分两次发放的事实；（2）录音材料一份，用以证明王某每月工资分两次发放的事实；（3）证人岳某证言，用以证明王某每月工资发放情况。证人岳某在庭审中陈述，其系公司员工，据其了解，王某工资为计件工资，每月分两次发放，每次工资发放员工都要签字。

被告公司辩称，王某工资为计时工资，合同中约定每月工资为 1 310 元，公司对王某每月仅有一次工资发放。对王某提供的上述证据，公司提出：（1）工资条没有公司盖章也无公司相关人员签字；（2）录音材料属于证人证言，而通话的两个当事人均没有出庭作证；（3）证人岳某到公司工作仅有几个月，对公司的工资发放情况并不清楚，原告王某和被告公司争议工资的时间段与证人实际工作时间段也并不重合，且证人与王某的爱人系老乡关系，平时关系良好，其证言效力值得怀疑。综上，公司对王某提供的上述证据的真实性不予认可。为证明其抗辩主张的事实，公司提供了以下证据材料为证：（1）王某和公司分别于 2011 年和 2012 年签订的《劳动合同》两份，用以证明王某与公司间的劳动合同关系及王某工资发放时间和标准等事实；（2）2011 年 1 月至 2012 年 12 月的工资单明细表，用以证明公司给王某发放工资明细的事实；（3）《工伤保险一次性待遇核准结算表》，用以证明公司的工伤待遇已经结算的事实。

对公司提供的上述证据，王某对 2012 年的《劳动合同》、2011 年 1 月至 2012 年 12 月工资单明细表以及《工伤保险一次性待遇核准结算表》的真实性予以认可，但提出公司提供的工资单仅是王某每月 8 日发放的工资，对公司持有的

2011年《劳动合同》，王某对合同上签名的真实性予以认可，但提出该《劳动合同》与其持有的《劳动合同》在工资形式上不一致。对此，王某出示了其持有的2011年《劳动合同》。

结合王某、公司双方的上述质证意见，法院对王某提供的2012年《劳动合同》、2011年1月至2012年12月工资单明细表以及《工伤保险一次性待遇核准结算表》的真实性予以确认，对公司提供的2011年《劳动合同》，王某虽有异议，但上有王某签字，且该合同无篡改痕迹，而王某提供的相应《劳动合同》在工资形式一项上有改动痕迹，故对公司提供的2011年《劳动合同》的真实性，法院予以确认。对王某提供的证据材料，法院认为应结合公司提供的证据进行综合认定。从公司提供的工资单明细表中显示，公司每月8日给王某发放的工资为基本工资，且无任何工资扣除项目（包括社保自担部分），这表明王某每月工资尚有其他构成部分。虽然公司每月8日给王某发放的工资与王某和公司间《劳动合同》约定工资一致，但其工资数额低于《工伤保险一次性待遇核准结算表》上显示的王某月均缴费工资，这进一步表明王某工资除了基本工资外，尚有其他构成部分。而王某每月工资为现金发放，签名领取，相应的工资单亦由公司掌握，公司理应提供王某完整的工资清单。现公司仅提供王某部分工资清单，王某提出其工资还包括每月28日发放工资部分，对其主张，王某提供了工资条、录音和证人岳某证言为证。对王某提供的上述证据，结合法院的上述分析，法院认为，虽然原告王某提供的工资条没有被告公司签名和盖章，但该工资条项目清楚、数额也处在合理范围，在公司拒绝提供相应工资清单的情况下，王某提供的工资单应视为真实。且证人岳某作为公司的员工，亦对王某每月工资发放次数及发放形式予以了证实。综上，法院对王某提供的工资条及证人岳某关于每月工资发放两次的证言的真实性予以确认。对王某提供的录音，因无法确认其中通话人身份的真实性，法院对录音的真实性不予确认。

结合对王某、公司提供上述证据的认定，法院认可王某每月工资分两次发放的事实，对王某工资的具体数额，结合王某、公司双方提供的工资清单，经核算，王某受伤前月均工资为3 791元，扣除加班工资后月均工资为1 683元。

（二）王某的停工留薪期为多长？

王某提出，其停工留薪期为10.3个月。对其主张，王某提供了诊断证明书10份为证。公司辩称，王某停工留薪期应为3个月。对王某提供的证据，公司对其中盖有医院公章的诊断证明书的真实性予以认可，但认为应结合原告的出院记录和主治医生的建议进行认定；对其中没有盖有医院公章的诊断证明书的真实性不予认可，认为其中有连号和同一医生签名却笔迹不同的情形。

法院认为，王某提供的诊断证明书虽存在补开的情形，但与王某病历记载情况一致，故对王某提供的诊断证明书的真实性，法院予以确认。结合王某受伤时间、住院时间、医院诊断证明书建议休息时间以及工伤伤残等级鉴定时间综合认定，法院确认王某停工留薪期为10.3个月。

（三）公司是否向原告王某支付了第二次住院治疗5天的住院伙食补助费？

王某提出公司未支付其第二次住院治疗5天的住院伙食补助费。公司辩称其已向王某支付了相应住院伙食补助费。为证明其抗辩主张，公司提供了报销单一张，用以证明公司给王某办理了200元住院饭卡的事实。对公司提供的证据，王某提出该饭卡系给护工办理，非给王某办理。法院对公司提供的报销单的真实性予以确认，但该报销单未明确200元的住院饭卡系给王某办理，对公司主张的事实，法院不予认可。但双方确认公司已给王某支付了8天住院伙食补助费，王某住院共计12天，公司还应支付王某4天住院伙食补助费。

王某和公司因就工伤待遇支付存有分歧，王某提出劳动仲裁申请，江北区劳动人事争议仲裁委员会于2013年2月27日作出《劳动仲裁裁决书》。对该事实，王某提供了《劳动仲裁裁决书》一份为证，公司对该证据的真实性无异议，法院予以确认。

法院认为：职工因工作遭受事故伤害的，依法享有相应的工伤待遇。王某因在公司工作期间受伤且构成九级伤残，根据原告诉请，依照法律规定，王某可享受如下工伤待遇：

1. 一次性伤残补助金。具体为9个月本人工资。原告工伤前月均工资为3 791元，一次性伤残补助金为34 119元（3 791元/月×9个月）。

2. 一次性伤残就业补助金和一次性工伤医疗补助金。分别为4个月工资，以劳动关系解除或者终止时上年度全省在岗职工月平均工资2 977.5元/月进行计算，具体金额一次性伤残就业补助金为11 910元（2 977.5元/月×4个月），一次性工伤医疗补助金为11 910元（2 977.5元/月×4个月）。

3. 停工留薪期工资。根据法律规定，职工发生工伤的，在停工留薪期内，原工资福利待遇不变，但其工资不应包含加班工资。王某停工留薪期为10.3个月，扣除加班工资后，王某工伤前月均工资为1 683元，王某停工留薪期工资应为17 334.9元（1 683元/月×10.3个月）。

4. 工伤医疗待遇。包括医疗费312元、住院伙食补助费60元（15元/天×4天）和交通费42元。

5. 鉴定费300元。

对上述应付款项,被告公司已向原告王某支付了21 000元,该款理应予以扣除。另王某、公司同意双方劳动关系于2012年12月26日解除,法院予以确认。

综上,根据《工伤保险条例》第三十条、第三十三条、第三十七条、第六十四条,《浙江省关于贯彻落实国务院修改后〈工伤保险条例〉若干问题的通知》第五条,《劳动争议调解仲裁法》第六条之规定,法院判决如下:

一、公司支付王某一次性伤残补助金34 119元、一次性伤残就业补助金11 910元、一次性工伤医疗补助金11 910元、停工留薪期工资17 334.9元、医疗费312元、住院伙食补助费60元、交通费42元和鉴定费300元,合计75 987.9元,该款扣除公司已支付王某21 000元后,公司在本判决生效之日起五日内支付原告王某54 987.9元;

二、确认王某与公司劳动关系于2012年12月26日解除。

如未按本判决指定的期间履行给付金钱义务,应当依照《民事诉讼法》第二百五十三条之规定,加倍支付迟延履行期间的债务利息。

[案例解析]

本案是工伤职工王某因为工伤保险待遇计发基数问题与单位发生的纠纷,其诉求是按照自己的实际工资作为伤残津贴、停工留薪期工资的计发基数,用人单位认为应按照合同工资和基本工资作为伤残津贴、停工留薪期工资的计发基数,两者间的基数存在一定的差额。本案支持了以王某的实际工资作为伤残津贴计发基数,以实际工资扣除加班工资作为停工留薪期工资。

通过本案例,反映出一个问题,就是现在工资类待遇名目繁多。在现实中,有合同工资、实际工资收入之别,实际工资收入中有基本工资、加班工资、绩效工资、计件工资等分别。工资类收入名目繁多直接影响社保的缴费基数的确定,造成缴费基数不实。按照《工伤保险条例》第六十四条规定,工资总额是指用人单位直接支付给本单位全部职工的劳动报酬总额。本人工资是指工伤职工因工作遭受事故伤害或者患职业病前12个月平均月缴费工资。本人工资高于统筹地区职工平均工资300%的,按照统筹地区职工平均工资的300%计算;本人工资低于统筹地区职工平均工资60%的,按照统筹地区职工平均工资的60%计算。上述提到3种"工资",分别是工资总额、本人工资和缴费工资。从《工伤保险条例》规定看，本人工资和缴费工资应该是一致的，工资总额应是所有职工的本人工资（即本人实际工资）之和。但据了解，很多用人单位在工伤保险费实际缴纳过程中，缴费工资非本人实际工资，而是大大低于本人实际工资。这样一种现状，一是造成了工伤保险基金乃至社会保险基金减收，不能应收尽收；二是易引发劳资矛盾，如本案职工与单位因计发基数问题"对簿公堂"。（张军）

第三人赔偿假肢费用后社保机构不应再予支付

[核心提示]

劳动者与交通事故责任方达成一次性终结处理协议，依法获得包括安装假肢费用在内的各项赔偿。社保机构依据"工伤职工已获得责任方配置的辅助器具或者相关费用的，工伤保险基金不再支付配置费用"的规定，不予支付配置假肢费用，事实清楚，适用法律法规正确，应予支持。

[案号]

一审：（2015）博行初字第 68 号；二审：（2016）鲁 03 行终 160 号

[基本案情]

2009 年 1 月 18 日 16 时 40 分左右，岳某在博山区五岭路发生交通事故，经交警部门认定，岳某对事故无责任。后社会保险行政部门认定岳某所受交通事故伤害为工伤。2012 年 5 月 31 日，岳某所在单位向山东省社会保险经办机构（本案例中以下简称社保机构）提交了《职工工伤保险待遇申报表》，为岳某申报工伤保险待遇。2012 年 6 月 25 日，社保机构经审核后，出具《工伤保险待遇审批表》，向岳某支付了相应工伤保险待遇，即一次性伤残补助金。自 2012 年 6 月起，岳某多次向社保机构提出口头申请，要求社保机构支付其配置假肢费用。对岳某的该项请求，社保机构认为根据原山东省劳动和社会保障厅颁布的《山东省工伤职工辅助器具配置管理暂行办法》第十五条"因第三者实施人身伤害而造成的因工伤残，工伤职工已获得责任方配置的辅助器具或者相关费用的，工伤保险基金不再支付配置费用"的规定，岳某不符合领取配置假肢费用的条件，遂向岳某作出不予支付配置假肢费用的口头答复。岳某认为社保机构对其作出的不予支付配置假肢费用的口头答复是错误的，遂于2015年11月3日向法院提起行政诉讼。

[审判过程与结果]

一审法院认为，本案的争议焦点是在原告岳某已于2012年5月10日与交通事故责任方达成一次性终结处理协议，依法获得包括安装假肢费用在内的各项赔偿项目的情况下，被告社保机构是否应再从工伤保险基金中支付原告安装假肢的费用。工伤保险属于社会保险范畴，其本质是国家对劳动者劳动权益的社会保障措施，目的是将工伤损害负担社会化，实现对劳动者利益的充分保障和快速补偿。自2011年7月1日起施行的《社会保险法》第三十六条第一款规定，职工因工作原因受到事故伤害或者患职业病，且经工伤认定的，享受工伤保险待遇；其中，经劳动能力鉴定丧失劳动能力的，享受伤残待遇。第三十八条第（四）项规定，因工伤发生的安装配置伤残辅助器具所需费用，按照国家规定从工伤保险基金中支付。上述条款规定了享受工伤保险待遇的条件，以及工伤保险基金负担的工伤保险待遇包括工伤职工安装配置伤残辅助器具所需费用。该法第四十二条规定，由于第三人的原因造成工伤，第三人不支付工伤医疗费用或者无法确定第三人的，由工伤保险基金先行支付。工伤保险基金先行支付后，有权向第三人追偿。该第四十二条的立法本意即指除工伤医疗费用外，工伤职工可以同时享受工伤保险待遇和获得民事侵权赔偿。本案中，自2012年6月起，原告即多次向被告提出口头申请，要求被告支付其配置假肢的费用，被告均以原告已从民事侵权案件中获得配置假肢费用赔偿为由，作出不予支付原告配置假肢费用的口头答复，但当时《社会保险法》已经施行，原告在因第三人的原因造成工伤的情况下，除工伤医疗费用外，可以同时享受配置辅助器具费用的工伤保险待遇和民事侵权赔偿，故被告的上述答复违反《社会保险法》第四十二条的规定。据此，一审法院依照《行政诉讼法》第七十条第（二）项的规定，判决撤销被告对原告作出的不予支付配置假肢费用的口头答复；被告应自判决生效之日起两个月内对原告要求支付配置假肢费用工伤保险待遇的申请重新作出行政行为。

社保机构不服一审判决，其上诉称：一、一审判决适用法律依据错误。一审法院认为《社会保险法》第四十二条的立法本意指除工伤医疗费用外，工伤职工可以同时享受工伤保险待遇和获得民事侵权赔偿。即除医疗费用外，工伤职工获得第三方配置假肢费用赔偿后,还可以就相同项目获得工伤待遇补偿的"双重赔偿"。根据该条法律无法得出此结论。《社会保险法》第四十二条涉及的是一个侵权行为造成的法律竞合,工伤职工享受的是两种救济途径,即有过错的民事侵权赔偿和无过错的工伤待遇补偿。二者的法律关系包括主客体、权利义务及适用的法律都各不相同,工伤职工可以同时享受民事侵权赔偿和工伤待遇补偿,但是没有明确应该同时享受具体哪些赔偿项目。当工伤职工得不到第三人侵权赔偿时,可以仅就医疗费享受工伤保险基金的先行支付。《山东省工伤职工辅助器具配置管理暂行办法》第十五条规定"因第三方实施人身伤害而造成的因工伤残、工伤职工已获得责任方配置的辅助器具或相关费用的,工伤保险基金不再支付配置费用"与《社会保险法》第四十二条的规定侧重点不同,明确了残疾辅助器具费在特殊情况下的赔偿要求,两个法律条文相辅相成,彼此之间不相冲突,该暂行办法对本案具有法律效力。被上诉人岳某通过民事调解书就产生的包括医疗费、残疾辅助器具费、后续治疗费在内的各项医疗费调解结案并获得赔付,上诉人社保机构已于2012年6月25日向被上诉人依法由工伤保险基金支付了一次性伤残补助金,因就第三人已支付的医疗费、残疾辅助器具费等实际发生的费用,工伤保险基金不应再支付。被上诉人这种特殊的工伤情况与《社会保险法》第四十二条的本质含义并不相符,不能简单套用该法律条文。一审判决过度延伸了第四十二条的含义,超出了该条文正常的理解范围。二、被上诉人岳某申请工伤保险基金支付残疾辅助器具费的诉讼请求没有法律依据。《社会保险基金先行支付暂行办法》(人力资源和社会保障部令第15号)第四条规定:"个人由于第三人的侵权行为造成伤病被认定为工伤,第三人不支付工伤医疗费用或者无法确定第三人的,个人或者其近亲属可以持工伤决定书和有关材料向社会保险经办机构书面申请工伤保险基金先行支付,并告知第三人不支付或者无法确定第三人的情况。"《社会保险法》第四十二条和《社会保险基金先行支付暂行办法》第四条的本质含义是社会保险经办机构承担的是一种风险救济的责任,限定了先行支付的条件仅指医疗费,保障受害一方能够得到及时必要的救治。工伤保险基金的先行支付是对工伤职工由于第三人的侵权行为造成伤病被认定为工伤后,第三人不支付工伤医疗费用或者无法确定第三人的一种权利救济,但不是损害赔偿义务承担者。根据"补充原则"和"侵权损害填平原则",工伤职工享受的侵权损害赔偿和工伤待遇补偿不得超过其产生的实际损失。工伤保险作为社会保险的一种,是国家对劳动者劳动权益的社会保障,但不是个人获得额外经济利益的工具。被上诉人就残疾辅助器具向上诉人提出工伤保险待遇申请没有相应的法律依据。《社会保险法》没有明确规定工伤职工因第三人侵权获得赔付后,就全部赔偿项目都应当获得工伤待遇补偿的"双重赔偿"原则。被上诉人已经完成了工伤保险待遇的领取,不得再重复享受工伤保险待遇。根据行政法学"法无授权不可为"的原则,社会保险经办机构未经法律、法规的授权,不得违规发放保险待遇,否则有悖《社会保险法》和《工伤保险条例》的立法本意。请求二审法院依法撤销一审判决,驳回被上诉人的一审诉讼请求。

被上诉人岳某辩称:根据相关规定,上诉人应该支付被上诉人的假肢费用,请求维持一审判决。

二审审理查明的事实与一审判决认定的事实一致。

二审法院认为,被上诉人岳某于 2012 年 5 月 10 日与交通事故责任方达成一次性终结处理协议,依法获得包括安装假肢费用在内的各项赔偿。原山东省劳动和社会保障厅颁布的《山东省工伤职工辅助器具配置管理暂行办法》第十五条规定:因第三者实施人身伤害而造成的因工伤残,工伤职工已获得责任方配置的辅助器具或者相关费用的,工伤保险基金不再支付配置费用。上诉人据此向被上诉人作出不予支付配置假肢费用的口头答复,事实清楚,适用法律法规正确。上诉人社保机构主张残疾辅助器具费不应再支付的上诉理由,法院依法予以支持。一审判决适用法律法规错误,依法予以纠正。据此,二审法院依照《行政诉讼法》第八十九条第一款第(二)项之规定,判决撤销一审法院(2015)博行初字第 68 号行政判决;驳回岳某的诉讼请求。

[案例解析]

本案系第三人造成工伤时,受害人(工伤职工)对第三人的民事损害赔偿请求权与对工伤保险基金的工伤保险待遇请求权的竞合问题。

2011 年实施的《社会保险法》第四十二条规定:"由于第三人的原因造成工伤,第三人不支付工伤医疗费用或者无法确定第三人的,由工伤保险基金先行支付。工伤保险基金先行支付后,有权向第三人追偿。"《社会保险法》未对上述竞合问题作出其他规定。对于处理该竞合问题存在争议。

一、对《社会保险法》第四十二条的理解

对于工伤保险责任与民事损害赔偿责任的竞合,《社会保险法》第四十二条究竟采取何种模式仍存在一定争议。有学者认为，第四十二条的内容说明了《社会保险法》"否定工伤事故中的第三人赔偿与工伤保险基金支付的'双重赔偿'。由于第三人的原因造成工伤的，最终责任人在于该第三人，最终的赔偿义务落脚点亦在该第三人身上"。[1]但亦有认为系"双赔"（兼得）模式，"对于两种法律关系的竞合，如何处理，有不同意见……由于对这一问题分歧比较大，社会保险法未对这一问题作出规定，工伤职工可以分别按侵权责任法和社会保险法要求侵权赔偿和享受工伤待遇，但是，由于实际发生的医疗费用数额明确，且费用凭据只有一份，因此工伤职工只能享受一份"。[2]

从文义解释来看，根据该条规定，在伤害同时构成工伤保险责任和侵权责任时，工伤职工首先应向第三人主张医疗费即侵权责任；工伤职工获得第三人给付医疗费用，即不能再向工伤保险经办机构主张医疗费用。[3]在符合条件时可以向工伤保险经办机构主张先行支付工伤医疗费即工伤保险责任；工伤保险经办机构支付该医疗费用后，有权向第三人追偿，即工伤职工不能在该支付额度内取得第三人支付的医疗费用。因此，工伤职工不能同时获得两种责任下的医疗费赔偿或补偿。结合请求权基础，除了医疗费的"双赔"受到限制外，其他工伤保险待遇及民事赔偿项目并未受到限制，因此工伤职工（受害人）可分别依据工伤保险法律规则和侵权责任法律规则主张其他工伤保险待遇及民事赔偿。根据法律的反向解释方法，既然立法仅规定医疗费用不能"双赔"，那么除医疗费用外，工伤职工对于其他各项工伤保险待遇和侵权责任赔偿项目就可以同时获得，即"双赔"，也可以得出相同的结论。从解释方法来看，支持医疗费以外的补偿/赔偿项目"双赔"的观点更为充分。

但是应明确的是，上述观点是从解释论出发的法律适用理解，而就立法角度来说，《社会保险法》确实未就该竞合问题作出明确的规定。在实际法律适用中，还需要结合立法目的进一步探讨竞合的法律适用问题。就本案所涉问题而言，如果第三人不是赔偿假肢配置费用，而是直接给受害职工配置了假肢，如果社保机构亦采用实物给付——即给受害职工配置假肢，如果采纳一审法院的观点，将直接导致受害职工同期拥有两副假肢，则意味着该职工实际使用一副假肢、搁置一副假肢，或者今天使用这副假肢、明天再换另一副假肢……这显

---

[1] 黎建飞. 中华人民共和国社会保险法释义 [M]. 北京：中国法制出版社，2010：214.
[2] 全国人大法工委. 中华人民共和国社会保险法释义 [M]. 北京：法律出版社，2010：127.
[3] 因为工伤保险经办机构仅在第三人不支付或无法确定第三人时才可能先行支付。

然比较荒谬。认为这一结论是工伤保险的立法目的或者竞合理论所要达到的目的，难以让人接受。在非实物给付，而以金钱给付替代时，虽然给付形式不同，但其实质内容和目的是相同的，同样会存在这样的问题。

二、关于竞合模式以及假肢等费用处置的实践

从我国司法实践来说，虽然多数支持"双赔/兼得"模式，但是对赔偿/补偿项目亦多有限制。如江苏省高级人民法院《关于在当前宏观经济形势下妥善审理劳动争议案件的指导意见》规定："对于劳动关系以外的第三人侵权造成劳动者人身损害，同时构成工伤的，如果劳动者已获得侵权赔偿，用人单位承担的工伤保险责任中应扣除第三人已支付的医疗费、护理费、营养费、交通费、住院伙食补助费、残疾辅助器具费和丧葬费等实际发生费用。用人单位先行支付工伤保险赔偿的，可以在第三人应当承担的赔偿责任范围内向第三人追偿。"上海市高级人民法院《关于审理工伤保险与第三人侵权赔偿竞合案件若干问题的解答》中规定，"工伤保险赔偿和侵权损害赔偿中相同并存重复的项目按照就高原则处理"。江西省高级人民法院、江西省人力资源和社会保障厅《2013年全省劳动人事争议裁审衔接工作座谈会纪要》第十七条规定："劳动者工伤由第三人侵权所致，第三人已承担侵权赔偿责任，劳动者或者其近亲属又请求用人单位支付工伤保险待遇的，用人单位所承担的工伤保险责任应扣除第三人已承担的医疗费、护理费、辅助器具费、后续治疗费和丧葬费。"

三、假肢费用等实际损失或财产性损害不得重复享受

笔者认为在工伤职工与交通事故责任方达成一次性终结处理协议，依法获得包括安装假肢费用在内的各项赔偿后，二审法院支持了社保机构的意见，即工伤保险基金无须再支付配置假肢费用，这一判决是正确的。

首先，在立法未对"双赔/兼得"模式作出明确规定的情况下，目前所有支持"双赔/兼得"的裁判都是基于理论分析得出的。而在进行理论分析时，就必须考虑工伤保险制度的立法目的，必须分析在工伤职工已经获得第三人支付的假肢费用后，工伤保险制度还有没有必然再支付工伤职工一副假肢或相应费用。工伤保险制度最主要的目的在于，使工伤职工及其家庭在工伤事故发生后获得基本的生活保障，不是让工伤职工及其家庭从工伤保险基金"挣钱"。工伤职工已经获得第三人支付的假肢费用后，其假肢方面的生活需求已经获得满足，如果另外再支付一份假肢费用，就属于工伤职工的收益或"挣钱"，这是违背工伤

保险制度目的的。

其次,"任何人不得因为违法或不当行为而获利"是一项基本法律伦理,在侵权法中体现为损害填平原则。在工伤职工获得包括安装假肢费用在内的各项赔偿后,如果工伤保险基金再支付假肢配置费用,工伤职工将因为工伤/侵权行为而获利,这违背了法治的基本伦理,侵害了法治的基本价值与功能,对法治国家的构建遗患无穷。一方面,《社会保险法》未明确禁止假肢费用等实际损失或财产性损害的重复补偿/赔偿,属于立法漏洞,存在不当;另一方面,在存在立法漏洞并通过修改立法予以弥补时,应当通过法律原理、法律原则、法律概念,借助于各种法律解释方法填补该漏洞,而不是进一步扩大该漏洞。

再次,在《社会保险法》《工伤保险条例》等上位法没有明确规定的前提下,符合或不违反工伤保险制度立法目的的地方规范性法律文件应当具有法律效力,司法机关在社会保险争议案件中应当对行政机关的规则制定权和裁量权予以尊重。总体上来说,包括工伤保险在内,我国社会保险仍处于发展的初级阶段,我国社会保险法律体系的构建和运行仍然不是依靠基本法律或行政法规,而是依靠大量的行政规章和规范性法律文件。行政规章与规范性法律文件在我国社会保险运行中发挥着不可或缺的重要功能。在不违反上位法和制度宗旨的背景下,司法机关对于这些规范性法律文件的效力应当予以充分尊重。

需要指出的是,虽然在本案中,二审法院是以地方存在明确的规范性法律文件而驳回工伤职工的诉求的,但是依据上述分析,即便地方没有类似政策规定,法院也应当根据法律原理和法律解释方法驳回工伤职工及其亲属对实际损失或财产性损害的重复享受主张。

鉴于司法实践中对于此竞合问题存在的较大争议,不仅影响了司法统一与权威,对工伤保险制度的良性发展也造成相当大的阻碍,应当通过修改立法进一步予以明确。(向春华)

第三人不支付工伤医疗费用，
工伤保险基金先行支付

[核心提示]

王某因侵权人造成工伤，但侵权人在法院强制执行期间下落不明，生效的民事判决被法院裁定中止执行，该情形属于社会保险法规定的"第三人不支付工伤医疗费用"的情形。依照该规定，社保机构应当审核并由工伤保险基金先行支付给王某工伤人员应由侵权人支付的工伤医疗费用。工伤保险基金先行支付后，社保机构有权向侵权人追偿。

[案号]

一审：甘肃省金昌市中级人民法院行政判决（2015）金中行初字第50号；二审（终审）：甘肃省高级人民法院行政判决（2016）甘行终218号

[基本案情]

王某系第三人公司的职工，2012年6月16日在工作过程中受到他人所致交通事故侵害致伤。2012年10月26日，武威市人力资源和社会保障局认定其构成工伤。2013年8月22日，武威市劳动能力鉴定委员会评定其为综合八级（工伤）（部分丧失劳动能力）。2013年7月，王某向武威市凉州区人民法院提起交通事故责任纠纷之诉。该院于2013年8月28日作出（2013）凉民初字第1715号民事判决书，认定因本次事故造成原告王某的损失为：医疗费238 874.54元、误工费11 300元、护理费10 397.88元、住院伙食补助费6 120元、交通费1 279元、住宿费1 670元、残疾赔偿金102 941.40元、鉴定费1 147元、精神损害抚慰金10 000元。判决：被告张某赔偿原告王某医疗费、误工费、护理费、伙食补助费、住宿费、交通费、鉴定费、精神损害抚慰金共计 304 610.87 元。其中被告中国人民财产保险股份有限公司民勤支公司在交强险的范围内赔偿原告 120 000 元，剩余部分由被告张某承担。宣判后张某不服，提起上诉。武威市中级人民法院作出（2014）武中民终字第 57 号民事判决书，判决驳回上诉，维持原判。判决生效后张某未自动履行，王某申请强制执行。执行期间因张某下落不明，致使判决至今无法执行。武威市凉州区人民法院于 2014 年 10 月 20 日裁定中止执行。同年 7 月 15 日武威市社会保险局（本案例中以下简称武威市社保局）经过受理、审核、审批、支付程序后对王某的工伤保险待遇作出了核定支付审批。王某不服，起诉要求予以撤销并责令重做。2015 年 4 月 29 日武威市凉州区人民法院判决撤销武威市社保局的支付审批及专用拨款决定，责令其重做。2015 年 7 月 2 日，该局对王某的工伤保险待遇重新审核后作出工伤保险待遇支付审批明细。王某不服该审核结果，并对其工伤医疗费应由武威市社保局先行支付等事项，提起上诉。

[审判过程与结果]

一审法院审理认为，根据《工伤保险条例》第五条、第八条的规定，武威市社保局是县级以上人民政府社会保险行政部门设立的社会保险经办机构，具体承办工伤保险事务，是为符合条件的申请人办理社会保险待遇支付的职能部门，是本案适格被告。原告王某在工作中受到他人侵害致伤，被认定为工伤，各方当事人均无异议。原告可以提起工伤保险赔偿请求。根据《社会保险法》第四十二条及《最高人民法院关于审理工伤保险行政案件若干问题的规定》第八条第二款的规定，原告由于案外人的原因造成工伤，虽提起民事诉讼，但经申请执行未果，请求武威市社保局先行支付工伤医疗费，符合法律规定。被告对应由工伤保险基金支付给原告的一次性伤残补助金，伙食补助费，交通、食宿费用核定正确。原告要求由工伤保险基金支付其住院期间的护理费，无法律依据。依照《行政诉讼法》第六十九条、第七十三条之规定，判决：一、限被告于该判决发生法律效力之日起 60 日审核并先行支付原告的工伤医疗费；二、驳回原告的其他诉讼请求。

武威市社保局不服，上诉称，上诉人审核内容合法、程序正当、适用法律准确，一审判决限上诉人判决生效后 60 日内审核不当。本案中第三人已经确定，被上诉人应当等候人民法院的强制执行结果，王某的情形不符合由工伤保险基金先行支付的条件。请求撤销原判并改判支持上诉人的请求。

被上诉人王某未提交书面答辩意见。

二审法院经审理查明的事实与一审判决认定的事实一致，二审法院予以确认。

二审法院认为，《社会保险法》第七条第二款规定："县级以上人民政府社会保险行政部门负责本行政区域的社会保险管理工作……"第八条规定："社会保险经办机构提供社会保险服务，负责社会保险登记、个人权益记录、社会保险待遇支付等工作"。据此，上诉人武威市社保局依法负有对被上诉人王某的工伤保险待遇进行审核支付的职责。《社会保险法》第四十二条规定："由于第三人的原因造成工伤，第三人不支付工伤医疗费用或者无法确定第三人的，由工伤保险基金先行支付。工伤保险基金先行支付后，有权向第三人追偿。"本案中，被上诉人王某的工伤系由张某的侵害行为造成的，但张某在法院强制执行期间下落不明，生效的民事判决被法院裁定中止执行，该情形属于上述规定中"第三人不支付工伤医疗费用"的情形。依照上述规定，上诉人武威市社保局应当审核并由工伤保险基金先行支付给王某应由张某支付的工伤医疗费用。工伤保险基金先行支付后，上诉人有权向张某追偿。综上，一审判决认定事实清楚，适用法律正确，审判程序合法。二审法院依照《行政诉讼法》第八十九条第一款第（一）项的规定，判决如下：驳回上诉，维持原判。本判决为终审判决。

[案例解析]

这是一起法院判决社保机构先行支付工伤保险待遇的案例。2011年《社会保险法》颁布，首次提出工伤保险先行支付政策。工伤保险先行支付政策的初衷是要解决工伤职工由于用人单位或第三人不履行赔偿责任，造成伤（亡）后无法及时医治及生活没有保障的问题。但是由于工伤保险先行支付的做法在我国既无历史经验，又缺乏实践基础，在实施过程中存在三大风险问题没有解决，造成工伤保险先行支付工作总体进展较慢。

第一，参保扩面风险。在各地还有一定数量的用人单位没有参保，且没有参保单位主要集中在缺乏组织管理的私营小企业和有雇工的个体工商户的情况下，各地不敢积极推行先行支付政策，一是担心影响已经参保的单位的参保积极性，造成单位退保或不全员参保的局面，二是担心影响未参保单位的参保积极性，造成未参保的用人单位更加不愿意参保。工伤保险先行支付政策在法律强制力不足，工伤保险参保覆盖比例没有达到足够大的情况下实施，必然带来参保的逆选择、用人单位逃避应承担的工伤赔偿责任等副作用的产生。

第二，基金风险。一是使用基金规模不可预知。目前，对于没有参加工伤保险单位的基本情况不掌控，对未参保单位将使用基金的情况无法预测，造成社保机构心里没底、心中没数，增加了不安全感。对未参保单位则无法使用浮动费率进行调节，所以社保机构对未参保企业既无法管理、也无法掌控，只能支付待遇，这大大增加了工伤保险基金的风险。二是道德风险难以防控。易出现：(1) 责任认定主体和待遇支付主体分离，存在基金流失风险。(2) 工伤职工和肇事者串通，存在骗取工伤保险基金的不良行为。(3) 企业和工伤职工恶意串通，存在骗取基金的风险。工伤职工因工伤亡后，企业让职工（家属）申请先行支付后注销企业，这种情况下工伤保险经办机构根本无从追缴。(4) 第三人责任事故通过法院判决，第三人将已赔偿的金额都作为精神赔偿款（为获谅解减轻刑事判决），后期以无财产可执行为由终止执行民事判决，当事人随后申请先行支付工伤待遇。三是追偿无力，基金存在流失风险。

第三，职业风险。虽然《社会保险基金先行支付暂行办法》与《社会保险法》同步实施，但由于《社会保险基金先行支付暂行办法》规定较粗，对先行支付的审批程序、支付追偿流程、先行支付基金财务管理等没有详细和明确的规定，社会保险经办机构人员在操作上存在着对程序是否合规及对个人职业风险的担忧。一是流程不清晰。目前，在国家层面上没有明确规定先行支付的实施细则及经办流程，也缺乏可以借鉴的经验，致使先行支付的具体工作环节和各环节的目标任务、工作职责不清晰，目前各地都处于"摸着石头过河"的状态。由于缺乏政策依据，容易产生社会对合规性的质疑。二是审批权不明确。《社会保险基金先行支付暂行办法》第三条规定"社会保险经办机构接到个人根据第二条规定提出的申请后，经审核……"第五条规定"社会保险经办机构接到个人根据第四条规定提出的申请后，应当审查……"第七条规定"……社会保险经办机构……予以核实并依法支付工伤保险待遇……"但在上述这些规定中，没有明确社会保险经办机构的哪个部门负责审核、审查和核实，是由业务部门负责还是相关部门共同负责，也没有明确哪个部门进行复核，哪个部门负责监督。三是职务权限不明确。在《社会保险基金先行支付暂行办法》中明确规定了先行支付的经办责任在社会保险经办机构，但并没有明确各级的职务责任，如谁有审核权，谁有审查权，谁有核实权，先行支付的责任人是谁。这些职务权限的不明确，可能造成工作的疏漏、甚至违法行为的产生，也不利于保护社保部门的干部。四是追偿责任不具体。《社会保险基金先行支付暂行办法》

规定社会保险经办机构负责承担追偿责任,但具体到哪个部门没有规定。目前各地有的是有业务部门负责,有的是由稽核部门负责,有的是由基金征缴部门负责,有的规定由劳动监察部门负责,有的地方没有具体明确由哪个部门负责。

鉴于存在上述风险,且上述风险可直接影响到工伤保险制度的正常运行,各地在推进先行支付政策时,都持谨慎态度,一些地区采取法院判了,就先行支付,判一个,支付一个。从对全国先行支付案例的分析看,发达地区工伤保险先行支付的案例较多,如广东、上海等,经济欠发达的地区先行支付的案例较少,这种现象与工伤保险基金的支撑能力有很大的关系。(张军)

规范性法律文件作为拒绝先行支付依据的合法性

[核心提示]

行政审判实践中，经常涉及有关部门为指导法律执行或者实施行政措施而作出的具体应用解释和制定的其他规范性文件，人民法院经审查认为被诉行政行为依据的具体应用解释和其他规范性文件合法、有效并合理、适当的，在认定被诉行政行为合法性时应承认其效力。社保机构根据《社会保险法》《社会保险基金先行支付暂行办法》《工伤保险经办规程》等要求，经审查，认为原告提交的材料不齐全，在两次告知原告需补正材料并列举具体补正项目、原告未予补正的情况下，作出不予先行支付工伤保险待遇的决定并无不当。

[案号]

一审：（2014）泰海行初字第00036号；二审：（2015）泰中行终字第00037号；再审：（2016）苏行申610号

[基本案情]

陈某于2011年2月12日凌晨在涉案公司（本案例中以下简称公司）工地上受伤，泰州市人力资源和社会保障局于2011年11月25日作出《认定工伤决定书》，认定陈某的受伤为工伤。泰州市劳动能力鉴定委员会分别于2012年6月4日、2013年11月8日鉴定陈某劳动能力障碍程度为二级，生活自理障碍程度为生活部分不能自理。后陈某先后向泰州市海陵区劳动人事争议仲裁委员会申请劳动争议仲裁，向泰州市海陵区人民法院提起民事诉讼，要求公司支付各项工伤待遇。泰州市海陵区人民法院于 2014 年 2 月 27 日作出（2013）泰海民初字第 1455 号民事判决：公司在判决生效之日起 10 日内给付陈某一次性伤残补助金、医疗费、住院伙食补助费、住院护理费、医疗交通费、鉴定费、伤残津贴（计算至 2013 年 11 月），合计 103 277.82 元，扣减公司已支付的 12 400 元，实际给付人民币 90 877.82 元；公司从 2013 年 12 月起按月给付陈某伤残津贴 1 424.56 元及生活护理费 837.98 元；驳回陈某的其他诉讼请求。陈某不服，提起上诉，二审法院于 2014 年 6 月 3 日作出（2014）泰中民终字第 0440 号民事判决，驳回上诉，维持原判。陈某于 2014 年 6 月 23 日、26 日通过邮寄方式向泰州市医疗保险管理中心提交先行支付申请书及相关材料，要求从工伤保险基金中一次性先行支付各项工伤保险待遇计人民币 608 641.62 元。泰州市医疗保险管理中心经审查，于 2014 年 6 月 27 日向陈某送达《关于补正先行支付材料的告知书》，要求补正以下材料：（1）陈某与用人单位的劳动关系证明；（2）法院出具的中止执行文书或其他证明单位拒不支付工伤保险待遇的材料；（3）单位未支付医药费的发票原件、明细清单原件。2014 年 7 月 25 日再次向陈某送达《关于催报补正材料的告知书》。陈某于 2014 年 7 月 30 日向泰州市医疗保险管理中心邮寄《告知函》，认为要求补正材料没有事实根据和法律依据，并要求无条件从工伤保险基金中一次性先行支付各项工伤保险待遇。泰州市医疗保险管理中心于 2014 年 8 月 4 日答复陈某，对陈某提出的工伤保险基金先行支付的申请决定不予支付。陈某不服，向法院提起行政诉讼。

[审判过程与结果]

一审法院认为，本案的争议焦点是被告泰州市医疗保险管理中心是否已依法履行了法定职责。《社会保险法》第四十一条规定，职工所在用人单位未依法缴纳工伤保险费，发生工伤事故的，由用人单位支付工伤保险待遇。用人单位不支付的，从工伤保险基金中先行支付。《社会保险基金先行支付暂行办法》第六条规定，职工被认定为工伤后，有下列情形之一的，职工或者其近亲属可以持工伤认定决定书和有关材料向社会保险经办机构书面申请先行支付工伤保险待遇：（一）用人单位被依法吊销营业执照或者撤销登记、备案的；（二）用人单位拒绝支付全部或者部分费用的；（三）依法经仲裁、诉讼后仍不能获得工伤保险待遇，法院出具中止执行文书的；（四）职工认为用人单位不支付的其他情形。第十条规定，个人申请先行支付医疗费用、工伤医疗费用或者工伤保险待遇的，应当提交所有医疗诊断、鉴定等费用的原始票据等证据。社会保险经办机构应当保留所有原始票据等证据，要求申请人在先行支付凭证上签字确认，凭原始票据等证据先行支付医疗费用、工伤医疗费用或者工伤保险待遇。根据《工伤保险经办规程》第七十五条的规定，用人单位拒不支付工伤待遇，工伤职工或近亲属申请先行支付的，还需提供工伤职工与用人单位的劳动关系证明。根据上述规定，从工伤保险基金中先行支付工伤职工工伤保险待遇的条件是用人单位未依法缴纳工伤保险费及用人单位不支付工伤保险待遇。工伤职工申请先行支付工伤保险待遇应当提供证明用人单位拒绝支付工伤保险待遇的证明材料及医疗诊断、鉴定等费用的原始票据等证据材料。本案中，原告陈某申请先行支付工伤保险待遇，泰州市医疗保险管理中心经审查，认为提交的材料不齐全，要求补正相关材料，符合相关规定。在陈某未能补正相关材料的情况下，泰州市医疗保险管理中心作出答复，对陈某的申请作出不予先行支付的决定，并不违反上述法律及规章的规定。且泰州市医疗保险管理中心与用人单位公司沟通后，公司明确表示愿意执行法院的生效判决，且与陈某进行了联系。陈某认为泰州市医疗保险管理中心要求其补正相关材料违反《社会保险法》的相关规定的意见，没有事实依据和法律依据，法院不予采信。综上，泰州市医疗保险管理中心在收到陈某的先行支付申请后，已经履行了相应的法定职责，且符合相关规定。陈某的诉讼请求理由不能成立。一审法院判决驳回陈某的诉讼请求。

陈某不服，上诉称：第一，关于上诉人陈某工伤待遇纠纷，劳动仲裁机构所作裁决、法院所作民事判决均违反法律规定；第二，被上诉人泰州市医疗保险管理中心作出的不予先行支付决定没有事实和法律依据，《社会保险法》第四十一条对先行支付规定是明确的，应当按照法律规定判令被上诉人无条件先行支付，《社会保险基金先行支付暂行办法》第六条、《工伤保险经办规程》第七十五条不能作为本案不予先行支付的前提条件。请求二审法院撤销原判，判令被上诉人从工伤保险基金中先行一次性支付上诉人各项工伤保险待遇。

被上诉人泰州市医疗保险管理中心辩称：第一，上诉人对《社会保险法》第四十一条的理解是不正确的，《社会保险基金先行支付暂行办法》第六条、《工伤保险经办规程》第七十五条对先行支付条件有相应规定，被上诉人作出的答复符合上述规定；第二，上诉人可以通过向法院申请执行生效民事判决，获得相应工伤待遇，其工伤权益保障是有合法解决途径的。综上，请求二审法院驳回上诉，维持原判。

二审法院查明的事实与一审认定的事实一致。

二审法院认为，本案二审争议焦点是本案被上诉人泰州市医疗保险管理中心于 2014 年 8 月 4 日对上诉人陈某作出的不予先行支付决定是否合法。围绕争议焦点，结合诉辩意见，评判如下：

第一，关于本案行政诉讼类型及审查标的确定。上诉人在向一审法院提起诉讼时称，陈某于 2014 年 6 月 26 日向被上诉人泰州市医疗保险管理中心提交了先行支付申请，要求从工伤保险基金中先行支付工伤保险待遇，泰州市医疗保险管理中心接到其申请后，拒绝了其请求，作出了不予支付的决定，故认为泰州市医疗保险管理中心未依法履行义务，请求法院判令泰州市医疗保险管理中心从工伤保险基金中一次性先行支付各项工伤保险待遇。从上述情形看，上诉人要求被上诉人履行的是行政给付义务，是欲通过行政诉讼实现其相应财产权利，应属于给付之诉，是否需要判决履行给付义务要根据对给付行为的审查结论而确定。因此，本案需要重点审查的是上诉人作出的不予先行支付的决定是否合法，以此审查为基础，对上诉人要求先行支付的诉讼请求是否应当予以支持作出相应回应。

第二，对被上诉人行政主体资格及上诉人陈某认定工伤及相关基本事实，予以确认。

第三，对不予先行支付决定是否合法的审查。包括工伤保险基金在内的社会保险基金是重要的社会公共资金，直接关系人民群众切身利益和社会保险事业持续健康发展，确保基金安全与正确使用是全社会的共同义务。上诉人陈某以《社会保险法》第四十一条作为请求依据，认为该条对先行支付规定是明确的，对于本案所涉情形，被上诉人应当按照该条规定无条件先行支付，其所作不予支付决定缺乏依据；被上诉人则称上诉人对该条的理解是不正确的，《社会保险基金先行支付暂行办法》第六条、《工伤保险经办规程》第七十五条对先行支付条件有相应要求，上诉人的申请不符合有关要求，被上诉人所作不予支付决定正确。双方对《社会保险基金先行支付暂行办法》第六条、《工伤保险经办规程》第七十五条能否作为本案不予先行支付行为是否合法的判断标准存在明显分歧。法院认为，《行政诉讼法》（2014 年修订）第六十三条第三款之规定，人民法院审理行政案件，参照规章。故人力资源和社会保障部《社会保险基金先行支付暂行办法》可以作为本案判断行政行为是否合法的参照标准。《最高人民法院关于审理行政案件适用法律规范问题的座谈会纪要》规定，行政审判实践中，经常涉及有关部门为指导法律执行或者实施行政措施而作出的具体应用解释和制定的其他规范性文件，人民法院经审查认为被诉行政行为依据的具体应用解释和其他规范性文件合法、有效并合理、适当的，在认定被诉行政行为合法性时应承认其效力。人力资源和社会保障部《工伤保险经办规程》是为加强工伤保险业务经办管理，规范和统一经办操作程序，依据《社会保险法》和《工伤保险条例》等有关法律法规，而制定的经办规程，亦可以作为本案行政行为是否合法的判断标准。按照依法行政的基本原则，对照上述有关要求，被上诉人对符合条件的申请应当及时使用工伤保险基金予以救济，对应当通过其他途径救济的申请要及时予以释明。本案中，一审法院对照上述标准审查后认为，一审被告根据本案事实所作不予先行支付决定不违反有关法律及规章的规定，并据此作出一审原告申请一审被告履行给付义务理由不成立的判断，该合法性评判是适当的，应予以确认。此外，据审理查明的事实，关于陈某的工伤待遇纠纷，法院已经作出生效民事判决，对包括陈某在内的各方当事人均具有法律约束力，公司表示愿意执行法院的生效判决，陈某对判决不服可依法寻求救济。

综上，上诉人陈某要求撤销原判，判令被上诉人泰州市医疗保险管理中心从工伤保险基金中先行一次性支付上诉人工伤保险待遇之上诉请求，缺乏事实和法律依据，依法不予支持。一审判决认定事实清楚，适用法律正确，审判程序合法，应予维持。二审法院判决驳回上诉，维持原判。

陈某申请再审称：第一，申请人所主张的工伤保险待遇已经仲裁裁决和法院生效判决所确认，泰州市医疗保险管理中心亦认可上述待遇中的具体项目和赔偿标准，理应依照《社会保险法》的规定向申请人先行支付工伤保险待遇。第二，《社会保险基金先行支付暂行办法》和《工伤保险经办规程》不能作为本案不予先行支付的法律依据，原审法院依照上述规定驳回申请人的诉讼请求，系适用法律错误。

再审法院认为，泰州市医疗保险管理中心根据《社会保险法》《社会保险基金先行支付暂行办法》《工伤保险经办规程》等要求，经审查，认为陈某提交的材料不齐全，在两次告知陈某需补正材料并列举具体补正项目、陈某未予补正的情况下，作出不予先行支付工伤保险待遇的决定并无不当。另，就陈某与公司劳动争议纠纷一案，泰州市中级人民法院已经作出（2014）泰中民终字第0440号民事判决，对涉案各方当事人均具有法律拘束力，公司亦书面表示愿意执行法院生效判决。故原审法院判决驳回陈某的诉讼请求并无不当。

综上，陈某对该案的再审申请不符合《行政诉讼法》第九十一条规定的情形。再审法院裁定驳回陈某的再审申请。

[案例解析]

一、行政规章与规范性法律文件作为社会保险行政行为的合法性与合理性

无论是从依法行政或法律保留[1]的行政法原则来看，还是基于《立法法》规定，如果说行政规章尚具有可参照性，而规范性法律文件则难以成为传统行政行为的法律依据。但是，这一传统原则难以完全适用于社会保险给付范畴。

就理论而言，依法行政原则特别是传统的法律保留原则更多适用于干预行政。因为涉及对人民权益的剥夺，因此限制甚为严格，位阶较低的法规通常不能作为行政行为的依据，而社会保险给付作为行政给付是给予人民利益，故无须严厉限制。"是以，干预行政通常必须有法律上的依据，法律若授权行政机关订定行政命令，必须符合授权明确性的要求（尤其是惩罚性处分）；反之，给付行政原则上虽仍应有法律上或法律授权的命令为依据，惟于例外，亦可以立法院或地方议会所通过的预算作为提供给付的依据。"[2]基于大陆行政体制，无论是中央还是地方的规范性法律文件，对于社会保险给付原则上均可作为行为依据。

就我国现实而言，规范性法律文件更有其适用的必要和合理性。虽然在理论上一般认为，社会保险是由国家通过立法建立的社会保障制度。[3]而从我国社会保险的发展来看，这一判断完全不符合中国实践。肇始于20世纪80年代初期的社会保险改革与发展，基本是由政策文件推动而非立法推进的，立法是社会保障的保障而非根据，这适用于社会保险，政策在一定阶段是必须考虑的。[4]

在对包括工伤保险在内的社会保险给付行政行为进行司法审查时，必须充分考虑规范性法律文件作为行政行为的依据，而不能罔顾中国现实、置社会保险行政行为属性的根本差别于不顾，仅仅或主要以《社会保险法》作为审查依据，这不仅违背理论基础、背离社会现实，亦将阻碍我国社会保险制度的可持续发展，最终必将损害绝大多数被保险人的权益。

---

[1] 这两种表述的含义并不完全相同。依法行政的"法"包括宪法、法律、法规、规章。
[2] 李建良. 行政法基本十讲（第6版）[M]. 台北：元照出版有限公司，2016 7：63.
[3] 黎建飞. 社会保障法 [M]. 北京：中国人民大学出版社，2008：33；章明亮，钟刚. 社会保障法 [M]. 北京：中国政法大学出版社，2007：44；孙光德，董克用. 社会保障概论 [M]. 北京：中国人民大学出版社，2008：5；邓大松. 社会保险 [M]. 北京：中国劳动社会保障出版社，2009：11.
[4] 向春华. 社会保险法原理 [M]. 北京：中国检察出版社，2011：17 - 18.

当然，无论是规章还是规范性法律文件，在评判作为社会保险行政行为法律依据的合法性时，需要审查是否与上位法相冲突。只要不违背上位法的明确规范，符合社会保障制度的发展规律和现实要求，原则上应当确认为有效。由于《社会保险法》关于先行支付的规定过于原则，无法在实践中真正、有效地实施，《社会保险基金先行支付暂行办法》作为行政规章，根据《社会保险法》以及编制方面的规定，对于社会保险先行支付业务内容予以规范，不违反《社会保险法》的明确规定，且为实施先行支付所必须，原则上应认为具有法律效力。

二、根据行政规章要求提供原始票据等材料的正当性要求

在确定《社会保险基金先行支付暂行办法》原则上具有法律效力的情形下，除非其具体规则具有明显的不合理，否则应当作为行政行为的依据而予以适用。该办法第十条规定，个人申请先行支付医疗费用、工伤医疗费用或者工伤保险待遇的，应当提交所有医疗诊断、鉴定等费用的原始票据等证据；社会保险经办机构应当保留所有原始票据等证据，要求申请人在先行支付凭据上签字确认，凭原始票据等证据先行支付医疗费用、工伤医疗费用或者工伤保险待遇。先行支付即意味着费用首先由社保机构支付；申请待遇必须确定费用的真实性，而原始票据是确定费用是否真实的最为重要的证据之一；社保机构支付待遇需要财务记录，亦需要特定的票据。因此，在一般情形下，申请人无正当理由而不提供这些材料的，社保机构应当拒绝先行支付。

但是在特定情形下，申请人可能有正当理由而无法提供上述材料，例如，在先进行的民事诉讼中，原始票据已经交付第三人的；在商业保险的先行理赔中，原始票据已经交付保险人的。如果未来确定了民事损害赔偿责任与工伤保险责任的"补差"模式，这种情况可能会大幅增加。因此，不能毫无例外地要求申请人在任何情形下都需要提供原始材料。除了规则自身的细化以外，未来可以通过司法判例确定例外情形。

三、先行支付制度的谨慎适用

本案中，二审法院认为，"包括工伤保险基金在内的社会保险基金是重要的社会公共资金，直接关系人民群众切身利益和社会保险事业持续健康发展，确保基金安全与正确使用是全社会的共同义务"。这一判断甚为中肯，可以作为社会保险行政争议裁判的立论基础。

先行支付是《社会保险法》的一大"亮点",对于保护未参保的工伤职工等的合法权益具有相当大的意义。但是,在确定这一法律制度时没有充分考虑我国相当长时期内的工伤保险实际情况,因此其推进举步维艰。目前,相当多的统筹地区工伤保险基金已经或接近赤字,在已参保职工的工伤保险权益已经或可能受到影响的情形下,根本无力由基金保护未参保人员。而通过提高缴费标准,会进一步加大合法用人单位的义务保障违法用人单位工伤人员的利益,不仅在目前社会保险费率已经偏高的背景下实施空间有限,且很可能导致"劣币驱逐良币",损害工伤保险的可持续性,最终损害多数参保人员的工伤保险权益。在立法尚未修改之前,至少应当严格适用先行支付条款,谨慎适用这一制度。(向春华)

用人单位未拒绝支付时不应主张先行支付

[核心提示]

根据卷宗中社会保险经办机构提供的对用人单位的询问笔录，用人单位已对支付劳动者的工伤赔偿费用制定两种方案，并未对劳动者要求支付工伤保险待遇的请求予以拒绝，劳动者也未就生效判决向法院申请强制执行，其要求社会保险经办机构对其工伤保险待遇予以先行支付的条件不符合《社会保险基金先行支付暂行办法》第六条第二款规定的情形，法院认定事实清楚，适用法律正确。

[案号]

一审：（2016）内0303行初2号；二审：（2016）内03行终13号

[基本案情]

2013年12月22日，涉案公司（本案例中以下简称公司）职工武某下班途中，发生交通事故死亡。2014年8月4日乌海市人力资源和社会保障局认定武某死亡事故为工亡。因公司未依法为武某缴纳工伤保险费。2015年2月，武某近亲属胡某等将公司诉至法院，要求支付因武某工亡应获得的工伤保险待遇。乌海市中级人民法院于2015年11月23日作出（2015）乌中民一终字第487号民事判决书，判决由公司一次性赔偿武某近亲属工伤保险待遇1056272元。该判决生效后，公司未履行，胡某等也未向法院申请执行。胡某等于2016年1月11日向乌海市海南区医疗保险管理服务局递交先行支付申请，2016年1月15日乌海市海南区医疗保险管理服务局作出《不予先行支付决定书》。胡某等遂诉至法院。

[审判过程与结果]

一审法院认为,《社会保险基金先行支付暂行办法》第六条第二款第(三)项规定,经过仲裁、诉讼后仍不能获得工伤保险待遇,法院出具中止执行文书的,才能申请从工伤保险基金中先行支付。民事诉讼程序包含着审理与执行,而原告胡某等所主张工伤保险待遇,经过了诉讼程序中的审理,至今未向法院申请执行。故本案应适用《社会保险基金先行支付暂行办法》第六条第二款第(三)项的规定。原告必须经执行程序取得中止执行文书的,才符合申请先行支付的条件,而原告至今未成就该条件。

另《最高人民法院关于适用〈行政诉讼法〉若干问题的解释》第三条第一款第(九)项规定,"诉讼标的已为生效裁判所羁束的",已经立案的,应当裁定驳回起诉。该条款没有明确规定生效裁判是行政裁判,原告所主张工伤保险待遇,已被生效的民事判决所确认,该判决确定了赔偿义务主体及支付方式,故应当认定原告本次诉讼标的已为生效裁判所羁束。

综上所述,依据《最高人民法院关于适用〈行政诉讼法〉若干问题的解释》第三条第一款第九项、《社会保险基金先行支付暂行办法》第六条第二款第(三)项之规定,本案经审判委员会讨论决定,一审法院裁定驳回原告的起诉。

胡某等不服一审裁定提起上诉称,乌海市中级人民法院作出的(2015)乌中民一终字第487号判决确认由公司向上诉人(工亡职工武某近亲属)支付工伤保险待遇共计1056 272元,该判决已发生法律效力。上诉人多次向公司索要该款项并向司法所求助均被公司以无力支付为由予以拒绝。现上诉人符合《社会保险法》第四十一条、《社会保险基金先行支付暂行办法》第六条第二款第(二)项、第(四)项的情形,一审法院以上诉人未向人民法院申请强制执行为由驳回原告起诉有误,且行政诉讼的诉讼标的为具体行政行为,一审法院以诉讼标的已为生效裁判所羁束为由驳回起诉亦与法律规定相悖,因此上诉请求二审法院撤销一审裁定,指令一审法院继续审理上诉人的起诉并由被上诉人乌海市海南区医疗保险管理服务局承担本案全部诉讼费用。

二审法院查明的事实与一审认定的事实一致,对一审查明的事实法院予以确认。

二审法院认为,法院于2015年11月23日作出(2015)乌中民一终字第487号民事判决书,判决由公司一次性赔偿四上诉人工伤保险待遇1056 272元,该判决已生效。本案中,根据原审卷宗中被上诉人乌海市海南区医疗保险管理服务局提供的对公司的询问笔录,公司已对支付武某的工伤赔偿费用制定两种方案,一种为分三年支付,另一种为支付一半现金一半物资,并未对上诉人要求支付工伤保险待遇的请求予以拒绝,上诉人也未就上述生效判决向法院申请强制执行,其要求被上诉人对其工伤保险待遇予以先行支付的条件不符合《社会保险基金先行支付暂行办法》第六条第二款规定的情形,一审法院认定事实清楚,适用法律正确。二审法院根据《行政诉讼法》第八十九条第一款第(一)项之规定,裁定驳回上诉,维持原裁定。

[案例解析]

一、先行支付的性质与工伤保险待遇支付责任主体

《社会保险法》第四十一条、第四二十条分别规定了用人单位未依法缴纳工伤保险费,发生工伤事故时工伤保险基金的先行支付,与因第三人原因造成工伤时工伤保险基金的先行支付情形。

对于工伤保险先行支付的性质,有认为"社会保险经办机构的先行支付义务属于一种无利益基础的支付,这种支付无疑是一种垫付性支付"。[1] 就内容而言,这一表述是恰当的。但是,该表述并未揭示这一制度的理论基础与本质属性,亦即,缘何垫付?垫付属于债权债务关系还是社会保险关系,抑或其他?

用人单位未依法缴纳工伤保险费时,工伤保险基金的先行支付主要是解决用人单位未参保而致使劳动者遭遇工伤时无法从工伤保险基金享受相应待遇,事实上使得劳动者救济无门的问题。[2] 因此,此种情形的先行支付的本质在于为未参保职工提供福利性的保障措施,与缴费义务的履行没有关联。

而对于第三人伤害情形下的先行支付,"有回归保险法理之意味先行给付理论主要指保险人有先行赔付的义务,其意义在保障赔付的及时性"。[3] 要注意的是,如果将先行支付的主要类型即用人单位未参保时的先行支付的理论基础也解释为保险的先行支付,是不恰当的。保险的先行给付是以保险关系的存在以

---

[1] 徐智华,邓娜. 论工伤保险基金先行支付制度的缺陷与完善[J]. 《湖北社会科学》,2015(8):143.

[2] 林嘉,张世诚. 社会保险立法研究[M]. 北京:中国劳动社会保障出版社,2011:233.

[3] 李海明. 工伤救济先行给付与代位求偿制度探微[J].《现代法学》2011(2):50.

及保费的缴纳为前提的，而在用人单位未参保时的先行支付则根本不存在这一前提。

两种先行支付的具体目的上存在差异，其机理也有所不同，但共通点都在针对工伤人员的保障需求无法及时实现时，由工伤保险基金承担完全的保障功能。

无论基于哪一种类型，工伤保险的先行支付都不是独立存在的，而是以一定法律关系的存在为先置条件，在用人单位未参保时的先行支付，以劳动者与用人单位之间存在工伤保险待遇给付关系为前提；在第三人伤害的先行支付下，以工伤人员与第三人之间存在损害赔偿关系为前提。基于此种先置法律关系的存在以及《社会保险法》的规定，工伤保险待遇支付责任主体应当遵循：用人单位和第三人为第一位的支付责任主体，工伤保险基金为第二位的支付责任主体。两者之间是顺位关系而非并列关系：只有第一位的支付责任主体不予履行的前提下，才启动第二位主体支付责任。

第一，《社会保险法》第四十一条和第四十二条分别规定了"用人单位不支付的"和"第三人不支付工伤医疗费用或者无法确定第三人的"这一先行支付条件，故只有在第一位的责任主体不予支付时，才可以要求工伤保险基金承担先行支付的保障功能。

第二，对于用人单位未参保时的先行支付，支付责任本不属于工伤保险基金，如果首先由工伤保险基金承担支付责任，不仅缺乏理论基础，对工伤保险制度的可持续性也会造成严重威胁。同时，每个人均应当积极维护自己的权利，这既是权利的内涵，也是权利实现的基础，是实现法治的基本要求。在工伤人员急于向用人单位主张权利而转向工伤保险基金提出诉求，不宜支持其主张。基金承担风险之边界应严格限定于资金池的构建主体，即保费缴纳者内部，不得扩张至该群体之外，造成保费本身的制度外负担。[1]

第三，对于第三人伤害情形下的先行支付，要求在第三人不予支付工伤医疗费用的情形下再寻求工伤保险基金的先行支付，是基于损害赔偿责任的要求。这涉及工伤保险与损害赔偿责任的竞合问题，与商业人身意外伤害保险和损害赔偿责任的关系有所不同。在责任竞合模式确定的前提下，先寻求第三人支付工伤医疗费用再寻求工伤保险基金的先行支付，未尝不可。

因此，不管是在本案情形，还是未发生仲裁、诉讼的情形，申请人均应先

---

[1] 郑晓珊. 工伤保险法体系[M]. 北京：清华大学出版社，2014：310.

向第一位的支付责任人寻求给付或赔偿。

二、仲裁、诉讼后先行支付应以中止执行为前提

本案申请先行支付的基本事实是，法院已经判决由用人单位承担工伤保险待遇支付责任。根据《社会保险基金先行支付暂行办法》，此种情形下申请先行支付，应由法院出具中止执行文书。抛开该规章的效力不论，此种处置方案具有法理基础。

第一，在法院判决已经生效的情形下，被告不履行判决义务，工伤职工作为原告如果要获得相应待遇，必须申请强制执行。而且这种情况下也只能由工伤职工申请强制执行，工伤保险经办机构无法以自己的名义申请强制执行。如果工伤职工既不申请强制执行，实际即意味着放弃工伤保险待遇求偿权，这种情况下再申请工伤保险基金支付工伤保险待遇，是不正当的。

申请法院强制执行，是工伤职工作为权利人实现权利的义务之一，通过先行支付而将该义务转嫁给工伤保险经办机构缺乏基本依据。此外，工伤保险经办机构在先行支付后，代理工伤职工向法院申请强制执行，对工伤保险经办机构来也无此职权。亦即，工伤保险经办机构也不能代理工伤职工申请强制执行并将执行后果直接归属于自己。

第二，先行支付属于保障责任，即在工伤职工无法按照一般程序获得工伤保险待遇时，可以依照一定程序由工伤保险基金保障。在先行支付的情形下，工伤保险基金不是工伤保险第一责任人，而是对该责任人履行不能的一种保障制度。因此，只有在工伤职工确实不能通过一般程序获得工伤保险待遇时，才有申请先行支付的权利。在本案这种情形，工伤职工既未申请法院强制执行，用人单位也明确表示履行法院判决而非拒绝给付待遇，因此不属于不能通过一般程序获得工伤保险待遇的情形，不应当申请先行支付。

三、先行支付制度的缺陷与改革

笔者认为工伤保险基金先行支付制度在我国的确立过于超前，不符合现实状况，导致实践中举步维艰。其最为根本的问题在于危及工伤保险制度的可持续性，这是任何社会保险制度均需优先考虑的问题。没有持续性，即便能保障当先部分人员的利益，但从长远来看，将会损害更多人的工伤保险权利。在实行工伤保险基金先行支付制度之前，基金收入与支出已经达到基本平衡的状态，而先行支付制度是由工伤保险基金垫付原本不属于工伤保险基金支付的内容，

该部分基金支出不存在对应的基金资金收入来源。由于我国工伤保险参保率不高,未依法缴纳工伤保险费的用人单位大量存在,这就容易导致工伤保险基金支出大于收入,造成基金赤字,引发基金安全风险。[1]

有建议主张,想让原本未履行保费缴纳义务的群体纳入保险共同体的唯一道路是政府之责的实际承担,即财政资金的注入。[2]但基于政治上的博弈关系,这一改革路径具有相当大的难度。

四、民事裁判生效后能否提起先行支付之诉讼

《最高人民法院关于适用〈行政诉讼法〉若干问题的解释》(法释〔2015〕9号)第三条第一款第(九)项规定,"诉讼标的已为生效裁判所羁束的",已经立案的,应当裁定驳回起诉。本案一审法院据此主张,原告所主张工伤保险待遇,已被生效的民事判决所确认,该判决确定了赔偿义务主体及支付方式,故应当认定原告本次诉讼标的已为生效裁判所羁束。即应裁定驳回原告起诉。原告则认为,行政诉讼的诉讼标的为具体行政行为,以诉讼标的已为民事生效裁判所羁束为由驳回起诉与法律规定相悖。一般来说,原告的这一观点是成立的,一审法院观点欠妥。二审法院实际也未支持一审这一观点。

依据《社会保险法》和《社会保险基金先行支付暂行办法》规定,在民事裁判生效且执行后,权利人可以申请先行支付并据此提起相应的行政诉讼,权利人享有诉权。(向春华)

---

[1] 徐智华,邓娜. 论工伤保险基金先行支付制度的缺陷与完善[J]. 《湖北社会科学》,2015(8):145.

[2] 郑晓珊. 工伤保险法体系[M]. 北京:清华大学出版社,2014:310.